統計學，最強的商業武器

STATISTICS, LITERACY FOR THE NEXT GENERATION
Professional

【實踐篇】

著——西內啓

譯——陳亦苓

目次

序章

商業活動與統計學之間的連結

01 商業與統計學之間為何存在著鴻溝

《統計學，最強的商業武器》是什麼樣的一本書？

雖說這世上的統計學入門書有很多，但寫法卻是大同小異。一般都是先解說機率論，接著介紹常態分佈等機率分佈，然後是推估、檢定、相關係數與回歸分析，以數學的方式依此順序理解各種概念。

而有幸成為熱賣了37萬本的暢銷書——《統計學，最強的商業武器》（以下簡稱為「前著」），則是統計學入門書中少見的「入門中的入門」。該書解說的是「統計學在現代社會中能發揮什麼樣的力量」等實用性知識，以及現今普遍使用的統計學方法之歷史來由、由何人想出來的等背景故事。它其實就是一本豪華簡介，濃縮了統計學領域所需之相關基礎知識。

因此，接到「讀完這本書也還是無法應用統計學」這類書評及讀後感時我毫不意外，因為我本人也完全同意這個說法。

前著的目的不過是想填補統計學與現實社會之間的間隙，想改變在二〇一二年以前隨著大數據一詞被不斷吹捧，商業新聞播報著企業引進了昂貴的系統卻只能畫出漂亮圖表的狀況。

能讓許多人開始關注統計學這門學問，便已算是充分達到其目的了。接著，大家只要從為數眾多的統計學入門書中選擇適合自己的來研讀，統計學素養自然就會提升——我個人是這麼想的。

撰寫「實踐篇」的理由

但聽過許多工作夥伴的意見後，我發現這樣的想法似乎是過度樂觀了。而這就是我著手撰寫這本書的理由。

經過分析整理，他們找出了既有統計學入門書的幾個「不合適」的點：

- 一出現數學公式就會讓人不想讀下去
- 但直接接觸工具又會不明白其意義
- 看不出各種統計方法對自己的工作有何助益
- 看不出自己工作所需的應用範圍

難道市面上就沒有能滿足這些需求的書嗎？確實，連我自己也沒看過。

我在前著中便曾經提過，由於統計學是一種威力強大且通用性高的工具，所以被應用於眾多學術領域。而依據各領域之目的及理念、研究對象的特性不同，即使是同一方法，也會有不同的應用方式，更有許多方法是只常見於特定學術領域的。因此，經濟學系與心理學系用的統計學教科書往往內容大不相同。甚至還有一些統計學的入門書根本不管各領域的應用差異，而是以取最大公約數的概念編寫，只介紹將現實抽象化處理的數學公式，於是變得十分枯燥無趣。

也就是說，多數教科書都不符合商務人士的統計學需求，畢竟這些書「本來就不是為了該目的所寫」，這完全不是作者與出版社的錯。

為什麼找不到好的統計學教科書呢？

在理想狀況下，由「在各種商業領域累積了許多量化分析實務經驗的商管類學者」來撰寫這種商務人士用的統計學教科書，應該是最為合適的。

可是，商管學者做的大多是歷史案例等質化研究，而做量化研究的人做的又不見得是以提升商業獲利為主題的統計分析。更何況商管學者所做的統計分析，通常集中於企業策略與獲利能力間的關係，多半採取較宏觀的分析角度。這類分析和針對某一事業進行顧客分析不同，它有自成一格的理念與方法。此外，還有人擅長的是所謂管理會計方面的財務分析，那種量化分析手法和統計學的思考方式也完全不同。

最近備受矚目的職業——數據科學家（Data Scientist）亦是如此。即使把研究數理統計學或機器學習方法的研究生或研究員直接帶進商務領域，也不見得能立即發揮作用。就算很快便適應了，也只能說是運氣好遇上了「對商業有天分的年輕個案」罷了。

對於分析手法本身有深刻的理解，或是知道很多特殊的分析手法，與實際知道該怎麼活用這些方法才能使之產生價值，是完全不同的兩回事。若貴公司所雇用的年輕數據科學家無法立即發揮作用，其實不是他們的錯，這一切都只因為他們「原本學習的就不是針對這方面」的關係。

「說別人說了這麼多，那你自己又是如何呢？」應該會有人想這麼問。說到這點，神奇地，我個人的統計學相關經歷很剛好、也很適合做為商務應用的基礎。

我原本的背景是公共衛生學，是一種不限方法、以促進人類健康為目標的學科。因此，在我曾就讀的美國公共衛生研究所裡，不僅有出身醫學院、擁有醫師執照的教職員，還有經濟學家、法學家、教育學家、社會學家、資訊技術學者，甚至是來自廣告代理商的行銷人員等，聚集了各種領域的專家，大家靈活應用各式各樣的知識，以構思能促進人類健康的好點子。

如果說物理學是自然科學之王，經濟學是社會科學之后，那麼，公共衛生學就可算是一種科學的綜合格鬥技。這種格鬥不問過程，而是以「實證」（亦即統計分析結果）來定勝負。有時即使面對社會科學之后，也能以實證勝出，而最近甚至連社會科學之后都開始學習以實證反制之術呢。

我從年輕到現在，以統計學的技術為核心，每天分析從基因到政策等與各種跨領域課題有關的實際數據，並運用其分析結果。對我而言，能夠擁有這樣的經歷是一種僥倖，更是一大財產。若沒有這樣的經驗，我將不可能在前著中寫出各領域的統計分析想法和方法差異了。

02「掌握」、「預測」，以及「洞悉」的統計學

商業上所需要的，是能夠「洞悉」人類的統計學

除了能夠理解各領域統計學的運用方式及其差異外，公共衛生的統計學之所以有利於商業應用，其中還有另一個理由，那就是「以人類行為和社會狀態的轉變為研究對象」——這點幾乎和所有的商業活動一致。

與其他領域比比看就知道了。例如，工程和農業科學所研究的非生物及人類以外生物的量和質，大部分都可以透過控制條件來進行實驗。像是用超低溫讓分子停止震動來測量數據，或收集實驗生物的基因等，只要有技術、有預算，就能自由測試。

但對於計量經濟學所研究的股價和景氣等大量資金流向，多數人都只能夠觀察及預測而已。

又或者如研究「聲音」、「影像」、「自然語言」的機器學習等領域，均各有其

特殊的專業知識、技術存在，像是共振峰頻率（formant frequency）、特徵點、修飾結構……等等。亦即依據聲音、影像、語句本身的知識，以0／1之二進位數字將所記錄下來的資料賦予意義，把對人類而言理所當然的認知及理解，透過演算法以正確且快速的方式加以處理。

請讓我一開始就先說清楚，若你需要的是這方面的統計學知識，那麼，本書應該不是什麼有效的好選擇；因為早就有許多更合適你的書存在了。**本書所談論的統計學，全都是為了洞悉人類心理以略微改善其行為及做法的類型**。

人心十分複雜，決策機制則更複雜，要靠某些刺激來達到特定變化可說是相當困難，而以強迫方式達到特定變化又會有道德上的難度。因此，經濟學家便以合理性；政治學家以權力；社會學家以社群互動；心理學家以認知及情感；教育學家以知識和能力；行銷人員以需求和慾望，也就是各領域分別以不同的切入點來嘗試了解狀況。倘若問我，對改善人類行為來說以上何者重要？我會很肯定地回答：「全都重要。」

我在商業領域做研究分析時，不論處理的是哪種行業、哪種業務，都必須徹底洞悉人類的個人或團體行為，然後從資料中找出可略微達到變化的方法。而這幾年來，我在調查分析方面之所以毫無阻礙，應該就是因為現今商業環境所需要的，正是能夠洞悉人類行為的統計學。

統計學依目的可分為三大類

那麼，具體來說「洞悉人類行為的統計學」是在做些什麼呢？其實就是要「**洞悉人類行為的因果關係**」。應用統計學的目的除了洞悉因果關係以外，還有「**掌握現況**」與「**預測未來**」，而這兩者本書（幾乎）都不討論。

例如，透過市場調查來正確估計目前使用某產品的人數，便是「掌握現況」的統計學應用。本書之所以不討論這類應用，是因為這種事已經充分運用於目前的商業環境，在實務上不成問題。

將調查所推估出的平均值及比例整合成圖表，很多商務人士都在做、也很會做，再加上市調公司的蓬勃發展，更讓數千人規模的市調工作變得沒有什麼困難度。

若能取得如此份量的數據，則即使不懂得標準誤差的觀念而未寫入報告，也會因為誤差小到某個程度，而不至於在實際應用上造成問題。至於如何從有性別及年齡偏向的資料推估出全國平均值，或是有部分題目未作答時該怎麼處理等，這些確實都有各種高階的統計方法可以因應，但現在大概沒多少商務人士會因為如此精準的做法而獲得好處。在這方面比較實際的建議還是——「找個能正確回答誤差及受訪者偏差的市調公司來做調查就好了」。

此外，像是在製造業的品質管理上，以原型規格為平均值，觀察產品有什麼樣的程度、哪些特徵的變動性等等，這也屬於「掌握現況」的統計學應用，而這也在本書的討論範圍之外。製造業的統計學式品質管理可說是戰後日本的強項，不論在公司內還是業界，不論入門還是專業，各種研究學習資料都非常豐富。對於這些在我出生前就已開始將統計學應用於商業的前輩們，我無可置喙。硬要說的話，只能說以往的應用都是以「物」以及「能以物理方式測量的量與質」為基礎，而我的建議則是嘗試將統計學應用於「人」及「無法以物理方式測量的量與質」上。倘若你對這方面有興趣，那麼，本書或許會有所助益。

至於「預測未來」，就像以統計學來正確預測接下來股價或原物料價格是否會上漲，或是庫存將會如何變動等。還有在機器學習辨識影像及聲音方面，僅靠數據資料來正確預測「人類的辨識方式」，亦即嘗試模擬人類認知能力的想法也屬於這類應用。

本書之所以不討論這部分，是因為除了分析方法外，還有很多其他的影響因素，實際上很難做出準確的預測。雖然經濟學家寫的統計學入門書往往都會提到「運用時間序列分析來預測股價」之類的例子，但若真能因此做出精準預測而獲利，那還用寫書嗎（就算真能靠該方法獲利，也會因仿效者增多，造成市場環境改變，效力相互抵消。於是這方法就變得不那麼賺錢，反而會在市場炒得過熱後慘遭滑鐵盧）？

想利用統計學來增加資產的人或許更該注意，有些實證數據已經顯示，熟知這類方法的投資專家的獲利率，並未高於隨機購買所有上市股票的傻人投資法（詳見《漫步華爾街：超越股市漲跌的成功投資策略》，Burton G. Malkiel 著，天下文化出版）。

而除了股價以外，Nate Silver 所寫的《精準預測：如何從巨量雜訊中，看出重要的訊息？》（三采出版）一書還說明了很多其他關於這類預測的困難之處，若是對統計學在預測方面的應用更有興趣，強烈建議你請務必一讀。

「洞悉」型的統計學有何功用？

擔任採購相關工作的人最感興趣的，應該就是預測採購價格與出貨量的變動並加以因應，但對行銷相關部門來說，洞悉往往比預測還重要。舉例來說，對於已完成的商品，與其準確預測其銷量，能夠洞悉、了解「什麼樣的促銷活動可提升銷量？」、「什麼樣的商品會大賣？」會更有利於提升收益。也就是說，在我們所期待的消費行為背後，到底存在著什麼樣的原因？找出這樣的因果關係就變得十分重要。

在醫學與公共衛生領域也是如此。假設統計學已闡明人類生活習慣與死亡率之間的關聯性，但絕大多數醫療相關領域的人都對精準預測某人幾歲會死這件事沒什麼興趣。重點不在於人幾歲會死這類結果，找出能讓人活得更久、更健康的原因，才是在醫療領域運用統計學的目的。有些人可能曾在健康檢查時被醫生以「再這樣下去你真的沒剩幾年可活了」這類說法威脅或警告過；而前著也曾提過（本書稍後還會談到）為佛明罕研究的專案，該專案建立出「佛明罕風險評分」的計算方法，可從性別、年齡、血壓及吸煙史等條件算出罹患心臟病的風險。但剩餘壽命及發病率的精準預測本身並不重要，重要的是能透過對罹病風險的認知，進而改變不健康的生活習慣。

我認為，比起掌握現況和預測未來的統計學，以洞悉這類因果關係為目的的統計學還未以簡單易懂的形式普及於一般讀者。很多統計學教科書都載明「請注意別把相關關係和因果關係混為一談」，但卻很少提及「只要進行隨機對照實驗，就能找出相當準確的因果關係」。

在一切都數據化的現今社會，不論在哪個領域，因果關係的洞悉都是一大利器。

若你做的是銷售業務類的工作，那麼，只要搞清楚容易下單的客戶和不容易下單的客戶有何差異即可。若你做的是人力資源相關工作，那麼，只要搞清楚能增加公司收益與無法增加公司收益的人才有何差異即可。又或者，如先前舉的採購相關工作為例，若是能洞悉殺價成功與殺價失敗的狀況差異，應該就能從中獲利。

幸運的是，雖然資訊科技不斷進步，目前這種因果關係的洞悉還是要靠人的大腦才行。而且，若以找出同一批資料的價值來說，比起外來的、厲害的數據科學家，每天實際在職場磨練且具有一些統計素養的人則擁有更多優勢。

例如，當調查發現某季節竟有某項商品意外地特別暢銷時，電腦系統或外部人員多半只能做出「那麼，該季節就要多進一些該商品」這種程度的結論；但若是長久以來一直在負責商店及商品的人，往往能從這樣的資訊中「獲得靈感」。季節或是商品本身都非重點，重要的是能深入思考發生於其背後的現象，進而萌發出可產生利益的新點子。毫無疑問地，這是有利於所有商務人士的一種技能。

本書特色

因此，本書將從「平均值及比例」等為了「掌握現況」而被許多社會人士所運用的統計方法切入，進而說明以從資料內容來洞察其背後因果關係為目的的統計學。

基於前述對既有入門書的不滿，本書也和前著一樣，所有說明都不倚賴數學公式，只靠文字與圖表便能理解。不過，對於無論如何都需要以數學公式解說的統計方法基本觀念，我將於書末附上僅需高中程度即可理解的數學補充說明。即使不看該補充說明也不會影響你對本書內容的理解，因此，若你是個一看到數學公式就頭皮發麻的人，現在便可將書末附錄拆下，並以釘書機另外裝訂成獨立的一冊。附錄裡的那些數學補充說明，主要是為了讓你理解一些在入門書中被當成基本前提，但若真要仔細說明卻又太困難，於是就被省略掉的部分。即使現在跳過不看，哪天當你讀到大學課程裡會用的那種統計學入門書，或看到某些似曾相識的內容時再回頭翻閱本書，或許會覺得還蠻有參考價值的。

也就是說，即使是在一般統計學教科書中，以大學程度的數學只需短短幾行就能說明完畢的東西，我仍不厭其煩地詳列於書末的附錄之中，逐一以高中程度的數學來詳細解說，而內文更是花費大量篇幅，只靠文字與圖表來說明。此外，在一些細節部分，就算內文中的範例數值可能會在計算過程中變得萬分複雜，我還是盡力把最後結果設計成小學生也能輕易看懂的整數及分數。

書中提到的統計方法絕大多數都很基本，只有邏輯回歸、因素分析和聚類分析這三個是一般統計學入門書不太會談到的，但這些都是經過精挑細選，最常用於商業領域的分析方法，只要懂得這些方法，便能應付一般的分析需求。

首先，第1章要說明的是平均與比例，以及標準差等最基本統計學工具的本質。

我要介紹的，不是「把所有數據全部加起來再除以其數量」這種顯而易見的計算過程，而是要讓你理解可透過此種計算而得的平均值，為何對「洞悉」型的統計學來說很重要。懂了這些，你應該就比較容易了解之後介紹的各種方法。

接著在第2章介紹的是統計學中的假設檢定觀念，也就是判斷各群組在平均值及比例方面是否存在著非偶然誤差程度的差距。舉例來說，假設比較既有門市與新門市的平均客單價後發現，新門市的平均客單價多了100日圓。但即使是同一顧客，每次的消費金額也都不同，不可能分毫不差地符合平均值。這100日圓的差距若真是有意義的差距，就表示新門市的嘗試是成功的，如此一來，既有門市或許都該仿效新門市，但若只是偶然形成的誤差，那也不過是稍微上下波動，沒什麼好大驚小怪的。而用來做這種判斷的統計學工具，就是所謂的假設檢定。

第3章則不只是討論群組間的差異，而是要更要進一步說明，用來分析當某值不斷增加，另一值是否會隨之增加，又或是反而隨之減少這類關聯性的各種回歸分析方法。例如，當門市與車站的距離越遠，營業額會隨之增加？隨之減少？還是不受影響？若是會隨之增加，那麼會增加多少？如果能回答以上問題，或許就能提升新門市開店計畫的獲利。而用來做這種分析的統計學工具，就叫做回歸分析。

最後在第4章則要學習如何以因素分析和聚類分析，有效地將大量的資料項目轉換成少量項目。到底為何需要做這種轉換？而這些方法所依據的又是什麼樣的想法和道理？就請各位期待第4章的內容了。

如同前著，本書在舉例說明各種統計方法的功用時，是以商業環境中常見的事物為例。一般統計學入門書要不就出現「蘋果的平均重量為～」這種幼稚例子，要不就是突然出現一堆與統計學無關的專業術語，範例總是舉得很極端。而我則將這些都統一改成適合商務人士閱讀的例子。此外，我還會描述各分析方法的歷史背景，介紹這些方法分別是由誰、依據何種想法所提出的，藉此解說其背後概念。

本書的內文基本上都以一般的統計學概念——**頻率論**為基礎。雖然近年來以貝葉斯論為基礎的統計學也有相當不錯的進展，但正如前著提過的，貝葉斯論比較適合「預測」型的統計學，對於以了解「洞悉型統計學基礎觀念為目標」的本書來說，並不合適。

在撰寫前著時，我並未想到統計學的書竟能如此暢銷，只是覺得即使只能接觸到一部分的人，身為專業人士的我依舊有其社會責任，應該針對因大數據而躁動不安的世界貢獻關於統計學的知識。

但該書卻不可思議地觸及了廣大的讀者群，因此，填補讀者與許多統計學入門書之間的間隙，便成了我責無旁貸的使命。

若本書能讓各位開始朝向統計學應用的方向邁進一步，本人將深感光榮。

PART 01

統計學的實踐，就從重新思考基本觀念開始

「平均」與「比例」的本質

03「洞悉」型統計學的三項必要知識

到目前為止，若你只用過簡單的加總統計方式來掌握現況，那麼，在邁入經由分析來洞悉因果關係的層次之前，你必須先具備下列三項知識：

(1) 了解平均值及比例等統計指標的基本意義。

(2)「以範圍而非單點的方式來看待資料」的觀念。

(3)「應以什麼為基準，來匯總什麼值」的觀念。

現在，各位在辦公室裡看到的資料分析結果圖，應該類似圖表1-1中的上圖。而當你讀完本章，就能理解圖表1-1中的下圖，或是能理解為何需要將圖表繪製成這個樣子。

圖表 1-1 一般的分析結果可以有這樣的改變

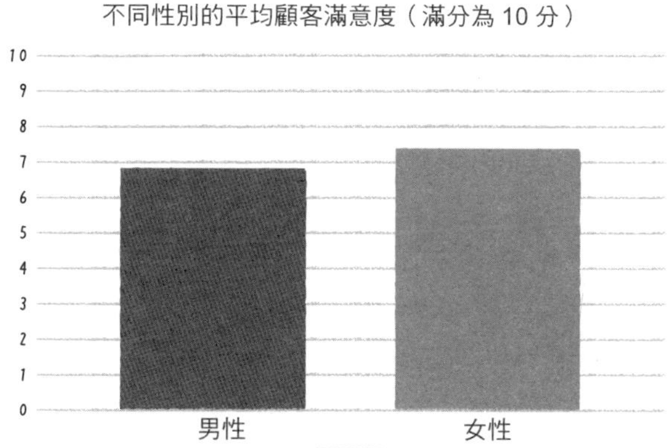

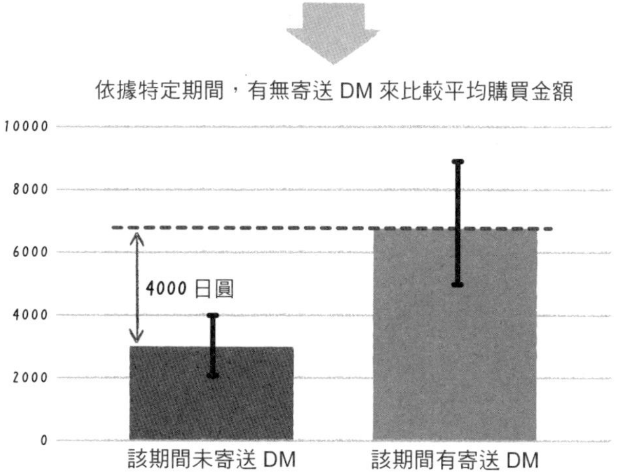

了解「平均值」的本質，就能了解「比例」

關於前述的(1)，我想會閱讀這本書的人，應該沒有人不知道平均值怎麼計算，可是大概沒什麼人認真想過，為何這麼計算就能代表一整批具變動性的資料。這背後其實藏著早在統計學觀念誕生之前，古代數學家精湛深奧的思維，而在本章接下來的各節中，我便會為各位逐一說明這些平均值的本質。

另外要補充的是，為什麼我提出了「平均值與比例」這個主題，卻只解說平均值的本質呢？這原因可能會令人很意外，因為**平均值和比例其實在本質上是完全相同的**。

對於年齡、收入、消費金額等以數字表示的資訊（這在專業術語中稱為**定量變數**），我們通常會以「平均值」的形式來匯總。對於性別、職業、商品類別等以文字而非數字表示的資訊（這在專業術語中稱為**定性變數**），則通常以對應於各分類的「比例」來匯總。所謂的定量變數就是代表「數量多或少」的資訊，而定性變數代表的則是「沒有數量多少之分，是本質不同」的資訊。另外，還有一些資訊是很難判別到底該當成定量變數，還是當成定性變數來處理的，例如「以0分到5分來回答滿意度（值越大表示滿意度越高）」。這種資料到底該視為定量變數來計算平均值？還是該當成定性變數並列出5階段分數各自的比例？對於這點，各方意見不同，而本書採取可將之視為定量變數的立場（稍後我還會介紹像這種很難判定是定量還是定性的變數，實際上通常是如何分析處理的）。

但若是像1號、2號、3號…這樣使用數字，則由於數字大小不具意義，只是做為記號使用，那就不該用平均值，而要用比例。計算郵遞區號的平均值是毫無意義的，但依郵遞區號的前3碼來分類顧客，以找出各地區分別存在多少比例的顧客，這樣的匯總就很有意義。

那麼，為什麼說平均值和比例在本質上是完全相同的？

舉個例子，假設針對100人做調查，從資料得知其中有60人為男性，於是便能得到男性比例為60%的匯總結果。到此為止應該都沒問題。

現在請想想看，如果有個叫「男性度」的定量變數，在調查中回答自己是男性的人，其「男性度」就是1，否則就是0。那麼，其平均值會是什麼樣的值？

把60人份的1相加，再加上40人份的0，然後除以總人數100。亦即60÷100，故0.6就是此「男性度」的平均值。這和剛剛的60%的比例一模一樣。

即使是如問卷調查中的職業等具三種以上分類的定性變數，假設匯總結果為上班族40%、家庭主婦30%、學生20%、其他10%的話，上班族度、家庭主婦度、學生度、其他度等各變數的平均值，也一樣會是0.4、0.3…等。

也就是說，**實際上並不是有比例和平均值兩種完全不同的資料匯總方式存在，只不過是將無法用數字表示的定性變數（即例子中的各個分類），轉變為以1或0來代表「符不符合程度」的定量變數，然後再計算其平均值**罷了。

就算你以前都是在不明就裡的情況下運用平均值與比例，但若從現在開始能以這樣的觀念來處理資料，就算是有安慰到我了。而這種以1或0來表示的變數同時具有定量變數與定性變數之特性，比較特殊，由於它只有1和0兩種值，所以被稱為二**值變數**（或二**元變數**）。

基於上述原因，與平均值有關的數學性質幾乎都可直接適用於比例。從下一節開始，我便會為各位介紹平均值的本質，而在閱讀時請記得，這些也就是比例的本質。

資料的存在「範圍」很重要

接著說明(2)「以範圍而非單點的方式來看待資料」的觀念。而這裡所謂的「單點」，就是指平均值或比例。

很多人都在做的資料匯總，其實只是在試圖理解應存在於分散數據中的「單一值」

圖表 1-2 重心與平均值的對應

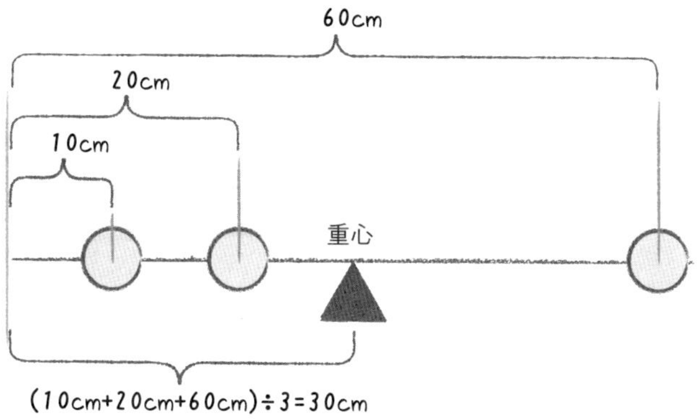

罷了。

算出平均值及比例，和算出可支撐物體的單一重心是一樣的，因此，這個「單一點」亦可稱為重心。假設有一根很輕、輕到幾乎可忽略本身重量的棍子，分別於其左端起算10公分、20公分及60公分處加上相同的重量後，重心會在距離左端的30公分處，而其計算方式與求平均值的（10＋20＋60）÷3＝30完全相同（如圖表1-2）。

不論是100筆資料還是1000筆資料，我們總會像這樣將資訊匯集成代表數據重心的單一值。確實，與其遍覽大量數據結果仍看不出個端倪，還不如掌握一個淺顯易懂的標準點比較實際。

然而，這個單一的點其實忽略了很多資訊。例如，同樣是平均年齡為20歲的群體，某個群體可能全都由20歲上下的年輕人組成，另一個群體則可能是40歲左右的父母和不到一歲的嬰兒各半。

因此，除了平均值和比例外，統計學還建立了能掌握分佈範圍，亦即能掌握**「資料大約存在於從哪裡到哪裡的範圍」**的方法。而如何能以分佈範圍來看待並理解資料，以及這種對資料範圍的掌握方式有何重要性等，就留到後面幾節再為大家詳述。

篩選出「結果」和「原因」！

最後是(3)「應以什麼為基準，來匯總什麼值」——對於將統計學應用於「洞悉因果關係」來說，這是最重要的一個概念。僅從數學角度解說統計學的教科書不太會提到這種觀念，但它在統計學的實務應用上，卻是必不可少的重要知識，故在本節的最後，我想為大家好好說明一下。

所謂的因果關係，是指某個原因會造成什麼樣的結果變化。即使只是單純求取平均值或比例的資料匯總，若能具備選擇合適的比較基準（分析軸）的觀念，就能朝著看出因果關係的方向踏出第一步。

圖表 1-3 由 100 個資料項目所產生的匯總表格

分析軸	項目 1	項目 2	項目 3	…	項目 99	項目 100
項目 1	—	表 1	表 2	…	表 98	表 99
項目 2	表 100	—	表 101	…	表 197	表 198
項目 3	表 199	表 200	—	…	表 296	表 297
…	…	…	…	…	…	…
項目 99	表 9703	表 9704	表 9705	…	—	表 9801
項目 100	表 9802	表 9803	表 9804	…	表 9900	—

將各種業務數據依不同性別來看，或是依年齡層來看…等資料匯總結果，想必很多讀者都曾在工作上接觸到。但有多少人真正想過「應以哪個項目為基準來匯總哪些項目」這個問題呢？假設總共有100個資料項目，那麼，100（匯總項目）×99（以項目為基準來匯總其他項目），理論上，你必須看過9900個資料匯總表才行。但實際上根本做不到，所以我想很多人都是依據自己的經驗和直覺來建立假設，例如，只看針對「愈是對廣告有認知的顧客，愈會對品牌有良好印象」這種假設所做的資料匯總表。但特地進行資料分析，不就是為了找出一些與經驗相違背、直覺的新發現嗎？如果還是只拿來驗證自己的經驗和直覺，那也未免太可惜了。

究竟該怎麼做才好？從洞悉因果關係的角度來做資料分析，**就等於嘗試找出最終欲控制的結果與可能影響該結果的原因**。

而我把這「最終欲控制的結果」稱為**成果**（outcome，成果指標），並將可能影響該成果的、或是可拿來解釋成果差異的因素稱為**解釋變數**。撇開解釋變數一詞不談，成果（outcome）這種說法並不常出現在一般的統計學教科書中，通常是用「反應變數」或「因變數」、「依變數」等，在機器學習領域則用「外部標準」來稱呼我所指的這個成果。而我之所以特地使用這麼與眾不同的說法，背後其實藏著很重要的意圖。

事實上，有兩個領域經常使用成果一詞，一是醫學領域，另一是政策科學領域——這兩個都是我的重要基礎背景。而它們的共通之處在於，兩者都認為能為社會帶來好處的研究分析才能算是好的研究分析。例如，在進行政策評估時，像「新政策的認知率有多少％」或是「資料的申請件數」等分析結果都不被稱為「成果評估」，而是另外稱做「產出評估」，以示區隔。這是因為政府工作的價值不在於政策認知率的提升，也不在於資料分發這件事本身，而在於「因此為社會帶來了什麼樣的好處」。評估「帶來了多大好處」這種成果的，才叫做成果評估。

醫學領域亦是如此，他們會以成果來指稱死亡率、某種疾病的發病率，或是與發病率有關的指標（血壓或血液檢驗值）等。這正是在測量各種數據後，必須貫徹某標的應該要最大化或最小化的理念。

同樣地，在商業上若是想讓資料分析產生價值，就必須思考你所擁有的數據能呈現出哪些「**應該要最大化或最小化的目標**」，而這就是成果。在行銷方面就是銷量（銷售額）與顧客數，在業務策略方面就是成功簽約的訂單數量及其金額，在採購方面則是庫存折損率及採購價格，又或是因缺貨造成的機會損失金額等。不過，廣告的認知率及社群網站上的評論篇數等或許應視為產出，而非成果，因為它們本身並不是目標，最多只能算是過程中的一部分，對某些產業或產品來說，甚至可能與獲利毫無關係。

但即使成果標的選得很恰當，例如，選擇平均銷量或總銷量，光這樣還是看不出「怎樣可以賺到錢」，最多只能毫無根據地要大家以比去年多5%為目標，互相加油而已。

這時候左右了該成果的「可能原因」（亦即解釋變數），就顯得很重要了。例如，依性別比較銷量時，假設發現了女性的平均銷量明顯較高，那麼就該仔細地將門市設計成較能吸引女性光顧的狀態，並在女性常接觸的媒體上刊登廣告，如此或許就有機會大幅提升銷量，除了充分賺回這些措施所花費的成本之外，還能獲得額外收入。又或者，假設發現對顧客來說，自家品牌給人的印象「親不親切」會明顯影響平均銷量，那麼，或許光是把廣告或產品設計改成更具親和力的樣子，就能提升銷量。

倘若完全沒意識到這些可能原因，只覺得大概是「因為一直以來都做得很好」、只想得到性別及年齡等解釋變數的話，那是非常可惜的。

就算該分析的資料項目有100個，只要能確定其中的哪個項目是應最大化或最小化的成果標的，就不需要把9900個匯總表格全都看過。最多只需觀察其他99個項目分別與成果標的比較的99個匯總表格，至今從沒想到過的新發現，很可能就靜靜躺在其中（圖表1-4）。

若覺得這樣還是太多了，那麼，還可依據下列觀點來決定應分析之解釋變數的優先順序：

- 該因果關係並非「太理所當然」的
- 該原因對成果有明顯影響而且容易控制
- 是過去很少注意、很少分析過的

也就是說，像顧客增加，銷售額便會提高；每位顧客的消費額增加，銷售額便會提高等等…這類誰都看得出來的因果關係，就不必特地花力氣去分析了，因為不會有什麼回報的。有些所謂的顧問專家，替這種計算結果取了個體面的名稱叫KPI（Key Performance Index，關鍵績效指標），還用Excel算得漂漂亮亮的。然而，這些對成果的

圖表 1-4 在 100 個資料項目所產生的匯總表格中，決定出 1 個應匯總的標的（成果）

分析軸（可能原因）	項目 1	項目 2	項目 3	…	項目 99	項目 100
項目 1（成果）	–	表 1	表 2	…	表 98	表 99
項目 2	表 100	–	表 101	…	表 197	表 198
項目 3	表 199	表 200	–	…	表 296	表 297
…	…	…	…	…	…	…
項目 99	表 9703	表 9704	表 9705	…	–	表 9801
項目 100	表 9802	表 9803	表 9804	…	表 9900	–

只需關注這 99 張表

影響再明顯不過的ＫＰＩ雖可用於監控業務狀況，卻無法洞悉新的因果關係，進而產生新的可獲利點子。

另外，即使分析出了「改變此原因或許就能提高銷售額」的結果，若該原因無法改變，那麼，這種發現也只是不切實際的空談罷了。例如，就算知道夏天一到啤酒便會熱賣，也不可能為了行銷而改變季節，是吧？

又或者從分析結果發現，改變業務部的人力編排便可能提高銷售額，但若掌握業務部人事權的主管是個「重視熱情勝於數據」的硬漢，那麼，短時間內大概很難真的應用這個分析結果。也因此，只有在利益相關者大多都對資料分析有高度興趣時，尋找「可能原因」的動作才會比較有效率且有意義。

而最後的「過去很少分析過」，和「最有可能的假設」可算是完全相反的兩個觀點。這其實就是說，即使其因果關係不那麼理所當然，若是可控制，那麼，大膽地將這些「不確定有沒有關聯性」的項目當成解釋變數來分析，說不定反而會有新發現。

很多企業都已握有大量數據，而且只要利用 Excel 的樞紐分析表做二到三項操作，就能輕鬆改變解釋變數。因此，請各位務必多多思考、嘗試，找出新的創意點子。

只要擁有上述這些知識，你的統計學素養及分析能力肯定就會大幅躍升。而從下一節起，我們將一起學習平均值的本質。

04「平均值」其實很深奧

平均值比中位數更有利於「洞悉」

若是要一般人說出一個自己知道的統計學相關詞彙，我想，絕大多數的人都會說「平均值」。連在日常生活中都會聽到「相加除以二」這種講法，而把所有資料數值全部加起來再除以資料筆數即可求得平均值這件事，對成年人來說更算是常識。國中、高中在期中、期末考後一定都會公布平均分數，此外，這世界上從年齡、身高到年收入等各式各樣的數字，也往往都是以平均值的形式匯總並提出。但你是否曾想過，這樣的平均值，到底在統計學上具有什麼樣的意義？

有一點必須特別注意，那就是以「掌握現況」為目的的統計學有時不能只靠平均值來做判斷。掌握整體資料用的值，在專業術語中叫做**代表值**，而將平均值當成判別資料中心用的代表值則往往會造成誤導。

舉例而言，某公司員工的平均年薪為５００萬日圓，那麼，大家便可能以為「只要能進入該公司，應該就能拿到５００萬日圓左右的年薪」。

但假設9位員工裡的8位年薪都只有３００萬日圓，即使僅有1位高級主管的年薪為２１００萬日圓，整體平均年薪算起來也是５００萬日圓（如圖表1-5）。這唯一的高級主管顯然有著與其他員工不同的特殊地位，因此，進了這間公司就能拿到約５００萬日圓年薪的「掌握現況」分析，就顯得很離譜了。

於是為了應付這種狀況，「掌握現況」型的統計學便教大家，除了平均值外，還要合併運用所謂的**中位數**（median）及**眾數**（mode）等代表值。

中位數就是指「排列順序在中間的值」。以此例來說，資料份數有9人，其中第5人的值便是中位數，而由於年薪從低起算的前1～8名值都相同，第5人可以是這8人中的任1位，所以中位數就是３００萬日圓。另外，若這間公司的員工人數為偶數，例如8人，則因不存在「排列順序在正中間」的人，故其中位數便是將第4和第5人的值相加除以2。

至於眾數，則是指出現頻率最高的值，也就是有最多筆資料都以該值為值。以此例而言，最多員工（8人）共通的３００萬日圓年薪便是眾數（如圖表1-6）。

不論是以中位數還是以眾數做為代表值，就這一偏斜的薪資體系來說，「員工的

圖表 1-5 9 位員工的平均值

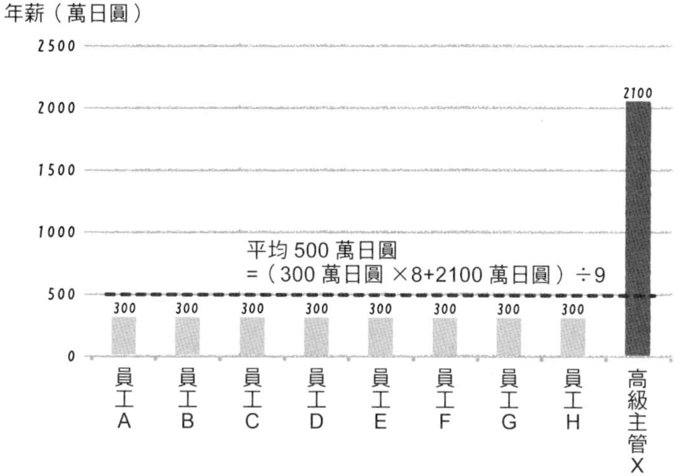

圖表 1-6 9 位員工的中位數與眾數

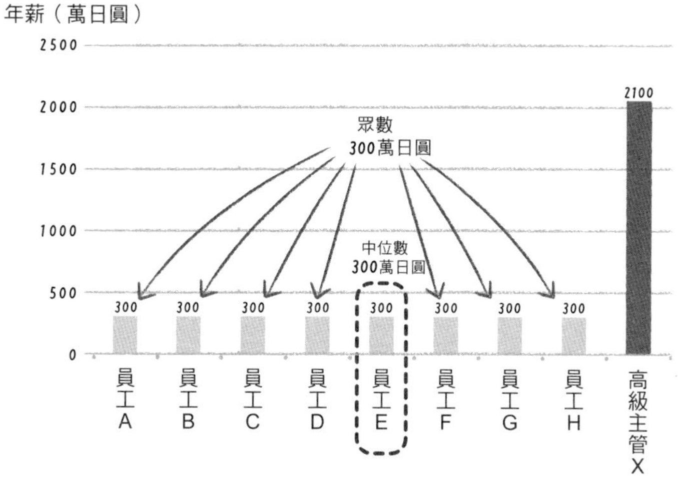

年薪約為300萬日圓」的分析結果，顯然比平均值更能反映現狀。雖然「掌握現況」型的統計學教科書總是如此耳提面命，**但「洞悉」型的統計學卻不太在意中位數與眾數**。而其理由，正是本章的主題所在。

數學家在「代表值」方面的努力

據說，算出資料的平均值來做為代表值的觀念自古就有，不過，其數學上的正式依據，卻是在約兩二百年前才被定義出來，歷史並不算太久遠。以用於積分之近似計算的「辛普森積分法」而名留青史的英國數學家湯馬士・辛普森（Thomas Simpson）便在一七七五年的一封信裡寫到：

「為了減少因觀測儀器及感官的不準確而產生觀測誤差，天文學家通常會採用取多筆資料之平均值的做法來處理，但這方法尚未被普遍接納，似乎仍有許多人認為，謹慎測得的單一值和平均值具有同樣的可信賴度。」

除了辛普森之外，還有很多其他十八世紀的數學家，例如博斯科維奇（Boscovich）、拉普拉斯（Laplace）、勒讓德（Legendre）、高斯（Gauss）等，亦致力於研究數據之變動性與平均值之間的關係。當時的科學家大多對天文學有興趣，而使用某些測量方位及高度等天體位置的工具時，只要手稍微抖一下或視線略有移動，測得的數據就會不同。因此，他們才想透過數學，找出當測量值完全正確時應可得到的、代表天體真實位置的「真值」。

首先，博斯科維奇認為，若要從包含變動性的多筆資料算出「真值」，就必須將資料區分為「真值」和「與真值之間的偏差」（與真值之間的差值），而所謂可信賴的「真值」，就是將這種「偏差」降到最低的值。

舉個比天體更實際一點的例子好了。假設找來3個人目測某建築物的高度，結果第1個人說有10公尺，第2個人說有12公尺，第3個人則說有13公尺。若要從這3個人的答案中推測建築物的高度時，我們可以相信其中任1人，也可以3個都不信。雖說確實有可能所有人都嚴重低估了實際高達100公尺的巨大建築，但這種情況畢竟過於極端、實在是太不自然了。

推測這建築物約為12公尺，才是比較合理、自然的。那麼，推測真值為12公尺和推測真值為100公尺有何差異？其實最主要的差異就在於這3個人的答案的偏差程度。

如果真值就是12公尺，那麼，第1個人低估了2公尺，第2個人估得剛剛好，偏差為0，第3個人則高估了3公尺。3人總計共產生了3公尺的偏差（如圖表1-7）。

而若真值為100公尺，那麼，第1個人低估了90公尺，第2個人低估了88公尺，第3個人則低估了87公尺，總計共產生 265公尺的偏差（如圖表1-8）。

3人總計共產生3公尺的偏差和產生高達 265公尺的偏差，這兩種推論哪個比較自然且合理？一定是前者嘛。也就是說，博斯科維奇認為，當所有資料與某個假設真值的總偏差為最小時，該真值便是所謂可信賴的真值推測值。

他的這種想法，亦即將所有測量值與真值的偏差總和降至最低而求得的「可信賴的推測值」，其實就是中位數（附錄的【補充1】）。

若是如此，那麼，中位數確實是比較理想的指標不是嗎？——各位或許會這麼想。但這首先會遇到計算上的麻煩。

低估2公尺和高估2公尺都同樣視為「偏差2公尺」，這在數學上就是指「算出絕對值」。而此想法即使不特地以絕對值這種詞彙或對應的數學符號來表示，一般人也可能早在不知不覺中就已經這麼運用了，但它在數學的處理上是有其麻煩之處的。由於我們必須事先將測量值分成比真值大或比真值小兩類，然後做正負值轉換，否則便無法以算式處理，因此，很難進行發展性的思考與驗證。

圖表 1-7 3 個人的目測值與偏差（真值為 12 公尺時）

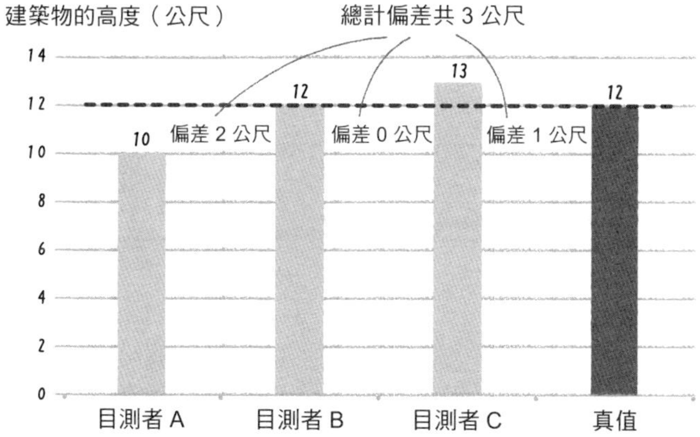

圖表 1-8 3 個人的目測值與偏差（真值為 100 公尺時）

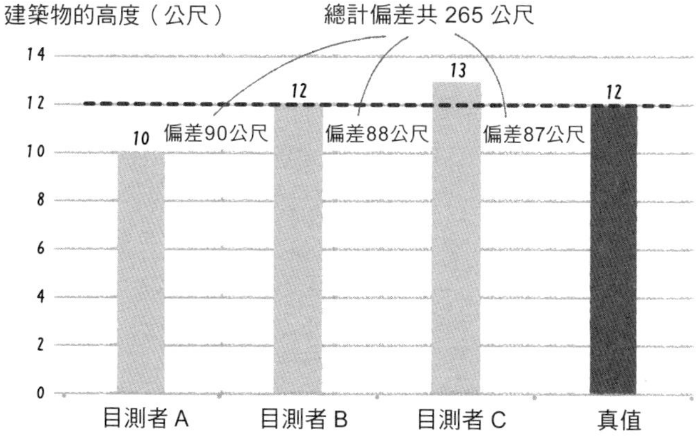

圖表 1-9 僅 25 人份的資料

178 公分	170 公分	180 公分	160 公分	172 公分
183 公分	161 公分	166 公分	177 公分	171 公分
163 公分	167 公分	170 公分	172 公分	173 公分
166 公分	169 公分	159 公分	167 公分	177 公分
176 公分	163 公分	158 公分	174 公分	162 公分

乾脆來實際體驗一下從一堆資料中找出中位數的情況。圖表 1-9 列出了總共僅 25 人的身高資料，而即使數量這麼少，要完成排序處理也還滿累人的。反觀只需要加法與除法運算的平均值，若是由擅長算數的人來處理，可是一下子就能搞定的呢。

直至一七九五年左右為止，大數學家拉普拉斯曾以這種「將絕對值的總和最小化」的想法為基礎進行推測方法之研究，但據說之後就放棄此主題了。這正是因為一旦採取使用絕對值的思考方式，則不論是展開、驗證算式，還是求出實際的推測值，其處理過程都會變得十分複雜。

而這種「絕對值的複雜性」問題，後來是由勒讓德或高斯所發明的**最小平方法**給解決了。

之所以說「或」，是因為雖然這個方法最早是由勒讓德於一八〇五年發表，但早在十年前的一七九五年，當時才 20 歲的高斯便已發現並寫在他的數學日記裡。據說對天才少年高斯來說，這最小平方法實在是太顯而易見，他以為大家早就在使用了，所以沒想過要公開發表。不過，高斯對此領域的貢獻並不只有最小平方法，他還有更進一步的大發現，而這部分容我稍後再為各位介紹。

簡單而言，最小平方法就是「以平方值取代絕對值」。例如，若低估2公尺，亦即「-2公尺的偏差」，求其平方就變成「4的偏差」。當然，若是高估2公尺，「+2公尺的偏差」求其平方，也同樣是「4的偏差」。這和絕對值一樣，不論原本的偏差為正值還是負值，「偏差的平方值」都一定正值。所以，只要能找出這些平方值的最小合計值，就能推測出「真值」——這便是勒讓德及高斯的發現。

除了數學家以外的人或許感受不到這種喜悅，但用平方值來計算真的非常輕鬆，與絕對值完全不同。不但不必分類，單就整理出算式來說，只要國中生程度就能辦到，高中生甚至還能將整理出來的算式做微分處理。也就是說，若將「真值」以true的第一個字母t來代表，那麼，要算出測量值與真值之偏差的平方和（平方值的合計總值）為最小時的t，並不需要透過什麼偉大的數學家，也不需要電腦，只要整理出算式並做微分處理，就能求出答案。因此，「不用絕對值而改用平方值」這一小小的想法轉變，可是大大加快了統計學日後的進步速度。

將平均值應用於人類的「近代統計學之父」

那麼，以此最小平方法，從具變動性的資料中推估真值，會得到什麼結果？答案就是**「就推測方法而言，使用平均值是很合適的」**（附錄的【補充2】）。

高斯所解決的不只是計算上的麻煩而已，他還發現了平均值優於中位數的理由，而這部分我將於下一節詳述。**「將所有資料值全部加起來後除以資料筆數」便是平均值**——這裡解釋的不過是計算步驟罷了，此種理解是相當淺薄的。關於這點，我希望各位能牢牢記住。所謂的平均值，其實是以最小平方法為基礎，將測量值包含的偏差減至最低的理想推測值。而此想法有個假設前提，那就是在具變動性的觀察對象背後，應該存在有某個「真值」。

活躍於十九世紀的阿道夫．凱特勒（Adolphe Quetelet）原為天文學家，他想出了將天文學中「真值」與資料之關聯性應用於人類的做法。凱特勒認為收集並分析當時世上代表各種人類狀態的數據，或許就能發掘出背後摸規則。他後來把該研究成果與觀點寫成了《人類與其能力發展－社會物理學的嘗試（暫譯）》（Sur l homme et le développement de se facultés, ou Essai de physique sociale）一書，而其中便有個類似圖表1-10的表格。

圖表 1-10 凱特勒的資料匯總表格

罪犯的教育程度	資料來源		
	1828～29 年的法國	1831～32 年的法國	1833 年的比利時
完全不具讀寫能力（佔全體的比例）	8969 人（62%）	8919 人（61%）	1972 人（61%）
讀寫能力不完整（佔全體的比例）	3805 人（26%）	3873 人（27%）	472 人（15%）
具讀寫能力（佔全體的比例）	1795 人（12%）	1774 人（12%）	776 人（24%）
合計	14569 人	14566 人	3220 人

這是依據被囚禁受刑人的教育程度匯總而成的資料表，其中包括了一八二八～二九年、一八三一～三二年的法國，以及一八三三年的比利時等不同時間點、不同國家的資料，但令人驚訝的是，即使時間、地點不同，不具讀寫能力者佔全體受刑人的比例卻幾乎相同（61%或62%）。

在那之前（甚至現在依舊如此），大家都認為犯罪僅與個人意志及道德有關，然而，一旦匯總資料並算出平均值或比例，便能看出是否有充分受教育等社會環境的影響。這就是凱特勒所提出的論點。

也就是說，包含意志與多樣性等所謂的個人差異，和天體測量值的變動性很類似，其背後存在著受各種因素左右的人類行為傾向。凱特勒認為要找出該傾向的「真值」時，最好採用平均值，而他後來被尊稱為近代統計學之父，也有人稱他為「社會學始祖」。

凱特勒留下了這麼一段話：

「（關於社會與人類，）就像找出支配天體的法則般，我們一定也能找出可超越時間而成立的各種規則——那是人類意志徹底消失，完全由上帝主導的層次。」

若想發掘出這樣的規則並加以利用，第一步就要從平均值開始著手。

「05」平均值為何能夠掌握真相？

「科學之王」高斯的貢獻

那麼，為什麼說平均值比中位數更好呢？

主要是從洞悉因果關係的觀點來看，平均值通常比中位數更能直接回答我們所關切的問題。因為在洞悉因果關係時，多半是希望能最大化或最小化某個結果的總值，而對於「改變某些因素，能改變什麼樣的結果總值」這點，中位數是無法提供答案的。

在此舉個較適合用平均值來掌握現況的例子。假設有一家零食店每天都會有8位顧客各來買300日圓的零食，另有一位顧客會買2100日圓的零食。而這家店打算在一年內隨機選擇幾天，嘗試以抽獎活動來提高銷售額。如此一來，每到抽獎日，平常只買2100日圓的客人就會買到3000日圓（如圖表1-11）。

在這種情況下，「抽獎日」與「非抽獎日」的中位數是一樣的，都為300日

圖表 1-11 零食店的 9 位顧客的中位數

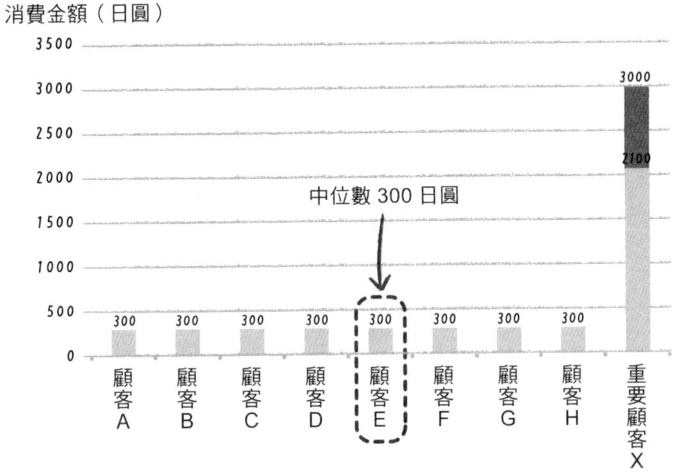

圓。就算平常各只消費300日圓的8位顧客裡有3人的消費額變多，中位數依舊不變，還是300日圓。於是，結論就會變成抽獎活動毫無效果。

可是從總額來看，非抽獎日的銷售額為4500日圓，抽獎日則提高為5400日圓，確實多了900日圓。因此可以判斷，若這增加的900日圓銷售額所帶來的利潤超過抽獎及獎品的成本，那麼，這家零食店今後就該繼續舉辦抽獎活動，否則就不該繼續。

這情況如果是以平均值來比較亦然。不管是誰的消費額增加了多少，非抽獎日的平均銷售額就是５００日圓，抽獎日的平均銷售額則是６００日圓，結果便是平均每人增加了１００日圓。若再進一步將這１００日圓的差額乘以顧客人數９，便能獲得和前述一致的總銷售額增長量——９００日圓。

也就是說，姑且不論平均值到底適不適合掌握資料現況，當銷售額的增長過份集中於部分顧客時，平均值可適當呈現出整體銷售額變化的總量增減狀況，所以是比較合適的指標。回到中位數，即使知道「中位數增加了１００日圓」，也無法算出它對總量的影響。

這道理不僅適用於一般實務，關於平均值為何可視為是具變動性資料背後的「真值」這點，卡爾．弗里德里希．高斯已在其一八〇九年的論文《天體運動論（暫譯）》（Theoria motus）中，提出了現今統計學也採用的決定性觀念。

有些人或許只在聽人介紹治療肩頸痠痛用的磁力產品時，聽過高斯這個名號（用以表示其性能規格），但他可是有「科學之王」之稱的偉大數學家兼物理學家。光是在數學和物理學領域各有完全不同的「高斯定理」存在這點，應該就足以讓各位了解他有多麼厲害了。另外再補充一下，用來表示磁力產品之性能的單位「高斯」，亦是源自於他在電磁學方面的貢獻。

而除了高斯之外，當時以拉普拉斯為首的一些數學大師也以「從與資料有關的假設來看其平均值的變動情況」這種觀點進行許多研究。但高斯在天體運動論中提出的想法非常與眾不同、格外優秀，他和其他數學家完全相反，是從目標倒回去提出問題的。也就是說，他思考的是「在什麼樣的條件下，使用平均值會是推估真值的理想方法？」於是他想出了「高斯分佈」，亦即在現代被稱為常態分佈的變動規則。接著，**再進一步推導出「當資料的變動性符合常態分佈，最小平方法就是最理想的推估方法，因而平均值是最好的推估值」**這樣的結論。

雖然勒讓德也和高斯一樣，最終走向了最小平方法，可是勒讓德的發現是從「若用最小平方法來處理理與真值之間的偏差，會產生什麼變化？」這樣的思考角度出發的。由於勒讓德並未證明除了方便計算之外，最小平方法為何是理想的推估方法，因此，後世的統計學教科書多半都寫著「高斯發明了最小平方法」，甚至常常連關於勒讓德的附註都省了。

常態分佈指的就是「正常散佈」

所謂「常態分佈」就如圖表1-12，是一種由左右對稱的平滑山形曲線所代表的資料

圖表 1-12 常態分佈示意圖

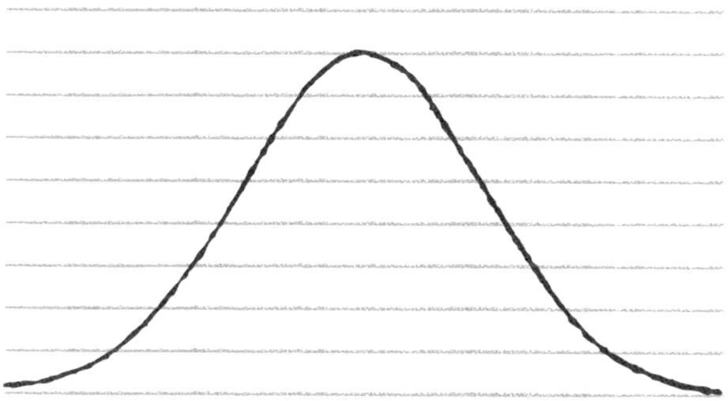

變動規則。我想以前從沒看過常態分佈圖的人應該不多，不過，很多統計學教科書都一下子就將它公布出來，這往往會令初學者感到害怕。

另外，我認為其名稱或許才是讓人害怕的理由。常態分佈的英文為 normal distribution，直譯成中文便是「正常散佈」之類的意思。在日本，為了區隔日常生活用詞與專業術語，這類翻譯往往會使用比較嚴謹，並用正式的漢字表示。這是日文很棒的特性之一，而中文也有類似現象，但其實原文並沒有這麼艱澀。如果當初譯成「正常分佈」，大家應該都會覺得比較平易近人吧。

那麼，高斯所發現的資料變動規則到底是怎麼個「正常」法呢？首先是在經驗上，許多資料都遵循了這個常態分佈。例如，在透過大學的健康檢查而獲得學生的身高資料中，男生和女生的分佈圖形看起來就像常態分佈。圖表 1-13 的橫軸為身高，縱軸則為各身高的人佔整體人數的比例，也就是說，若從這群人裡隨機挑出一位時，其身高為各種高度的機率。

支撐著現代統計學的「中央極限定理」

而且不只是「許多資料都遵循常態分佈」，就算原始資料並未遵循常態分佈，「其中幾筆資料的總和值」也通常都會收斂於常態分佈。這現象稱為**中央極限定理**，為現代統計學的重要基礎。此外，一旦「幾筆資料的總和值」遵循常態分佈，則進一步除以「加總的資料筆數」而得之平均值，亦會收斂於常態分佈。所謂收斂，就是隨著資料量增加而逐漸趨近，當有無限多的資料時，便會完全一致的概念。例如，若將前例中的男女資料混在一起，就會形成左右不對稱、很不像常態分佈的兩個山形（如圖表 1-14）；但若不論性別、重覆地隨機選出 4 人並算出其平均身高，則這樣的平均身高分佈就會像圖表 1-15，呈現漂亮的常態分佈圖形。

圖表 1-13 符合常態分佈的資料範例

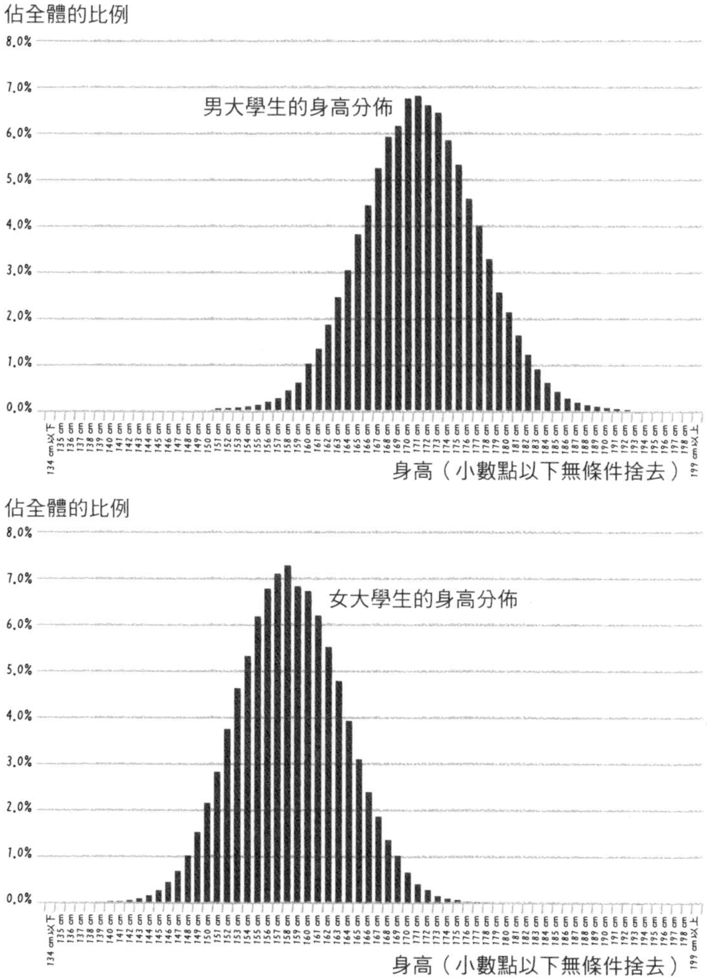

圖表 1-14 男女混合的身高分佈

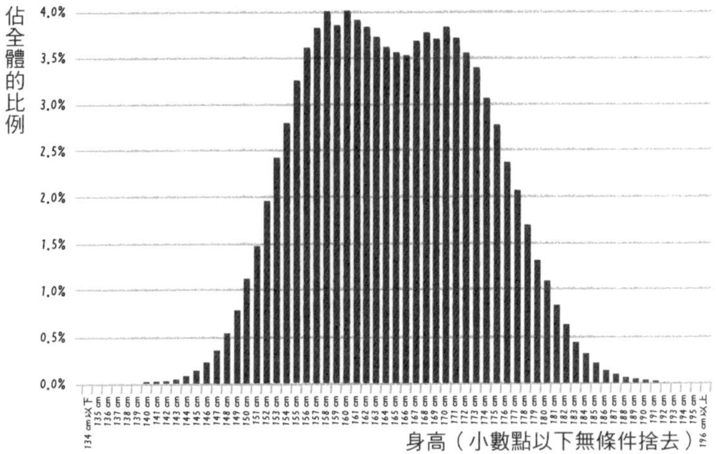

圖表 1-15 男女 4 人的平均身高分佈

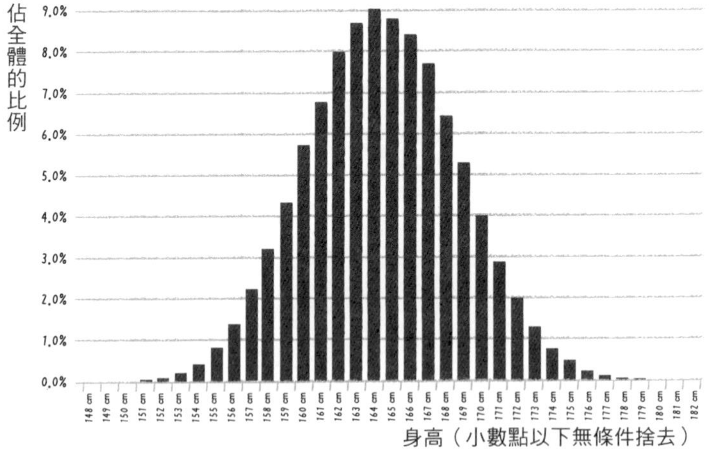

※原分佈資料是把 134 公分以下的都算成 134 公分，196 公分以上的都算成 196 公分。

為什麼會產生這種現象？

數學上的說明我寫在附錄的【補充6】，至於概念，就讓我們來想想為何原始資料不在平均值附近，其總和值卻會趨近於中央（平均值），進而形成左右對稱的平滑曲線？

線索就在棣莫弗（De Moivre，棣莫弗公式的發明者，在高中學複數時曾出現）的一項發現，亦即丟擲多枚硬幣時出現正面的機率，會隨著丟擲的枚數增加而收斂於常態分佈。

丟擲1枚硬幣時「出現正面的枚數」為1或0，這樣的變動性與常態分佈相距甚遠，但若將多枚硬幣的丟擲結果相加，便會收斂於常態分佈（如圖表1-16）。因此，這也是「幾筆資料的總和值」遵循常態分佈的例子。

現在，讓我們進一步觀察硬幣出現正面的枚數與其機率。

為了顧及原始資料非左右對稱的情況，在此刻意假設有個硬幣出現反面的機率為⅔，出現正面的機率為⅓。而丟擲1枚硬幣出現正面之機率為⅓，也可解釋成丟擲1枚硬幣出現正面的枚數平均值為⅓。

丟擲2枚硬幣時，第一枚與第二枚硬幣的正反面組合可整理成圖表1-17。該表呈

圖表 1-16 出現正面的硬幣枚數分佈

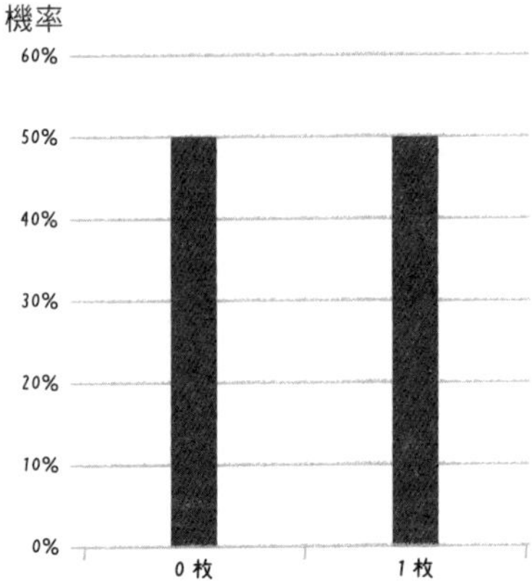

僅丟擲 1 枚硬幣時的正面枚數

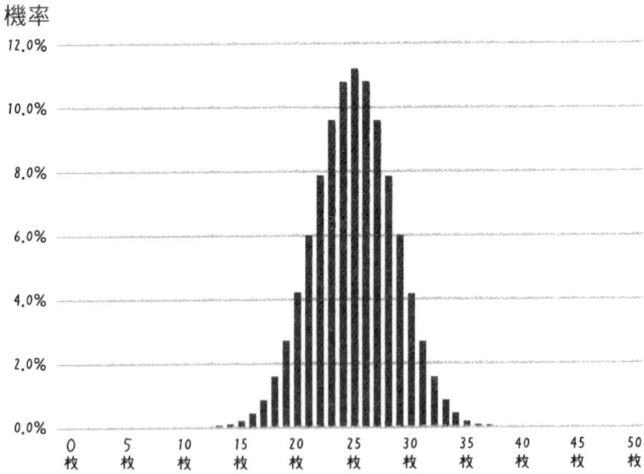

丟擲 50 枚硬幣時的正面枚數

圖表 1-17 丟擲兩枚硬幣時的正面枚數與機率

第 2 枚硬幣	第 1 枚硬幣 反面 機率 2/3	 正面 機率 1/3
反面 機率 2/3	0 枚 機率 4/9	1 枚 機率 2/9
正面 機率 1/3	1 枚 機率 2/9	2 枚 機率 1/9

現出了在反反（2枚都出現反面）、反正（1枚出現正面）、正反（1枚出現正面）及正正（2枚都出現正面）的2×2共4種可能模式中，出現各模式的機率分別為$\frac{2}{3}\times\frac{2}{3}$、$\frac{2}{3}\times\frac{1}{3}$、$\frac{1}{3}\times\frac{2}{3}$、$\frac{1}{3}\times\frac{1}{3}$。也就是說，正面0枚的機率為44．4%（=4/9），正面有1枚的機率也是44．4%（=2/9+2/9），正面有2枚的機率則為11．1%（=1/9），而將之畫成圖表便如圖表1-18所示。

接著，我們可再進一步思考丟擲4枚硬幣時的狀況。將硬幣分成兩組，每組各2枚，而第一組和第二組出現的正面枚數不是0就是1或2，因此，和剛剛的做法一樣可整理成3×3共9種模式的表格，如此便可看出最終的正面枚數並算出其機率（如圖表1-19）。兩組都正面0枚的話，總計就是0枚。若第一組和第二組中有一組出現0枚正面，另一組出現1枚正面，總計就是1枚。

圖表 1-18 丟擲 2 枚硬幣時的正面枚數與機率（圖表）

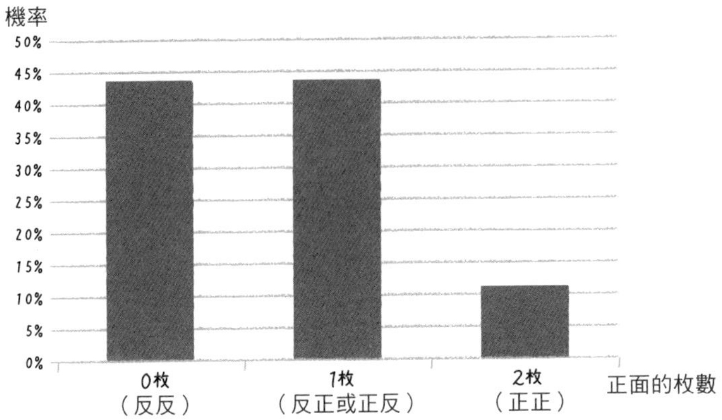

圖表 1-19 丟擲 4 枚硬幣時的正面枚數與機率

第 2 枚硬幣	第 1 枚硬幣		
	正面 0 枚 機率 4/9	正面 1 枚 機率 4/9	正面 2 枚 機率 1/9
正面 0 枚 機率 4/9	0 枚 機率 16/81	1 枚 機率 16/81	2 枚 機率 4/81
正面 1 枚 機率 4/9	1 枚 機率 16/81	2 枚 機率 16/81	3 枚 機率 4/81
正面 2 枚 機率 1/9	2 枚 機率 4/81	3 枚 機率 4/81	4 枚 機率 1/81

若其中一組為正面0枚，另一組出現正面2枚，或是兩組各只出現1枚正面的話，總計都是2枚。若其中一組出現正面1枚，另一組出現正面2枚，總計便是3枚。最後，若兩組都出現2枚正面的話，總計就是4枚。

而將這些機率加總後畫成圖表，便是圖表1-20。看來這種不太均衡的硬幣在丟擲4枚的情況下，只出現1枚正面的機率是最高的。

正如我一開始所說的，丟擲1枚硬幣平均會出現⅓枚正面。因此，丟擲4枚就是4×⅓，亦即平均應會出現約1.33枚正面。而其中1枚這個數字比0枚、2枚等其他數字都更接近平均值1.33。也就是說，資料逐漸往「出現正面的枚數平均值」附近收斂。

這種情況是受到了先前計算過程中「中間的值的加總組合最多」這一現象的影響。4枚中有0枚或4枚中有4枚等極端組合，其機率就只是圖表1-19中左上或右下單一種模式的機率，但4枚中有2枚這種「中間的」組合，則是由右上至左下對角線上的3種模式之機率加總而成。

不過，加總的模式數量並不能決定一切，由於被加總的機率本身有大小偏向，所以最接近平均值的「4枚中有1枚」才是出現機率最高的，而非中間的「4枚中有2枚」。這種因為被加總機率之原始大小不同，而有所調整的中間附近值，就是平均值。

圖表 1-20 丟擲 4 枚硬幣時的正面枚數與機率（圖表）

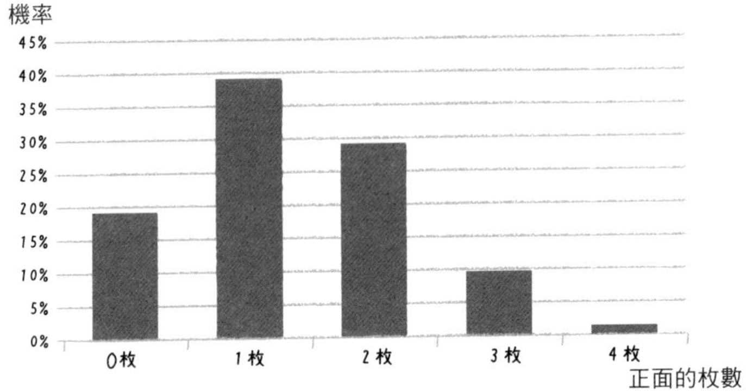

我在前著《統計學，最強的商業武器》中，曾談到鬼腳圖選在簽王正上方最容易中簽這件事，亦是源自於此機制。所謂鬼腳圖，就是依橫線隨機往右或往左走的一種遊戲，而比起極端地只朝單一方向移動的機率，平均左右移動的組合畢竟較多，因此，走到正下方的機率會是最高的。

尤其在接近平均值處，這種「機率加總」的影響特別大。例如，若「加總多筆資料時，其加總機率比平均值小一些」，這時有可能是「原資料的機率全都比平均值小一點」，但也有可能是「原資料的機率大部分都比平均值小很多，可是有一小部分的資料比平均值大很多」。即使原始資料的分佈不對稱，在加總時，低於平均值部分的資料特徵與高於平均值部分的資

圖表 1-21 丟擲 16 枚硬幣時的正面枚數與機率（圖表）

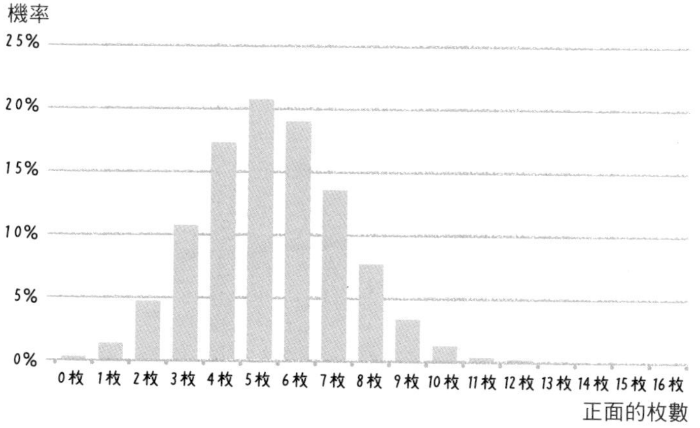

料特徵會混合，於是其圖形就會逐漸趨近於左右對稱。

以上便是在概念上，「非左右對稱的資料，為何其總和值卻會收斂至常態分佈」的理由。在此再多提供一張丟擲16枚硬幣時的正面枚數與機率圖表（如圖1-21），以供你參考，而你只要再重覆兩次先前的計算，即可求得這樣的結果。這時的圖形是以5枚（亦即離16×⅓的平均值最近的值）附近為中心，呈現常態分佈狀。

此外，第一個正式將棣莫弗的這項發現連結到資料之變動性的，是在高中物理以「楊定理」（Young's theorem，亦稱二階導數的對稱性 symmetry of second derivatives）及「楊氏模數」（Young's modulus）等詞彙留名的醫生兼物理學家－托馬斯・楊（Thomas Young）。他指出，和硬幣一樣，假設造成誤差的原因有一定的機率為0或1，而這樣的誤差原因加總起來所產生的結果，就是符合高斯所謂常態分佈的資料變動規則。

接著在托馬斯・楊之後，切比雪夫（Chebyshev）及其門徒馬可夫（Markov）、李亞普諾夫（Lyapunov）等十九世紀的俄國數學家，更進一步證明了這個所謂「大部分資料在加總後都會遵循常態分佈」的中央極限定理，並且明確區隔出該定理成立與不成立的情況。

總結來說，若與真值的偏差遵循常態分佈，在推估真值時，使用基於最小平方法的資料平均值是最理想的——這就是高斯的發現。而若與真值的偏差並非由單一原因造成，是由多個小偏差值集結而成，那仍會遵循常態分佈——這點也已由馬可夫與李亞普諾夫等人證實。由此可知，**若不是想掌握資料本身的變動規則，而是對藏在資料背後的真值有興趣，則使用平均值即可**。

稍微學過一點統計學的人，容易搞混的部分

像這種「原本的資料分佈不符合常態分佈，但其平均值則符合常態分佈」的性質，往往會在「掌握現況」型的統計學與「洞悉因果關係」型的統計學之間，或者乾脆說是在「懂的人」與「似懂非懂的人」之間造成混淆。

舉個容易混淆的例子。假設為了確認看了新廣告與看了舊廣告的兩組顧客在消費額上有無差異，而去比較這兩組顧客的平均消費額，但這樣的分析結果往往會被一些較資深的同事或長官，以「竟然沒先確認資料的分佈狀況，就使用平均值？」這種理由打槍，就彷彿在罵你是「極度腦殘」一般。

從「掌握現況」的觀點來看，這樣的打槍是對的。正如我在前面說過的，為了大略掌握變動狀況並非左右對稱的資料，有時使用中位數會比使用平均值更好。但若不是要掌握現況，而是想洞悉因果關係的話，那又是另一回事兒了。例如，分析廣告的新舊這一因素，會對消費額此一結果造成多大影響時所用的平均值，便不是為了掌握各組顧客概況。是否有正確掌握到各群組的核心並不重要，只要足以判斷其中一組的消費額是否高於或低於另一組就夠了。

而不論原本資料的變動狀況如何，只要重覆抽出其中的數十、數百筆資料，並計

算平均值，則重覆算出的平均值都會收斂於以「中央極限定理為基礎」的常態分佈。

明確區分**「原始資料的變動狀況與代表該狀況的平均值」**這種觀念和**「與原始資料之變動狀況無關的平均值，其本身的變動狀況」**這種觀念，在現代統計學中是非常重要的，但這卻也是只稍微學過一點統計學的人經常搞混的地方。

除了掌握現況或洞悉因果關係有其使用目的上的差異之外，這樣的混淆問題或許也與過去的資料數量和現今資料數量的差異有關。以前可能只用10隻動物實驗所得的資料，並以人工計算並分析後，便能寫成論文。就算說大部分資料只要加總多次，終究都會收斂於常態分佈，但若在資料分佈極度偏頗的狀態下，加總數量又不足，便可能和先前只丟擲2枚不均衡硬幣時的加總狀況一樣，出現「未能收斂至常態分佈」的情形。

因此，以「竟然沒先確認資料的分佈狀況（讓10筆左右的資料收斂於常態分佈為前提），就使用平均值？」這樣的打槍理由雖然正確，但在現今資料數量動輒幾百、幾千筆的狀態下，卻仍都以這種理由打槍，擺出一副自己很懂的樣子，那就不值得稱許了。當然，已知其資料分佈狀態不遵循中央極限定理的特殊狀況則不包含在內。

無論如何，若不是要掌握「顧客是什麼樣的群體？」等現況，而是要洞悉「某項措施能使銷售額提升多少？」這類因果關係的話，所需找出的真值，就是有實行該措施與未實行該措施時的銷售額差距。

而實際調查到的資料，則是該真值加上各種偏差值之後的結果。雖然每位顧客的個人差異也是造成偏差的原因之一，但即使顧客的消費額變動狀況不符合常態分佈，從數百人以上的資料而求得之平均值，通常還是會遵循常態分佈。

所以，你可安心地將平均值應用在工作上。這可不是什麼加一加、除一除就好的小學生計算題，而是凝聚了眾多大數學家的精湛思維呢。

06 標準差所呈現的「概略資料範圍」

了解平均值的本質後，接著便要學會以範圍而非單點的方式來看待資料。就算已知平均客單價為３０００日圓，也無法斷定是「絕大多數人都花３０００日圓左右」，還是「有花１００日圓的人，也有花1萬日圓的人」。而為了能適當區別這些不同狀況，該如何計算、又該如何理解計算結果等，便是接下來要為各位解說的主題。

便於掌握現況的四分位數

「呈現最大值與最小值」是一種相當原始的做法。例如，若能標明「最小值為２９００日圓，平均值為３０００日圓，最大值為３２００日圓」，那就知道此群體的資料全都聚集在3000日圓的平均值附近。但需要注意的是，最大值與最小值這類界限值是會被單一筆資料給影響的。要是1萬人中的9998人都各消費3000日圓，只有一個人僅花500日圓，又只有一個人花了1萬日圓，亦即資料中包含最大、最小各一筆極端值，那麼，「最大值為1萬日圓，最小值為500日圓」這樣的結果所呈現的資料變動範圍似乎太大了些。

為了避免這種問題，可用一些比最大和最小值更溫和一點、以順序為基礎的指標來指示資料分佈範圍。這些指標包括所謂的**第一四分位數**、**第三四分位數**，而這兩者再加上中位數（亦稱為第二四分位數），合稱為**四分位數**。

先前已說明過，當資料的數量為奇數時，中位數是指「排列順序在正中間的值」；當資料的數量為偶數時，中位數則指「排列順序在中間的兩個值的平均值」。這個「正中間」，就是指將所有資料分成兩半的分割點。而四分位數是更進一步「把一半再分一半」，也就是將資料切分成¼。第一四分位數就是「4分之1」的意思，第三四分位數是¾，也就是「從1減去4分之1」。

第一四分位數和第三四分位數可分別從資料的底部（最小的）、頂部（最大的）起算，當資料數量無法用4整除時，就採用「排列順序為資料數除以4後無條件進位的值」，當資料數量能用4整除時，則採取「排列順序為資料數除以用的值與下一

圖表 1-22 9位顧客的四分位數

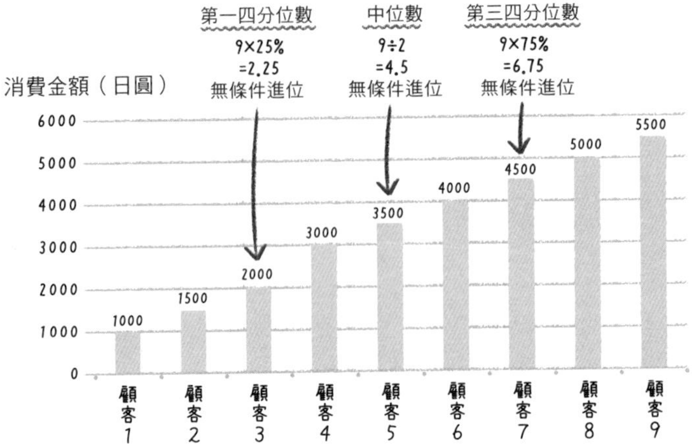

個值的平均」。具體來說，如圖表1-22那樣當資料數量共有9的時候，9×25%=2.25除不盡，所以無條件進位，於是第一四分位數便是從最小值起算的第三個值，而9×75%=6.75，同樣無條件進位，因此，第三四分位數就是從最小值起算的第七個值（或者，既然第一四分位數是從最小值起算的第三個值，那麼，第三四分位數就是從最大值往下算的第三個值）。

若是資料數量共有8筆，那麼，8×25%=2為整數（即能被4整除），故第一四分位數便是從最小值起算的第二個值，與其下一個亦即第三個值的平均。而8×75%=6，故第三四分位數就是從最小值起算的第六，與

圖表 1-23 8 位顧客的四分位數

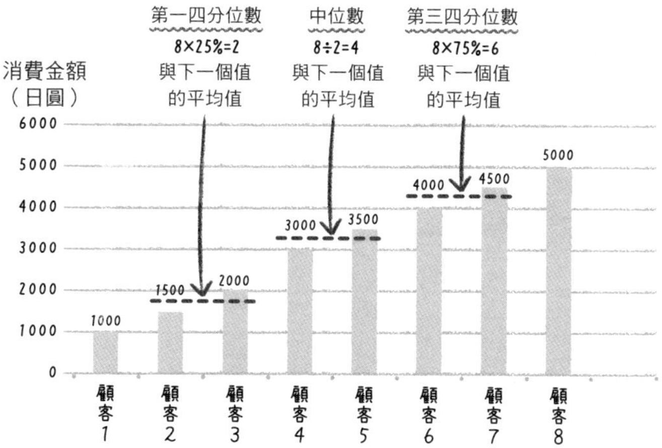

其下一個亦即第七個值（或是從最大值往下算的第二及第三個值）的平均（如圖表1-23）。

此外，這樣的排列順序計算除了有四等分的方式之外，也有十等分**（取第10%和第90%的值）**，甚至是二十等分**（取第5%和第95%的值）**的做法（如圖表1-24）。

如果使用四分位數，那麼，從第一四分位數（25%）至第三四分位數（75%）之間約一半的資料就是合適的資料，如此便不會被極端的最大或最小值影響，而能指出從此群體所獲得的資料「大約分佈於這樣的範圍內」。在掌握現況型的統計學中，除了中位數外，也經常會使用四分位數。

圖表 1-24 十分位數與二十分位數（顧客共 21 人的情況）

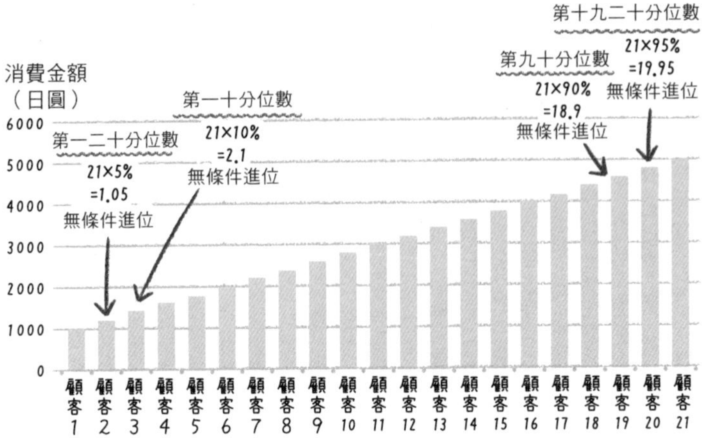

表示資料離散程度的「變異數」

然而，四分位數也同樣存在與先前提過的中位數一樣的問題。也就是排序處理很累人、算式難以展開、很難算出總量差異等。那麼，基於盡量不要用中位數，而要用平均值的原則，對於四分位數，如何能求出可代表「資料大約分佈於這樣的範圍內」這種資訊的值呢？

答案就是名為**變異數**的指標。

在第48頁便已說明過，所謂平均值，是在假設它是真值的情況下，將實際資料中包含的「與真值之間的偏差」最小化的結果。更精確地說，這個值就

圖表 1-25 3 位顧客的滿意度，以及與平均值的偏差

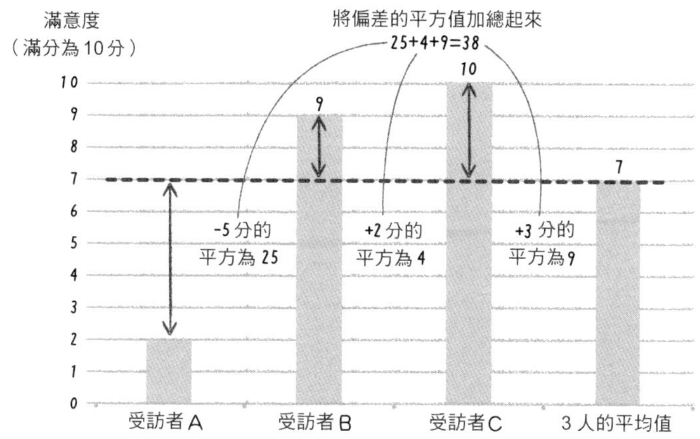

是「與真值之間的偏差再平方的和」。有了這個值，應該就能判斷一批資料的變動範圍是大是小了。

例如，若某家店請 3 位顧客為其服務滿意度評分，滿分為十分，而得到的評分結果如圖表 1-25 所示。受訪者 A 給 2 分，受訪者 B 給 9 分，受訪者 C 給 10 分，故平均值是 7 分（(2+9+10)÷3=7）。在此將各受訪者的「與平均值之間的偏差再平方的值」全部加起來，便獲得 (2-7)2+(9-7)2+(10-7)2 = 38 的值，而這個值越大，資料的變動範圍就越大。

不過，若是用「與真值之間的偏差再平方的和」來判斷資料變動範圍的大小，就必須注意到光是資料量增加，也

圖表 1-26 40 位顧客的滿意度，以及與平均值的偏差

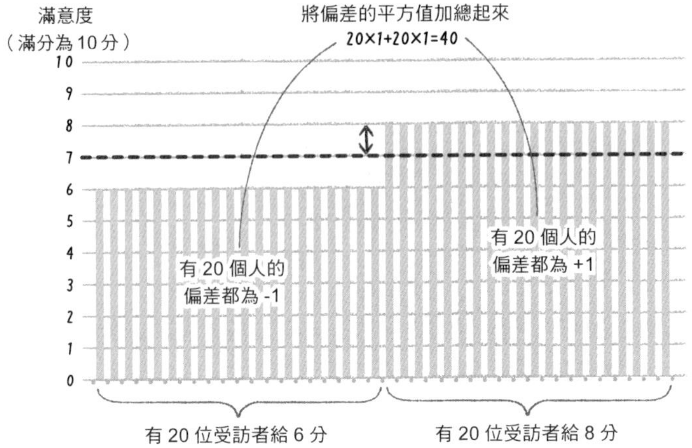

會讓此合計值變大。正如圖表1-26所示，假設在另一間店對40位顧客進行同樣的調查，結果有一半，也就是20個人給了6分，剩下的20人則都給8分。這時的平均值依舊是7分，可是一旦加總「與平均值之間的偏差再平方的值」，由於一半受訪者給的分數都「與平均值差了-1分」，另一半則是「與平均值差了+1分」，而1的平方為1，故這些偏差的平方和便為40。

明明第一間店只問了3個人，每個人給的分數都與平均值有2分以上的偏差，偏差最大的受訪者甚至差了5分，而第二間店所有人的給分都很均勻，只與平均值偏差±1分，結果卻說是第二間店的「顧客滿意度變動範

圍較大」，這樣的分析顯然有問題。

這是因為「偏差的平方和」會隨著資料量增加而變大，即使是變動範圍相同的資料，也會自然產生這種現象。若是如此，**那就別用「偏差的平方和」，改用「偏差的平方平均值」來代表資料的變動範圍即可**，而這就是「變異數」的基本概念。

以前例的第一間店來說，其「偏差的平方平均值」是將其「偏差的平方和」38除以受訪人數3人，結果約是12．7。而第二間店的「偏差的平方和」是40，除以受訪人數40人，得到的值為1。這個12．7和1便可視為是各店的顧客滿意度的變異數。

另外要再補充一下，之所以說這是「變異數的基本概念」，原因就在於，若說得更仔細點，由於統計學裡有所謂**無偏變異數**（修正了偏差的變異數）的觀念，所以，除數不是用「受訪人數」而是用「受訪人數-1」比較好，而這部分我會在附錄的【補充4】做說明。近年來，隨便一項調查都可能有上千名的受訪者，「偏差的平方和」除以1000與除以減1之後的999，算出來的結果其實差異不大。因此，對許多社會人士來說，「實際上不必太在意求出的變異數到底是不是無偏變異數」——這也是本書所採取的立場。

將「變異數」變得更直覺易懂的「標準差」

雖然我們已從變異數看出哪家店的顧客滿意度變動範圍較大，但就算知道第一家店的變異數，亦即「與平均值之間的偏差再平方的平均值」為12．7，也還是很難想像其變動狀況。而第二間店的「與平均值之間的偏差再平方的平均值」為1這件事，卻充分反映了「所有受訪者的滿意度都只與平均值差+1或-1分」這樣的狀態。

為何會有這樣的現象呢？這是因為變異數是直接以偏差的平方為概念的指標。1的平方還是1，因此，當「所有受訪者的滿意度都只與平均值差+1或-1分」的時候，算出來的變異數就是1，但若「所有受訪者的滿意度都只與平均值差+2或-2分」，則算出來的變異數不會是2，而會是其平方值4。

由此看來，若是想找出能讓人想像得到的資料變動狀況的指標，只要從變異數的「平方」這裡下手即可。與「平方」相反的是「平方根」，或說「開根號」計算。例如，若是要想像前述變異數12．7的資料變動狀況，那麼，只要像國中學過的那樣算出「某數的平方為12．7，則某數（正值）為何？」就行了。這用人工計算或許有點累人，不過，用計算機將12．7開根號，便能得到約3．6的值。就算你手邊沒計算機，倒回去以3.6×3.6=12.96也可確認此值的確接近12．7。至於第二間店的變異數1就不用我多說了，1開根號還是1囉。

經過這樣的計算後，不論是以「偏差約為3．6分」來描述與平均值之偏差為2～5分的第一家店，或以「偏差約為1分」來描述與整體平均值之偏差為1分的第二家店，應該都能大致符合一般人的直覺印象。而這個第一家店算出來是3．6，第二家店算出來是1（將變異數開根號所求出）的值，就名為**標準差**。其英文是Standard Deviation，經常縮寫為SD。

說到標準差，就會讓人聯想到日文的一個常用詞，叫「偏差值」[1]，這詞可能會讓某些人覺得不舒服[2]，不過，標準差只單純代表**「標準的、與平均值之間的偏差」**之意。而日文的「偏差值」，則是運用平均值與這個標準差來評估考試分數有多好，亦即為了能與其他考試公平比較，而設計出的「掌握現況」型統計學手法。說得更具體一點，就是不論各項考試的平均分數及得分變動狀況（即標準差）如何，都以得分比平均分數多幾個標準差或少幾個標準差的方式來說明成績。考試成績剛好落在平均分數，偏差值就是50；若得分為平均分數＋SD（標準差），偏差值便是60；反之，

1譯註：在日文裡，標準差稱為「標準偏差」。
2譯註：因為和學生的成績評定有關。

若得分為平均分數－SD，則偏差值為40。

此外，許多總是批評偏差值式教育「很不像話」的人，似乎不了解「偏差值真正的存在目的」。諸如，偏差值為75便能進東大云云，都是極為膚淺的說法。若不透過偏差值來公平比較考試分數，並掌握個人在同一屆學生中的相對排名，那可是會產生很多困擾的。例如，會有考題出得簡單、分數給得漂亮的老師，他的學生「成績總是特別好」的不公平現象。還有，就算特地去考了模擬考，也無法預測是否真能考上自己理想的大學。畢竟即使模擬考考得好，也可能只是因為該次的考題太簡單、得分的變動範圍太大而已。只要大學的入學名額有限，不論有沒有偏差值此一指標存在，考試成績都非得在一定的排名以前才進得了大學——這點是不會改變的。

以前還有一些文化界的人士主張「美國的入學考根本不用什麼偏差值！他們看的不是偏差值，而是依據個人特質來決定！」但美國的大學入學考不論是多厲害的名校，都採用SAT等統一考試的學力程度測驗分數，並不像日本的AO入學考[3]，只要寫寫小論文和面試就行了。而且基本上，SAT測驗得分的計算方式與偏差值一樣，只不過還進一步融入了所謂「試題反應理論」的統計學方法，亦即以更高階的計算方式來達成測驗分數的公平比較。

要進入美國某大學，通常SAT的分數必須在幾分以上這件事，和要進入日本某大學，通常模擬考的偏差值要在幾分以上的情況，本質上是完全一樣的。

用平均值與標準差就能掌握現況的理由

剛剛可能有點離題了，現在讓我們回歸正題——合併運用平均值和標準差，便能和四分位數一樣，掌握「資料大約分佈於這樣的範圍內」這種現況。在日本，負責處理統一考試的大學入學考中心裡有一些統計學者，他們會注意得分的變動狀況是否遵循常態分佈。若資料本身遵循常態分佈，那麼，從「平均值－SD（偏差值40）」的分數到「平均值＋SD（偏差值60）」的分數之間的範圍，會包含了68．3%的考生。

此外，所謂遵循常態分佈，就代表資料的變動狀況是左右對稱的，因此，偏差值在60以上的人數和在40以下的人數可由100%減去68．3%後，將剩下的31．7%再平分，亦即兩者應各佔約15．9%。正因為有大學入學考中心負責監控考試分數是否確實遵循常態分佈，並迅速公佈考生人數及平均分數、標準差等相關資訊，考生才

3譯註：類似台灣的推薦甄試，AO為Admissions Office的縮寫，為「入學管理局」之意。

圖表 1-27 變動狀況遵循常態分佈的考試成績資料

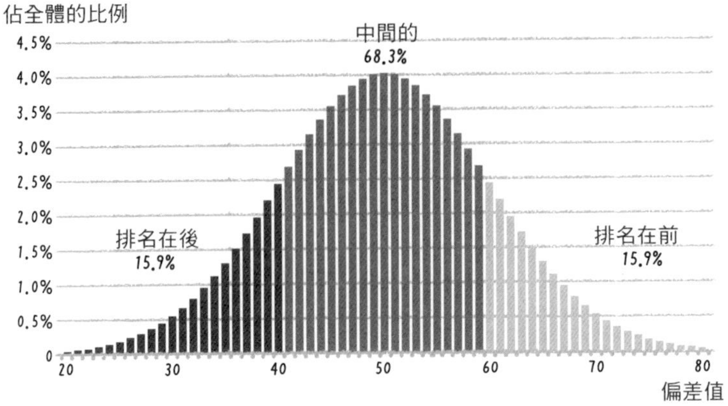

能大略掌握自己的成績排名。也就是說，只要用自己的得分與所公佈之平均分數及標準差，就能算出偏差值，例如，若偏差值為60，便可得到「考生共有30萬人，我的得分在前15．9%，故排名約在4．8萬名以內」這樣的參考資訊（如圖表1-27）。同樣地，在平均值±2SD（更精準地說，應是1.96SD）的範圍內應包含約95%的考生，故偏差值為70者便在前2．5%，亦即在30萬名考生中，成績大約落在7500名以內。

要是資料的變動狀況明顯不符合常態分佈的話，該怎麼辦？這時，若從掌握現況的角度來看，正如中位數比平均值更適合做為指標，與其取用平均值

圖表 1-28 變動狀況很極端的資料的平均值± SD 範圍

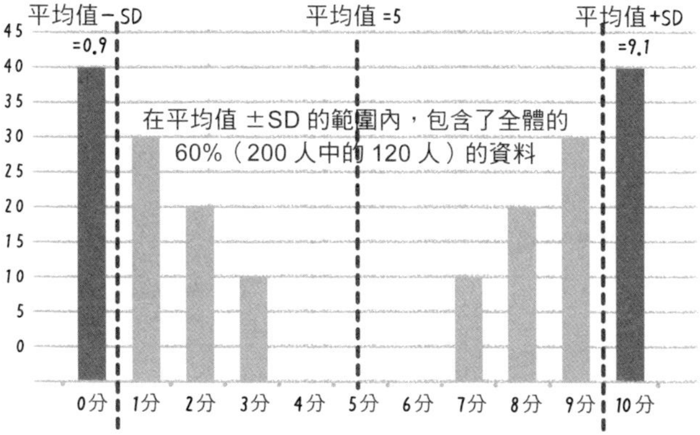

±SD的範圍，不如用四分位數來分析更好，但即便如此，也並不表示標準差所呈現的訊息是錯的。

在此舉個例子，這個例子不僅資料變動狀況完全不符合常態分佈，甚至其平均值附近根本不存在資料。如圖表1-28，假設針對200位顧客進行以10分為滿分的滿意度調查，結果資料分佈相當極端，回答0或10分的各有40人，回答1或9分的各有30人，回答2或8分的各有20人，回答3或7分的各有10人，而回答4～6分的為0人，亦即呈現平均值附近根本沒有資料的狀態。

若撇開這種狀況不管，若照樣計算標準差的話，會得到4．1的值，而從平均值－SD的0．9到平均值

+SD的9．1範圍內所包含的人數，就是全體200人減掉回答0或10分的80人，亦即有120人。這樣的話，指著平均值±SD的範圍說：「資料大約分佈於這樣的範圍內」其實並沒有錯。

甚至在談到中央極限定理時，曾被我提及的**俄國數學家切比雪夫還證明了不論資料的變動狀況如何，平均值**－2SD（**標準差的兩倍**）～**平均值**＋2SD**的範圍內，都一定包含全體**4**分之**3**以上的資料**。這樣的關聯性被稱為「切比雪夫不等式」（附錄的【補充7】），它在中央極限定理的證明上亦扮演了相當重要的角色。

資料若是遵循常態分佈，那麼，該範圍的資料量還會比「4分之3」更多，如先前講過的，在平均值±2SD（**嚴格來說應是**1．96SD）**的範圍內會包含95%的資料**。在此要特別說明，接下來我還會提到好幾次在平均值±2SD範圍內的95%的資料，但精確地說，應該是1．96SD才對。而若是非左右對稱、平均值附近不存在資料的狀況，存在於此範圍的資料比例雖然會比較小，但仍不會低於4分之3。

也就是說，只要有標明平均值和標準差，若不靠四分位數，也能夠掌握資料概況。而且不論資料的變動狀況是否符合常態分佈，抱持著「資料大約分佈於平均值±2SD的範圍內」的想法就不會有錯。

圖表 1-29 依據本章內容所做的分析結果

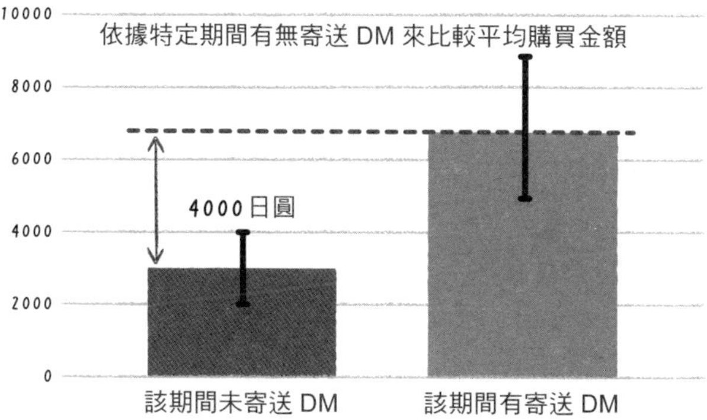

嘗試將平均值和標準差應用於「洞悉」

若將這平均值 ±2SD 的範圍應用於因果關係的洞察而非掌握現況，那又能夠發現些什麼呢？在此假設你匯總公司所累積的資料後，得到如圖表 1-29 的結果。

此圖表是依據上上個月一整個月內有無寄送 DM 這個因素，來分別統計顧客最近一個月的平均購買金額此一成果。長柱代表的是平均購買金額，而從各長柱上端中央往上、下延伸的細線則代表「±2SD」的範圍。在專業術語中，這條線叫做誤差線。未寄送 DM 那組的平均購買金額為 3000 日圓，且標準差為 500 日圓，因此，其誤差線從代表了平均值的長柱上端朝上、下各延伸１０００日圓的距離。而有寄送ＤＭ的那組平均購買金額為７０００日圓，標準差是１０００日圓，故誤差線是朝上、下各延伸２０００日圓。

若在寄送ＤＭ時，並未「特地選擇較具消費潛力的人」，而是隨機寄送的話，這樣的統計結果確實應視為存在有某種因果關係。在此例中，兩個群體的平均值±２ＳＤ範圍並未重疊這點，代表了其中一組資料的「大略分佈範圍」對另一組的資料來說「並非理所當然」。基於此理由，我們可以合理的懷疑，有無寄送ＤＭ這個「因素」和購買金額這個「成果」之間，或許存在有某種關聯性。

若ＤＭ是隨機寄送的，那麼，在這兩個群組間除了ＤＭ這個因素之外，應該沒有其他差異存在。但若在這樣的情況下仍出現了難以忽略的成果差距，便可考慮ＤＭ或許就是左右了購買金額此一結果的原因。

就像這樣，即使只弄懂了平均值與標準差的本質，當解釋變數是隨機存在時，其差異卻能造成如此明顯的成果差距，你仍能輕易洞悉其中的因果關係。

PART 02

統計學之所以「最強」的另一個理由

標準誤差與假設檢定

07 介於急驚風與慢郎中之間的「最強」思維

正如我在第1章最後所介紹的，當群組間產生了平均值之差距超過標準差的兩倍（±2SD）時，就代表其中一組資料的「大略分佈範圍」對另一組資料來說「並非理所當然」。而要找出「非因資料的變動而偶然產生的差距」，這就是該踏出的第一步。

資料本身既然有變動性，兩個群組的平均值和比例就不可能每次都完全一致。也就是說，碰巧有一組較高的情況應是時有所聞。

但若這個差距大到超出「標準差的兩倍以上」，那又是另一回事了。若是產生了對其中一組來說「普通」的值，對另一組而言卻「一點兒也不普通」這種程度的差距，那麼，與其將之視為是因資料的變動而偶然產生的差距，更應該合理推測這兩個群組間應該本來就存在有某些差異。

在統計學上，我們把這種非因資料的變動而偶然產生的差距稱為**「統計學上的顯著性差異」**，或是直接稱為「顯著性差異」。而就在現實世界裡「有無意義、夠不夠顯著」這點來說，找出了讓全年度銷售額產生一日圓差距的因素，實在稱不上是什麼有意義的資訊。不過，倘若這僅僅一日圓的「讓人覺得沒什麼意義、不夠顯著的差距」，不太可能是因為資料變動而偶然產生的差距的話，在統計學上就是「顯著的、有意義的」。之後，本書使用「顯著、有意義」這類詞彙時，表達的都是這種統計學上的意思，這點請各位務必牢記。

在現實中，並不容易找到顯著性差異

就實務應用而言，只要弄懂了平均值與標準差就夠了嗎？當然不是。若是不懂本章所介紹的、進階一點的概念，恐怕無法分析實務上的問題。

這原因就在於統計學上所謂的**檢定力**（statistical power）或稱檢驗力。以檢測出顯著性差異而言，只靠「群組間彼此之平均值差距在標準差的兩倍以上」這一條件來判斷，似乎是還不夠力。

在現實中，必須彼此比較的群組平均值幾乎都不會差到標準差的兩倍以上，而若差距真的那麼大，很可能不必勞動統計學出馬就已能注意到了。

因此，統計學所重視的，是找出雖小於標準差的兩倍但具實際意義的差距，以及如何以最少量的資料找出統計學上的顯著性差異等，也就是要增大檢定力。

假設結果相同，與其花費大把時間收集及計算資料，絕大部分人肯定都想選擇不那麼費時費工的做法。若硬要說多花時間、精力有何好處的話，大概也只有負責廠商可藉由分析作業與系統建構需求來提高報價而已。

說得更具體一點，所謂的統計檢定力就是「**當存在某種差距的假設真正成立時，可確實稱之為顯著性差異的機率**」。例如，即使比起沒寄送ＤＭ的群組，有寄送ＤＭ那組的平均消費額真的有增加，各個顧客的消費金額依舊是有變動性的。因此，若只各調查兩、三位顧客，那麼，很可能看不出兩者間的差異，甚至反而會因為沒寄送ＤＭ那組剛好都是特別會買的顧客而形成相反結果。這種便稱為是檢定力較低的調查或分析。

「急驚風」之過與「慢郎中」之過

但一味提高檢定力也不是什麼好事。確實有簡單的方法能將檢定力最大化，亦即做到「當存在差距的假設真正成立時，不論是什麼樣的差異，都百分之百能找出顯著性差異」，但這樣做不僅沒有好處，很多時候甚至是有害的。

這種做法就相當於「毫無資料根據，想到什麼就說什麼，根本不負責任」。如果假設確實成立，一定是百分之百能找出有意義的差距。公司也好，電視節目也罷，甚至是議會裡，毫無實際根據說起話來卻振振有辭的人不勝枚舉，這些人可說是只把檢定力給最大化了的生物。馬克・吐溫（Mark Twain）有句名言是這麼說的：「就算是壞掉的時鐘，一天內也會有兩次指著正確的時間」而總是預測「經濟就快衰退了」的經濟評論家，在不景氣實際到來的前一年也一定說過：「經濟就快衰退了」。

這種做法之所以有害的原因在於，它不僅「錯失了正確的假設」，還「把錯誤的假設當真」，也就是未顧慮明明沒什麼差距，卻宣稱有差距的這種錯誤。在統計學上，這種「明明沒什麼差異，卻視為有差異」的錯誤被稱為第一型錯誤（Type I error）；相反的，「真的有差異存在，但卻沒找出來」的錯誤則稱為第二型錯誤（Type II error）。另外補充一下，在日本，這第一、第二型錯誤又分別叫做α錯誤與β錯誤，故日本的統計學教科書往往會利用諧音，以「急驚風（あわて者，あ與α諧音）之過」和「慢郎中（ぼんやり者，ぼ與β諧音）之過」來介紹這兩種錯誤。

依據這種譬喻，前面所提毫無根據地宣稱假設成立的那些人，就屬於寧可錯殺一百也不願放過一個的類型，算是操之過急、太過慌張了。

而這世上還有一些人是完全相反，他們以最簡單的方法將「急驚風之過」降至最低。也就是不論別人依據什麼理由、提出什麼主張，他們都只會含蓄地表示：「嚴格來說並不確定，所以讓我們再找時間仔細討論看看好了」。

簡單來說，這些人就是不提出任何假設，更別說要相信假說並採取行動了。如此雖能完全避免匆忙做出錯誤假設的可能性，但就算事實擺在眼前，他們仍會慢條斯理地錯過。

即便專門負責揭露永恆真理的學者堅持著：「嚴格來說並無法確定，故需要更仔細小心」或許仍能保有他們的工作，但很多時候，我們的決策都是現在不立即做出最佳判斷，損失便會一分一秒地越滾越大。醫生若只是持續地仔細檢查病患，絕大多數人最後一定都會死去；商界人士若只是持續地仔細觀察顧客，肯定會輸給競爭對手。又或者，若父母只是持續地仔細觀察孩子，就會錯失幼兒時期的學習機會。

「統計學是最強學問」的理由

統計學的優秀之處在於，**它系統化了在急驚風與慢郎中之間做出正確決策的方法**。亦即它折衷了兩者。對於並非百分之百總是產生相同現象且帶有變動性的事項，要同時避開這兩種錯誤是不可能的。因此，統計學首先會決定對急驚風之過的容忍度有多高。依據慣例，通常為5％，也就是假設20次中可忍受提出1次其實有可能錯誤的說法。但當需要更嚴謹的決策時，有時亦會考慮採用1％或0．1％等較小的值；反之，容許10％「急驚風之過」的情況也時而有之。像這種5％或1％等對第一型錯誤的容許標準，就稱為**顯著水準**（level of significance）。

接下來，再想辦法於顯著水準範圍內，將「慢郎中之過」降至最低，或是將檢定力最大化。雖說只要增加所分析的資料數量，檢定力便會提升（這部分在本章稍後還會詳述），但即使資料數量有限，仍有辦法避免錯過真相，你可依據資料的變動情況或嘗試判斷正確與否等不同假設，而採取不同的方法。像這種用來判別假設正確與否的方法，一般在統計學上則稱為**檢定**（**或是統計假設檢定**）。

另外，在已決定的顯著水準之下，具有最高檢定力的檢定方法則稱為**最強力檢定**或是**最強檢定力檢定**。《統計學，最強的商業武器》這樣的書名也包含了此意義。其實，在統計學者耶日・奈曼（Jerzy Neyman）與伊根・皮爾生（Egon Sharpe Pearson，為回歸分析發明者卡爾・皮爾生（Karl Pearson）之子）將此系統化之前，對於許多現象，人類不是急躁慌亂地依直覺與模稜兩可的理由提出假設，就是慢條斯理地一再倡導要小心謹慎地慢慢討論。

能在這過與不及之間、在理論上的正確性和實際問題之間思考出最佳判斷的學問，至今除了統計學以外別無其他。這就是為何各學術領域在證實其理論時、人們在進行各式各樣不容許失敗的實務決策時，都會運用統計學的原因。

本章接下來的內容，便是要學習此種統計假設檢定的觀念，亦即培養在資料有限的情況下，將「急驚風之過」的風險保持在一定水準，並同時做出正確決策的能力。

舉個例子，假設你在經營一個付費的網路服務，而依據A／B測試的結果，改換新設計後的網頁其轉換率從0・10％上升到了0・11％。這差距雖然只有0・01％，但若它真的是「有意義的差距」，或許能將網站的營收提升為1・1倍。或者反之，若這差距「只是偶然」，那麼，便會陷入無效的網站設計變更循環。讀過本章後，你應該就能了解到底該進行哪種檢定，而出現什麼樣的結果時應該要如何判斷，又或者A類型、B類型各需收集多少數據，才能將這0・1％的差距視為「顯著性差異」。

此外，本書不會討論各個檢定方法在特定狀況下是否為最強力檢定，我只會介紹一般常用的方法及其用途。例如，當原始資料的分佈與常態分佈天差地遠時，比起本章所介紹的方法，還有別種檢定力更高的方法可用。但現在畢竟和過去不同，由於「為了提高檢定力而增加資料」所產生的成本很低，收集數百、數千筆資料來分析的情況根本一點兒也不稀奇。因此本書認為，明明在這種狀態下有些事情根本不必太在意，若是仍刻意要在入門時就加以解說，那只是徒增學習門檻，並不明智。

從下一節起，我便要介紹如何將「群組化的匯總資料」轉變為決策用的統計分析，請各位務必好好學習。

08「誤差範圍」與資料量的關係

對於一些在日常生活中接觸得到的數字，有很多人會使用「那屬於誤差範圍」之類的說法。例如，到達某目的地要花50分鐘還是45分鐘，這差距便會被說成是「誤差範圍」；又或是某專案的預算為1000萬日圓還是1100萬日圓，也會被說成是「誤差範圍」。我感覺大家似乎是依據「以預測值為基準，誤差約為±10％」這樣的粗略概念而說的。

然而，一旦學過粗淺的正統統計學，就再也無法隨口說出什麼是否屬於「誤差範圍」的話。因為在統計學裡，「誤差範圍」不是可依主觀印象隨便說說的，它必須依據資料的數量及變動狀況（亦即變異數與標準差）準確地計算出來。

統計學上所謂的「誤差」

在此舉個例子來說明資料數量是會對誤差造成影響的。假設「針對日本的高中生做調查，結果回答想用用看自家公司新產品的人佔了75％」，直接從表面數值來看，日本所有高中生對此產品的使用意願「真值」為75％，亦即若不考量價格等其他問題，4人中就有3人想要此新產品，其市場前景看好。

然而，不論是在僅僅4名的受訪者中有3人表示「想用用看」，還是在1000名受訪者之中有750人都回答「想用用看」，兩者同樣會形成此使用意願為75％的調查結果。而大部分人應該都會直覺地認為，前者僅從4名受訪者得到的75％，不如後者從1000名受訪者得到的75％那麼值得信任。數字上同樣都是75％的兩種結果，到底有何不同呢？

讓我們來想想看，若「碰巧有一人改變了心意」，情況會如何？受訪者中有1位恰巧因當天遇到好事，或不巧身體不適而改變答案，應該不是什麼太奇怪的事。

若是在前述有1000名受訪者的調查裡，原本回答「想用用看」的人之中有1位改變心意，改為回答「不想使用」，那麼，其使用意願會變成74．9％（＝1000人中有749人）。反之，若是原本回答「不想使用」的人之中有1位改為回答「想用用

圖表 2-1 1 位受訪者改變心意對比例所造成的影響

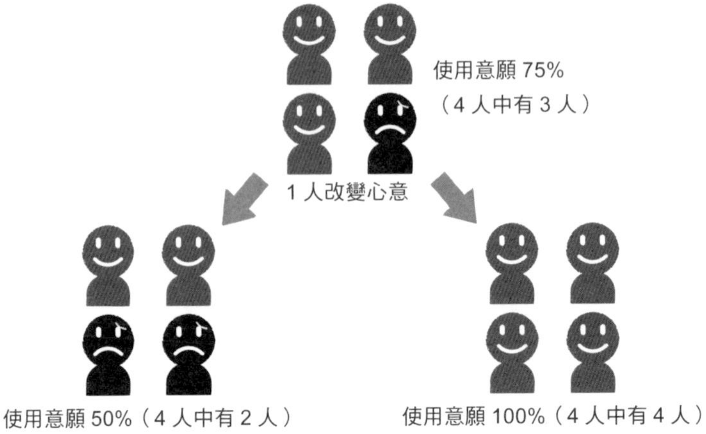

看」，則其使用意願會變成75・1%（＝1000人中有751人）。也就是說，如果受訪人數有1000人，就算其中有1人改變心意，對結果的影響也不過是0・1%而已。

但若是在僅有4名受訪者且其中3位回答「想用用看」的調查中，有1位改變心意，改為回答「不想使用」，那麼，其使用意願就會變成50%（4人中有2人）。又或是原本唯一回答「不想使用」的受訪者改變心意，那結果就會變成全體受訪者都願意使用，亦即使用意願為100%。簡言之，光是1個人的「碰巧」，便足以讓調查結果產生50%、75%、100%或25%這麼大的變動（如圖表2-1）。

統計學所處理的對象並非全都一致地具有相同值或相同狀態，也就是說，依據調查對象不同，所取得的值會有各種變化，或是處於某狀態、不處於某狀態等。甚至像前面「改變心意」的例子所說的，即使是同一受訪者，也可能因日期、時間而改變其值或狀態。

於是從有限資料所求得之平均值或比例，便包含了「調查對象恰巧有很多都是值較高者」或「處於某狀態的調查對象恰巧特別少」等可能性。因此，今後即使在相同狀況下重覆進行同樣的調查，不僅無法確定最後會得到什麼樣的結果，甚至結果也不見得會和已做過無數次調查後所獲得的「真值」完全一致。

但話雖如此，這些值也不至於毫無意義。**用來表示從有限資料所求得之平均值及比例，有多少機率會與「真值」產生多大程度的偏離——這正是統計學對誤差的定義。**

而除了資料數量之外，這個「可能會產生多大程度的偏離」還與資料原本的變動性大小有關。接著，就讓我們來思考這部分。

資料的變動性越大，平均值的偏離範圍就越大

先前的例子是在不考慮價格的狀態下，調查高中生使用新產品的意願，而假設又再進一步詢問4位受訪者「你覺得應該要賣多少錢？」結果前兩位回答4000日圓，第3位的回答少500日圓，亦即3500日圓，然後第4位的回答反而多500日圓，表示應賣4500日圓。由這4人的回答可得到「受訪者平均認為應該要賣4000日圓」這樣的結果。

另外，假設同時也針對已於去年上市的既有產品進行了「你覺得應該要賣多少錢？」的調查。結果對於既有產品，前兩位的回答同新產品，為4000日圓，但第3位少了3000日圓，亦即回答1000日圓，第4位則反而多了3000日圓，表示應賣7000日圓。於是這項調查也同樣得到了「受訪者平均認為應該要賣4000日圓」的結果。

但若和前述一樣考慮到「偶然有1人恰巧改變心意」的可能性，應該就會知道這兩者的平均4000日圓的意義並不相同。

對於新產品，所有受訪者回答的金額都在平均值的±500日圓範圍內。如果回答金額與平均值一致的第1位受訪者恰巧改變心意，導致金額產生變化，一般應該會

圖表 2-2 1位受訪者改變心意對平均值所造成的影響（新產品）

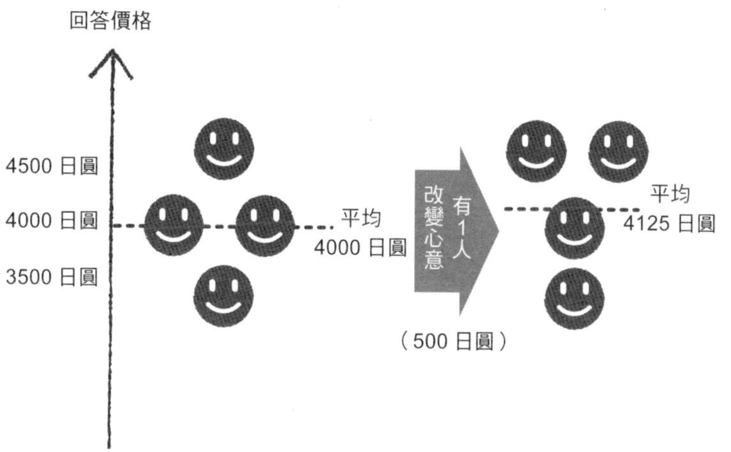

很自然地覺得最多不過差500日圓吧。此時，由於這個人的500日圓變動，對4人平均值的影響至多為±125日圓（=500÷4）。也就是即使將第1位受訪者改變心意的可能性納入考量，平均值應該仍在3875～4125日圓之間（如圖表2-2）。

但在對既有產品的調查中，受訪者們的回答與平均值存在有±3000日圓的偏離程度。這時若將回答金額與平均值一致的第一位受訪者恰巧改變心意的可能性納入考量，便會對平均值造成±750日圓（=3000÷4）的影響，於是平均值會落在3250～

圖表 2-3 1 位受訪者改變心意對平均值所造成的影響（既有產品）

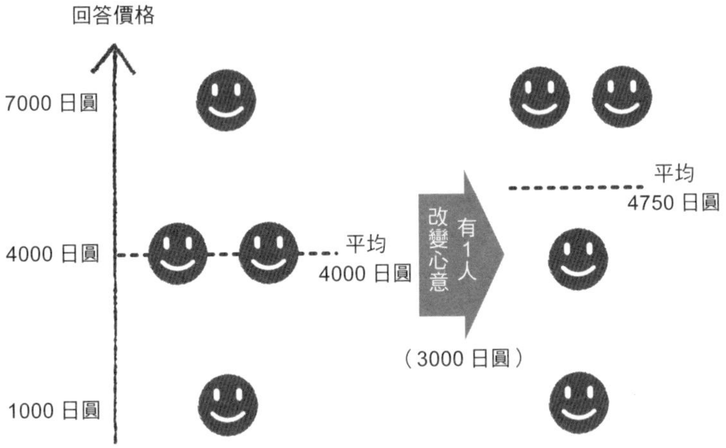

4750日圓之間（如圖表2-3）。

針對新產品做調查和針對既有產品做調查，所訪問的人數相同，所獲得的平均值也一樣。然而，原資料的變動性越大，從相同數量的資料中，所求得的平均值偏離範圍也會變得越大。

平均值的標準誤差

那麼，這個平均值、原資料的變動性、資料數量與誤差的關係到底是什麼樣子？

答案就是它們之間存在如圖表2-4的公式關係。首先，我要說明一下這

圖表 2-4 計算標準誤差的公式

$$\text{平均值的標準誤差} = \frac{\text{原資料的標準差}}{\sqrt{\text{用於計算平均值之資料筆數}}}$$

個對初學者來說，很容易與標準差（第78頁）搞混的**標準誤差**（英文為Standard Error，常縮寫成ＳＥ）。

本例是訪問了碰巧遇到的4位高中生，然後依據他們的回答資料算出平均值。但既是「日本所有高中生的使用意願」或「日本所有高中生的價格認知」調查，就表示這時為了求得所關切的「真值」，必須以高中生為調查對象，而目前全日本的高中生多達300萬人左右。亦即這4位高中生可視為是偶然從構成「真值」之群體抽出的「部分樣本」。這和為了決定今後是否要繼續使用某產品，而先讓人免費試用的樣本（或樣品）是同樣道理。此外，從整個群體抽出的樣本資料筆數（本例為4人），在專業術語中就稱為**樣本數**。

從300萬名高中生中抽出4人，調查他們對產品的價格認知，再計算出平均值，這樣的調查作業要做幾次都不成問題。而即使規定受訪者不得重複，應該至少也能進行75萬次才對。

那麼，重覆此作業所求得的75萬個平均值會呈現怎樣的變動狀況？就和第58頁所列的男女混合大學生身高資料一樣，即使「該

圖表 2-5 75 萬個「可能平均值」的分佈與標準誤差

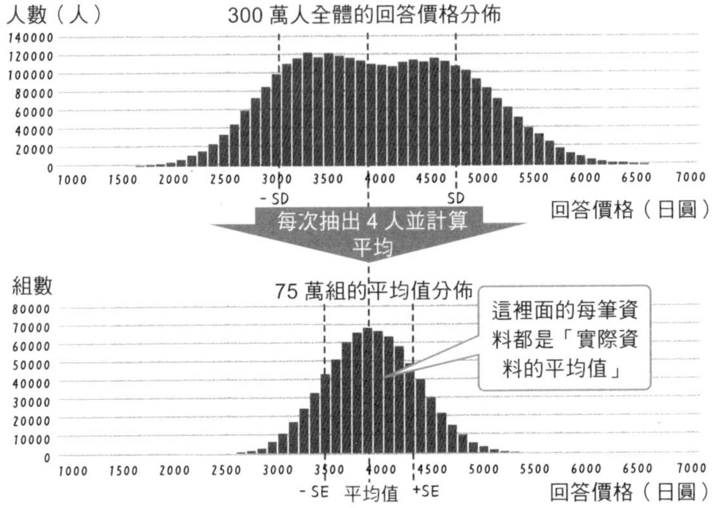

賣多少錢？」的原始資料金額完全不符合常態分佈，以多筆資料算出的平均值也應該會很貼近常態分佈。另外，在此貼近常態分佈的資料分佈中央，亦即75萬個「由4人的資料所求出的平均值」，會與300萬名高中生全體金額的平均值一致。

接下來的問題是，這75萬個平均值的變異數或標準差會是多少？而這「由4人的資料所求出之平均值」的標準差，就是所謂的標準誤差（如圖表2-5）。

不過，這標準誤差的存在並不僅限於由資料算出的平均值。由資料算出的「比例的標準誤差」

就不用說了，甚至可以出現從資料算出來的「標準差的標準誤差」這麼複雜的玩意兒。

無論如何，想從有限的資料算出貼近自己所關切之「真值」的替代值，這行為的背後一定都必須像此例的75萬個平均值這樣，存在數量龐大的「可能存在的值」。**而這「可能存在的值」的資料分佈標準差，就是標準誤差。標準差則是代表原始資料本身的變動狀況的指標**。

而由**多筆資料求出之平均值的變動狀況（標準誤差），一定小於原資料的變動狀況（標準差）。此外，當用於求值的資料筆數越多（亦即樣本數越多），標準誤差就會越小**。

其理由就像前一章所討論的，丟擲大量硬幣時，正反兩面平均出現的機率會比只出現某一面的機率高。也就是當資料數量越多，樣本就越有可能混合了比原資料之真正平均值大或小的值，比較不可能只包含比真正平均值大的，或比真正平均值小的值。如此一來，當資料數量增多，真正的平均值附近便會聚集越來越多的「資料平均值」。於是便能推導出——資料筆數越多，從資料求出之平均值的變動狀況（標準誤差），就越小於原資料的變動狀況（標準差）。

而這種資料筆數越多，標準誤差就越小於標準差的關係。若以數學的方式來表示，便是如先前圖表2-4所寫的：

$$\text{平均值的標準誤差} = \frac{\text{原資料的標準差}}{\sqrt{\text{用於計算平均值之資料筆數}}}$$

運用平均值和標準差，便能做「樣本數規劃」

關於標準誤差為什麼會等於標準差除以資料筆數之平方根，我會於附錄的【補充3】提供數學上的證明。不過，直接運用此公式，就能以過去資料所求出之平均值和標準差，來估算「為了達到什麼樣的標準誤差，接下來的調查需要多少筆資料（亦即樣本數）」。而在專業術語中，這種估算所需資料筆數的動作便稱為樣本數規劃（sample size planning）。

舉例來說，假設有間公司經營的是連鎖餐廳，而該公司已調查過他們每位顧客的平均消費額為4000日圓，標準差為1000日圓。他們現在要從幾個候補地區選出一個最適合開新分店的地區。若不考慮競爭及口味問題，想得單純點，符合該公司各店標準價格帶的、「一次聚餐的平均預算最接近4000日圓」的地區，應該比其他不符此條件的地區更為合適。那麼，他們應該在各地區分別訪問幾個人才好呢？

圖表 2-6 當標準差為 1000 日圓時，樣本數與標準誤差之間的關係

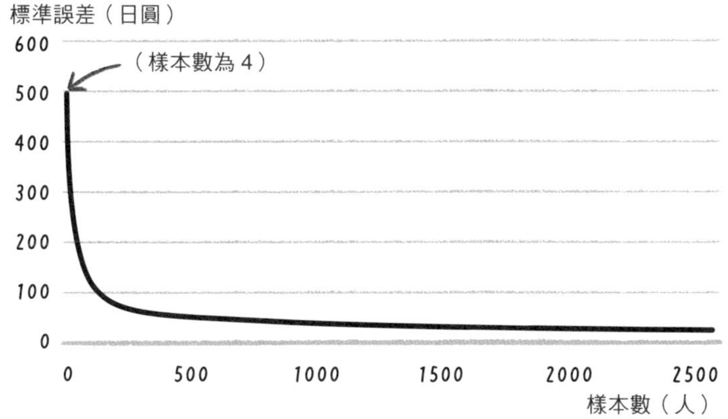

利用剛剛的標準誤差與資料筆數之關係表達式，再加上「標準差為1000日圓」這項資訊，便能畫出如圖表2-6的圖。其橫軸為每一地區的樣本數，縱軸則為所求得之平均值的標準誤差。而圖表中曲線的最左端，是「樣本數為4」的起算值。

當樣本數為4人時，將1000日圓的標準差除以4的平方根，也就是2，便會得到500日圓的標準誤差。同樣地，當樣本數為100人時，把1000除以100的平方根，便會得到100日圓的標準誤差。若能再進一步增加樣本數，於各地區分別取樣2500人，那麼，標準誤差就會變成20日圓。

之前在解釋資料的分佈時，我曾提過可指著平均值±SD的範圍說：

「資料大約分佈於這樣的範圍內」，而標準誤差也可用類似的方式解釋。稍後我還會再詳細說明，不過基本上，若出現「平均值為4000日圓，標準誤差（SE）為100日圓」的結果，便可用平均值±2SE的範圍來看，亦即將平均值視為「在3800～4200日圓之間」。

以找出平均值約為4000日圓的地區來說，應該沒必要精準到以數十日圓為單位的程度才是，因此，要在各地區分別訪問2500人應該是太誇張了。但若是只訪問4人，標準誤差為500日圓的話，即使得到「平均4000日圓」的結果，實際上只能確定「平均預算約莫在3000～5000日圓之間」，這樣的資訊又太不具參考價值。

像這樣嘗試在預估的最終誤差範圍，與調查將花費的勞力及預算之間取得平衡，以評估所需之樣本數的動作，就是所謂的「樣本數規劃」。而一旦了解這種樣本數規劃的觀念，應該就能夠判斷出在哪些狀況下，「總之就做普查」或「無論如何都要用大數據」等想法是否恰當了。

圖表 2-7 比例的標準誤差與樣本數之關係

$$\text{比例的標準誤差} = \sqrt{\frac{\text{比例} \times (1-\text{比例})}{\text{資料筆數}}}$$

比例的標準誤差

此外，比例的標準誤差與資料筆數間的關係，則如圖表2-7所示。

例如，從100筆資料算出比例為90%，其標準誤差便是0.9×0.1÷100的平方根，亦即0.03，相當於3%。乍看之下，這公式或許和剛剛平均值的標準誤差完全不同，但正如前一章所說明的，所謂比例就是代表處於某狀態（1）或未處於某狀態（0）的資料平均值，依據這個觀念，這公式所呈現的和平均值的標準誤差其實是一模一樣。

這部分我也會在附錄的【補充3】提出充分證明。不過，簡單來說，「以1或0表示之資料的變異數」公式為：

$$\text{資料的變異數} = \text{比例} \times (1-\text{比例})$$

而這相當於平均值版本中，關係表達式裡的：

$$\text{標準差} \div \sqrt{\text{資料筆數}}$$

在此補充一下，先前曾提過的「從資料求得之平均值 ±2SE」，**有時也稱為平均值的95%信賴區間**，不過，若要正確理解此信賴區間的意義，就必須先充分理解下一節所介紹的統計假設檢定觀念。此外，就如同標準差（SD）一樣，標準誤差（SE）也會不斷以「平均值 ±2SE」的形式出現，但更精準來說，應要是「平均值 ±1.96SE」才對。

還有，剛剛那個連鎖餐廳開店調查的例子，是在介紹以「掌握現況」為目標的樣本數規劃，若要以洞悉因果關係為目標進行樣本數規劃，也必須了解統計學中的「假設檢定」觀念才行。

因此，就讓我們從下一節開始學習這個假設檢定的觀念，以進一步深化對誤差和樣本數的理解。

09 為貧乏言論畫上休止符的假設檢定

急驚風與慢郎中的辯論

由此開始，我將正式為各位介紹統計學上的「假設檢定」觀念。

如果沒有統計假設檢定，人類在討論某個假設的真偽時，大概就會像以下這段對話：

A：我有個同學，以前很擅長運動，現在在工作上可說是成就非凡。看來與其認真念書，還不如投入運動，將來才能在社會上出人頭地啊。

B：只是那個人剛好在運動和工作兩方面都很行而已，偉人裡也是有運動白癡，前奧運選手也有人後來變得很落魄，不是嗎？

A：才不是呢。像前陣子我讀了一本由出身麥肯錫顧問公司的大人物所寫的書，他在學生時代也是打美式橄欖球的。

B：只是巧合吧。

A：不不不，創立索尼（Sony）公司的盛田先生甚至特地寫了一本書就叫做《學歷無用論》……

B：你怎麼能確定那位麥肯錫的大人物和盛田先生都絕對沒錯、絕對沒騙人？

A：你好煩喔，我的堂哥、我的第一個老闆也都是運動型的，他們現在都事業有成啊。

B：就算那些人都是運動型的；都事業有成，也不能因此斷定世上沒有屬於運動型但沒什麼成就的人，或是不擅長運動卻事業有成的人。像Apple公司的史蒂夫．賈伯斯（Steve Jobs）、微軟的比爾．蓋茲（Bill Gates），他們從年輕時開始就很宅啊。完全看不出有擅長運動的跡象。

A：那是少數特例！

B：照這樣講，你說的同學和堂哥他們也可能是少數特例啊！

如此空虛貧乏的對話，要講多久就可以多久，所以我們還是就此打住吧。在這段對話中，A依據部分符合假設的例子而主張「運動會影響成就」的假設為真，因此，

A便是所謂的「急驚風」；B則不論聽到什麼例子，都以無法肯定絕對正確、也有不符合的例子存在等理由，持續否定該假設，因此，B就代表了「慢郎中」。

大家都知道哲學是一種持續思考萬物的學問，但由於對任何假設都採取拚命質疑的態度，所以存在許多一般人難以想像的例子。例如，其中有個名為「烏鴉悖論」（亦稱為亨佩爾的烏鴉或亨佩爾悖論）的觀念。

這是由德國人卡爾・亨佩爾（Carl Hempel）於一九四〇年代所提出的，而思考過「烏鴉悖論」後，我們便會知道，連要證明「烏鴉是黑的」這麼理所當然的假設都是辦不到的。

「烏鴉是黑的」這一假設不會因為「看見了一隻黑色的烏鴉」而獲得證明。即使有某隻烏鴉是黑的，若有其他烏鴉為紅的，甚至是藍的，「烏鴉就不一定是黑的」。「烏鴉是黑的」所主張的就是「所有烏鴉都是黑的」。而像這種「所有的……都……」的說法，含有「統稱所有東西」的意思，因此，被稱為是具有**「全稱性」**的敘述。

要反駁具全稱性的假設是很容易的。只要抓一隻不是黑色的烏鴉來，便可證明「不見得所有烏鴉都是黑的」。但要證明「所有烏鴉都是黑的」可就難了。不管抓來多少隻黑色的烏鴉，慢郎中都能不斷反駁「這些不見得就是所有的烏鴉呀」、「這樣也無法證明沒有其他不是黑色的烏鴉存在」⋯⋯。

於是仔細想想，我們根本無法斷定烏鴉是黑的或白的。《般若心經》有一句很棒的話，叫做「色即是空」，看來我們只能將烏鴉的顏色視為不具實體的虛無之物，微微地閉上眼睛，當個慢郎中而已。

——不過，要是懂得統計假設檢定，情況就不同了。

統計學上的假設檢定觀念

統計學上的假設檢定也無法證明「全稱性」，但可透過引進機率的方式，以「絕大部分」的說詞來取代「所有」。對於連烏鴉是黑是白都不願斷定的慢郎中代表B，具備**統計假設檢定**（Statistical hypothesis testing）觀念的S可提出如下的論點：

B：嚴格來說，我們連烏鴉是黑是白都無法斷定……

S：我們確實無法知道是否所有的烏鴉都是黑色的，但我想我能證明「我們所看到的烏鴉以黑色居多是合理的」。

B：真的嗎？你能證明？

S：嗯。你最近看到的烏鴉是什麼顏色的？

B：黑的。

S：至今為止，你已看過多少隻黑色的烏鴉？

B：至少有１００隻吧……

S：那麼，不是黑色的烏鴉呢？

B：我還沒見過，但這無法證明牠們不存在喔。

S：是啊，確實如此。但如果假設烏鴉有一半是黑的，一半不是好了，那你覺得碰巧連續看到１００隻黑色烏鴉的機率是多少？這其實就跟丟擲１００枚硬幣恰巧全都出現正面的機率一樣。

B：嗯……

S：是０．５的１００次方，實際算出來甚至比1兆分之1的1兆分之1還小。而就算假設有九成的烏鴉都是黑的，０．９的１００次方算出來也只有０．００２７％左右。你覺得有可能發生這樣的奇蹟嗎？

B：可是機率再低也不等於零，所以無法完全否定真的「出現了這種奇蹟」。

S：那我們來打賭好了，以後只要我們一起看到不是黑色的烏鴉，我就請你喝飲料；若是黑色的，你就請我喝咖啡。

B……

S：你看，其實你也覺得「烏鴉以黑色居多的想法是合理的」吧！

S的思考方式是這樣的……

為了能實際取得資料，首先決定「指稱的範圍」。亦即不說是全世界、全人類如何如何，而是聚焦於**「目前能收集到的資料範圍」中的假設效力**。若不如此，慢郎中們便會不斷以「因為這批資料不包含……」這種理由來反駁。

接著，不採取100或0的全面性論點，也不直接提出自己所主張的「絕大多數烏鴉都是黑的」這種假設，**而是用完全顛覆自身主張的「烏鴉有一半是黑的，一半不是黑的」這種假設來進行檢驗**。以實際數據為基礎，若能證明該「完全顛覆自身主張之假設」的成立機率有多麼地低、發生的可能性有多麼地渺茫，便可得到「自身主張難以被顛覆」的結果。

甚至，不只是完全顛覆的「一半黑，一半非黑」假設，他還更進一步檢驗了「九成的烏鴉都是黑的」**這一較接近自身主張的假設**。如果連這個「九成的烏鴉都是黑的」的假設都幾乎不可能成立（不成立的機率極低），那麼，認定九成以上的烏鴉都是黑的就很合理了。

而最後則會讓對方**陷入損失與獲益的問題中**。這個統計假設檢定的觀念，用在對誰都沒好處也沒壞處的永恆真理辯論上，是沒有太大意義的。然而，醫學攸關的是人命、教育關切的是學生的學習成果、商業行為在意的是獲利，當你試圖在這些有損益之別的情況下做出最佳選擇時，統計假設檢定就能發揮其威力。

如果不痛不癢，那麼，管他烏鴉是黑是白，永遠都不做出結論也沒關係，可是若看到黑色烏鴉就必須請喝咖啡，亦即處於有損益相關的情況下，那麼，即使是拖拖拉拉的慢郎中，也不得不朝著在機率上最合理的方向做出決策。

了解 p 值與信賴區間的基本意義

另外，在欲主張「烏鴉基本上都是黑的」這種假設時，故意先檢驗「完全顛覆自身主張之假設」，亦即「烏鴉有一半是黑的、一半不是黑的」這類假設，稱為**零假設**（null hypothesis，或虛無假設）。也就是把自己想主張的事情「歸零、歸於虛無」的假設。

而在假定零假設成立的狀態下，可從實際或更多其他資料得到反對零假設之資料的機率，則叫做**p值**。p源自表示機率之意的probability這個字。以烏鴉的例子來說，從「假設烏鴉有一半是黑的，一半不是黑的時，連續100次看到黑色烏鴉」這一觀察結果，算出的比1兆分之1的1兆分之1還小的機率，便是其p值。p值越小，就越表示「該零假設是不可能成立的」。

至於p值要小到多小才可視為「不可能」，其標準會依領域不同而有差異，不過，一般慣例是以**小於約5%來判斷**，亦即若得到零假設在每20次中只成立1次的數據，便可視為「不可能」。

那麼，分界為何是5%呢？這點其實沒有什麼數學上的依據。據說，只是因為頻繁出現在前著中的偉大統計學家費雪曾寫過：「以5%為門檻來判斷p值比較方便」而已。

個題外話，關於這個5%的標準，我個人在二〇〇二年的秋天從我的恩師那兒學到了「這正是阪神虎在聯賽中獲得冠軍的機率」。你可以查查看，從中央聯盟成立開始的一九五〇年至二〇〇二年的53年間，阪神虎三度封王（一九六二年、一九六四年、一九八五年），依據此資料，其奪冠機率為5．7%，確實很接近5%。但之後他們又分別於二〇〇三、二〇〇五年奪冠，因此，一九五〇年～二〇一三年的奪冠機率便為8%左右。大家或許可把這個未滿5%的p值標準，想成是「比阪神虎封王還低的機率」。

最常做為零假設使用的，大約就是「烏鴉有一半是黑的，一半不是黑的」這種完全否定自身主張的假設，但也不是不能使用別種假設。「黑色烏鴉佔九成」也是很好的零假設，你甚至還可提出「黑色烏鴉佔九成九」之類的假設，不過，列出一堆零假設容易讓人眼花撩亂，更何況若在「黑色烏鴉佔九成」的假設下，連續100隻烏鴉都是黑色的機率已小到近乎不可能，那「黑色烏鴉佔八成」、「黑色烏鴉佔七成」等假設應該就更不可能成立。

因此，除了「完全否定」型的假設之外，其他的零假設其實是能呈現出範圍區間的，也就是到什麼程度的假設是不可能的，而從哪裡開始的假設又是難以完全否定的。這正是前一節也曾提到的信賴區間的真正含義。信賴區間用平均值±2SE來表示，只是因為算法剛好如此，**但信賴區間的原意是指「不可能成立的零假設」與「無法完全否定的零假設」**，其界限是從哪裡到哪裡，而這範圍就是耶日．奈曼（Jerzy Neyman）等人所定義的信賴區間。

若是實際算算看，在「97．0%的烏鴉都是黑的」的假設下，連續看到100隻黑色烏鴉的機率為4．8%，而在「97．1%的烏鴉都是黑的」的假設下，此機率則為5．3%。如果以p值是否小於5%為標準來判斷，那麼，從「97．1%的烏鴉都是黑的」到「100%的烏鴉都是黑的」為止的假設，都是無法完全否定的。這便是信賴區間的基本概念。

運用這樣的統計假設檢定觀念和p值、信賴區間，就能推導出「在目前可得之資料範圍內，有97．1%～100%的烏鴉是黑的」這樣沒什麼太大問題的結論。我聽說東南亞有灰色的烏鴉，此外，世上也存在基因突變的白子烏鴉，因此，「所有烏鴉都是黑的」肯定不對，但至少就實務決策而言，從這樣的結論已可看出「預計下次看到的烏鴉會是黑色」的想法較合理。

本節利用統計假設檢定，與慢郎中代表B進行了辯論，不過，當然我們也同樣可利用統計假設檢定來駁斥急驚風A的說法。只是像烏鴉悖論這麼極端的主張，以前述簡單的機率計算就能完成檢驗，但若是要檢驗A一開始主張的「做運動就能出人頭地」這種假設，就必須再多懂一些正統的假設檢定方法才行。

面對這樣的假設檢定，該如何思考？這正是我們接下來要討論的主題。

「10」用Z檢定來駁斥急驚風

現在就讓我們來看看，該如何針對前一節急驚風A所主張的「做運動就能出人頭地」假設做統計檢定。

首先，如同與慢郎中B討論時一樣，要將該假設的指稱範圍，具體設定至可用實際資料檢驗的範圍。

例如，若要說「在人類歷史上、古今中外的所有人都一定會因為做運動而出人頭地」，那就必須全面調查在人類歷史上、古今中外所有人的運動經驗與出人頭地與否，但這也未免太不切實際了。若不加上是在自己國內或是在自家、公司裡等範圍，便無法收集到實際資料。

此外，「做運動」和「出人頭地」這些敘述的涵意都很廣。例如以「做運動」來說，用走路及重量訓練等方式增加體能算不算是運動？國中有參加運動類型的社團，不過是毫無實力可言的社團，那也算嗎？是不是一定要認真到能在大型比賽上拿到名次的程度才算？一開始就必須明確決定其定義，否則，不論分析結果如何，之後一定都會有理由可予以反駁。

這樣的資料收集範圍及詞彙的定義等，就和運動的規則一樣，若沒事先決定好，就永遠無法辯論出結果來。如果時間限制、球門，甚至是球場大小都沒確定，便開始踢足球，這和小學生在下課時間一邊嬉鬧一邊隨便踢球又有什麼分別？把時間浪費在這種會議上，對商務人士而言，可是一大損失啊。

急驚風是如何誤解交叉表列的？

在決定資料的收集範圍與詞彙的定義時，先仔細傾聽並了解將一起討論的夥伴或將一同分享分析結果的人，對假設有什麼想法及印象，並以言語描述出來是很重要的。或者，若手邊已有可用數據，你也可暫且以運用該資料為前提，建議「我想先在此範圍、以此定義來檢驗假設，可行嗎？」好取得相關人士的同意。

舉個例子，假設A目前在大企業的人力資源部門工作，他能取得過去10年間所有新進員工的簡歷，以及目前的職務資料。在這批總計有500人份的員工資料中，有300人在大學時隸屬於運動類社團，其餘200人屬於其他社團。另外有100人目前擔任主任或更高級的管理職，事業有成，剩下的400人則仍是一般基層員工。

若能取得這麼棒的資料，那麼，首先要思考的是，能否運用這批資料來檢驗假設？雖說隸屬運動類社團的人也可能很少去練習，或者該社團可能根本不活躍、鮮少舉辦活動，但比起沒加入運動類社團的人，加入這類社團的人「有在運動」的機率還是比較高，這點不容置疑，而進了公司後10年內便升到主任以上職位的人，在日後的成就競爭上應該也已領先了一步才是。

一旦在這個方向上與A取得共識後，便可實際將資料匯總成「是否曾隸屬於運動類社團」×「職位是否已達到主任等級以上」的2×2表格。像這樣將兩個以上的因素交叉組合，並列出各組合所對應之人數或百分比的匯總表格，其專業術語為**交叉表列**。而本例的交叉表列結果如圖表2-8所示。

在曾隸屬於運動類社團的300人中，有成就的有63人；在隸屬於其他社團的200人中，則有37人算是出人頭地了。

A如果不懂統計學，這時很可能會說：「看吧！果然是曾隸屬於運動類社團的人

圖表 2-8 是否曾隸屬於運動類社團，與是否已出人頭地的交叉表列

	主任以上	非管理職	合計
曾隸屬於運動類社團	63 人	237 人	300 人
其他	37 人	163 人	200 人
合計	100 人	400 人	500 人

比較多都出人頭地了！」

這結論下得太早了。或許是受到其徵才策略的影響，該公司曾隸屬於運動類型社團的員工本來就超過一半以上，所以單純就數量來看，曾隸屬於運動類型社團的成功人士本來就會比較多。假使在1萬名曾隸屬於運動類社團的員工裡，只有20個人出人頭地，而10位出身自其他社團的人全都出人頭地了，那麼，即使人數看起來比較多，應該還是會給人曾隸屬於運動類社團的人比較難出人頭地的印象。

於是，為了統一「原本的人數多寡」這一條件，我們要改用比例的形式來呈現。以剛剛的交叉表列為基礎，分別將曾隸屬於運動類社團及其他社團者的出人頭地比率畫成柱狀圖，結果就如圖表2-9。

隸屬於運動類社團者的出人頭地率為21％，出身自其他社團者的出人頭地率則為18．5％。亦即曾隸屬於運動類社團者的出人頭地率約高出2．5％。A

圖表 2-9 依據是否曾隸屬於運動類社團來比較出人頭地的比率

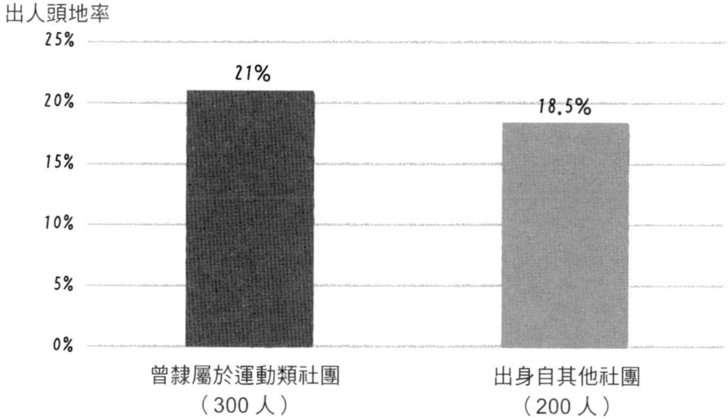

若是不懂統計學，這時應該又會說：

A若是不懂統計學，這時應該又會說：「看吧！果然是曾隸屬於運動類社團的人比較容易出人頭地！」

不過，這結論依舊是下得太早了。

因為就算拿兩枚出現正面機率相同的硬幣反覆丟擲，這兩枚硬幣「出現正面的比率」也不見得每次都一致。有時其中一枚出現正面的比率較高，有時是另一枚出現正面的比率較高，這種現象可謂理所當然。因此，若只是單純比較雙方比率，心情便隨著「這一方比率較高！」而起伏，這就和丟擲硬幣數次結果正面出現次數較多時，便欣喜地以為「太棒了！我找到容易出現正面的硬幣了！」或「我發現容易丟擲出正面的方法了！」一樣，實在是太過急躁了。

如果我們參考第109頁所介紹的公式，針對這300名曾隸屬於運動類社團者的21%出人頭地率，思考並計算其標準誤差：

曾隸屬於運動類社團者之出人頭地率的標準誤差（SE）＝

$$\sqrt{\frac{0.21\times(1-0.21)}{300}} = 2.35\%$$

也就是計算曾隸屬於運動類社團者的21%出人頭地率，其±2SE範圍，便能得到他們的出人頭地比率「幾乎可肯定就落在16．3%（=21%-2×2.35%）～25．7%（=21%+2×2.35%）之間」這樣的結果。

又或是依據前一節所介紹的信賴區間概念，還能更精準地做出這樣的描述：「若以p值是否低於5%的顯著水準來進行假設檢定，則出人頭地率從16．3%～25．7%之間的假設，都是無法全然否定的」。

由於這個比例或平均值±2SE的信賴區間，代表在5%的顯著水準下無法完全否定的假設範圍，因此，又稱為**95%的信賴區間**。也就是從整體的100%，減掉所捨棄的5%顯著水準，結果剩下95%的信賴區間。將這先前說是費雪覺得「比較方便」而訂出的5%顯著水準，視為是超出 ±2SE 的信賴區間，應該就比較容易理解了。

此外，這所謂超出95%的信賴區間的5%，是由兩側值過大的2．5%和過小的2．5%所合計而成。因此，也有人基於此意義，特地採取「顯著水準為兩側5%」或「顯著水準5%的雙側檢定」這類描述方式（如圖表2-10、2-11）。一般來說，沒有特別註明的話，顯著水準都可視為兩側合計，而不論大小只捨棄單側5%的做法，則稱為**單側檢定**（或方向性檢定）。

此外，在兩側合計10%的顯著水準下無法完全否定的假設範圍，就稱作90%的信賴區間；在兩側合計1%的顯著水準下無法完全否定的假設範圍，則稱作99%的信賴區間，而在這些所用顯著水準並非5%的情況下，也同樣是以「100%捨棄假設的兩側顯著水準值」的方式來表示其信賴區間。

依據同樣道理，出身自其他社團者的18．5%出人頭地率的標準誤差為：

出身自其他社團者之出人頭地率的標準誤差（SE）＝

$$\sqrt{\frac{0.185\times(1-0.185)}{200}}=2.75\%$$

圖表 2-10 信賴區間的觀念（所假設之「真值」小到不可能的情況）

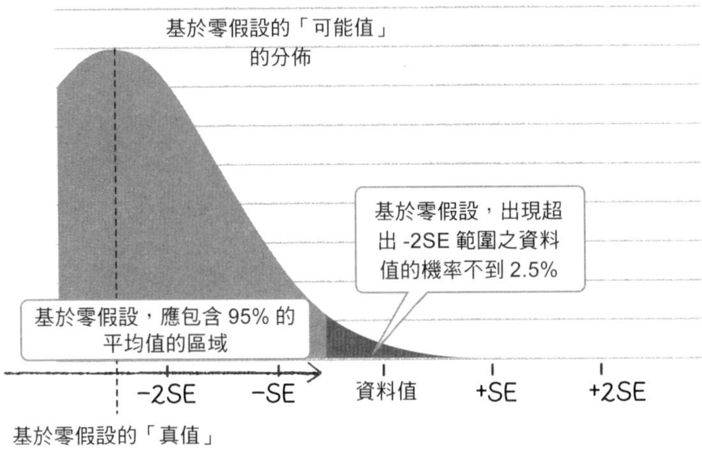

圖表 2-11 信賴區間的觀念（所假設之「真值」大到不可能的情況）

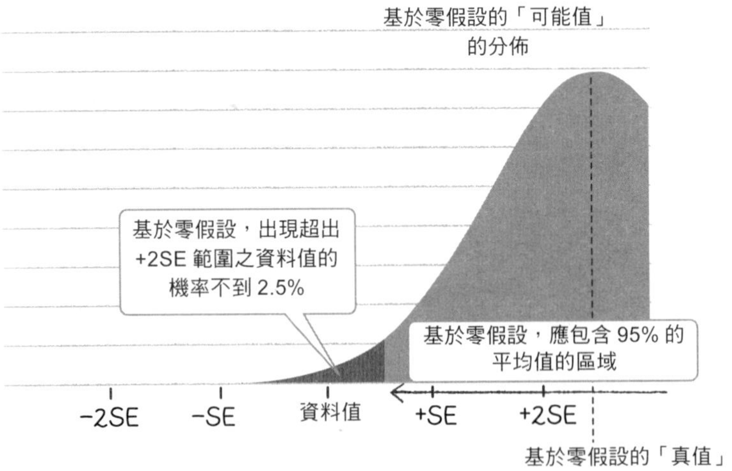

圖表 2-12 依據是否曾隸屬於運動類社團來比較出人頭地的比率（包含標準誤差）

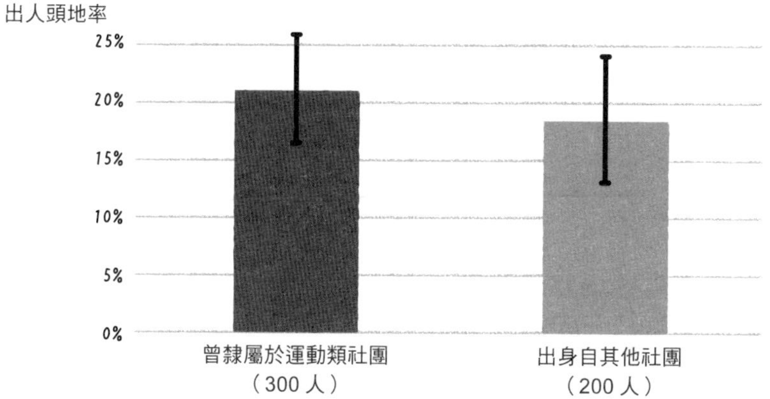

※ 誤差線代表比例 ±2SE 的範圍

雖然因人數少，造成其標準誤差變得較大，不過，若一樣用±2SE的95%信賴區間來看，便可得到「在顯著水準為5%的情況下，其出人頭地率為13．0%（=18.5%-2×2.75%）～24．0%（=18.5%+2×2.75%）之間的假設是無法完全否定的」這樣的結果。

將這些範圍以「誤差線」的形式加進剛剛的柱狀圖，便成為圖表2-12。很明顯地，兩者的誤差線（代表±2SE範圍）的重疊比例很高。當誤差這麼大時，便很難一眼就判斷出兩者的比例差異是否為資料之變動性所偶然形成的。

標準誤差亦可求出「比例的差距」

即使如此，主張出身自運動類社團者會出人頭地的A可能還是會說：「曾隸屬於運動類社團者的出人頭地率最大為25．0％，這點『無法全然否定』，對吧？反之，出身自其他社團者的出人頭地率最低為13．0％，這點也『無法全然否定』，不是嗎？那麼，曾隸屬於運動類社團者的出人頭地機率幾乎是其他人的兩倍，不也是『無法全然否定』嗎？」

之所以會出現這樣的疑問，是因為此例是分別針對各群組進行出人頭地率的假設檢定，分別找出各群組「從多少到多少的假設是不可能的／無法全然否定的」。但實際上，我們想知道的不是各群組的出人頭地率，而是「到底哪一組比較會出人頭地？」

我們當然也能進行這樣的假設檢定。先前於第105頁介紹標準誤差時，我便曾說過，除了有平均值的標準誤差，也有比例的標準誤差，甚至還有「標準差的標準誤差」這麼複雜的玩意兒。**只要是從具有變動性的資料算出某個值，就一定會有標準誤差這種東西存在**。

因此，也會有「平均值之差距」的標準誤差和「比例之差距」的標準誤差。由於多筆資料的加總值到最後會收斂於常態分佈，故平均值及比例亦會收斂於常態分佈（這我先前便已說過）。而同樣地，平均值之差距和比例之差距，只要有幾百、幾千筆的大量資料，也一樣會收斂於常態分佈。利用這樣的性質，便能針對平均值或比例的差距做假設檢定，以求出所謂±2SE的95%信賴區間。

用z檢定來判斷「比例」與「平均值」的差距

那麼，這個「比例之差距」的標準誤差該怎麼求得呢？

關於此例的詳細數學算式，我會在附錄的【補充8】為你說明，不過基本上，只要懂得第109頁所說過的：

- 比例就是代表處於某狀態（1）或未處於某狀態（0）的二值變數的平均值，而基於此觀念，這二值變數的變異數便可由「比例×（1－比例）」求得。

此外，

- 「變異數的可加性」

就能理解此標準誤差的計算方法。

所謂變異數的可加性，以本例來說，就是指「曾隸屬於運動類社團者的出人頭地率與出身自其他社團者的出人頭地率之合計值」的變異數，可由「曾隸屬於運動類社團者的出人頭地率」的變異數和「出身自其他社團者的出人頭地率」的變異數加總而得。

當然，這時一定有人會說：「但我們要知道的是差距，不是總和啊！」別擔心，由於變異數是以平方計算來的，所以「出身自其他社團者的出人頭地率乘以-1之值」的變異數，和「出身自其他社團者的出人頭地率」的變異數是相等的。於是乎，如同「兩者的合計值」的變異數可由變異數的可加性求得一樣，「兩者的差」亦可利用變異數的可加性求得。

在接下來的計算過程中，我們要先採用零假設的方式，求出「當兩群組毫無差距時，雙方共通的出人頭地率」。這時我們便能如第109頁所說的，用「出人頭地率×（1－出人頭地率）」來算出「兩群組共通的原始資料變異數」。不過，在此不是要用「變異數的可加性」來加總「原始資料之變異數」，而是要加總「各群組之出人頭地率的變異數」。

請想想看，這裡的「各群組之出人頭地率的變異數」到底是什麼呢？它其實就是「各群組之出人頭地率的標準誤差」的平方值。因此，各群組的出人頭地率的標準誤差，就是「原始資料的變異數」除以「資料筆數的平方根後的平方值」，然後再依據變異數的可加性來加總，便能求得「兩群組之出人頭地率的差距」的變異數。最後這變異數的平方根，便是「兩群組之出人頭地率的差距」的標準誤差。

一下子是變異數，一下子又是標準誤差的，這樣來來回回可能會讓很多人的腦袋打結，所以我們依這樣的步驟把「兩群組之出人頭地率的差距的標準誤差」寫成算式，如下：

兩群組之出人頭地率的差距的標準誤差

$$= \sqrt{\frac{\text{整體的出人頭地率} \times (1-\text{整體的出人頭地率})}{\text{出身運動類社團者的人數}} + \frac{\text{整體的出人頭地率} \times (1-\text{整體的出人頭地率})}{\text{出身其他社團者的人數}}}$$

$$= \sqrt{0.2 \times (1-0.2) \times \left(\frac{1}{300} + \frac{1}{200}\right)} = 3.65\%$$

而當資料數量眾多（數百～數千以上）時，這種利用比例或平均值之差距會遵循常態分佈的情況，來判斷某現象是否為資料之變動性所偶然產生的假設檢定方法，就叫做 z **檢定**。

雖然這 z 檢定的名稱由來我遍尋不著，但我想可能和「未知值」多半使用 x 或 y 等字母來代表的數學慣例有關。用於 z 檢定的所謂 z 轉換，是指不論平均值、比例或其差距原本到底是什麼值，都將其轉換為「距離平均值有幾個標準誤差」這種形式的值。在這方面，x、y常用來代表「原始的未知值」，而z則用來代表「轉換後的未知值」，因此我個人認為，此使用慣例或許就是其名稱來由。至少不會像七龍珠Z或機動戰士Z鋼彈那樣，是因為「覺得這字母好像很酷」就拿來用了。

在本例中，曾隸屬於運動類社團者的出人頭地率為21%，出身自其他社團者的出人頭地率則為18．5%。亦即曾隸屬於運動類社團者之出人頭地率高出2．5%左右，而考量此「比率之差距」的±2SE範圍，其95%的信賴區間便為-4．8%（=2.5%-2×3.65%）～9．8%（=2.5%+2×3.65%）。

這就是說：「當顯著水準為兩側5%時，雖然無法全然否定出身運動類社團者之出人頭地率高出9．8%的假設，但也無法全然否定其出人頭地率少了4．8%的假設」。簡言之，結論便是「無法確知何者比率較高、何者較低」。

或者更嚴謹一點，若針對「兩者之出人頭地率完全沒差距」這個零假設來求取p值，則將實際得到的2．5%出人頭地率差距，除以其標準誤差3．65%所得之值，便可視為是「距離常態分佈的中央（平均）有幾個標準差的值」。這實際計算出來約為0．685，而出現比常態分佈中央（平均值）大於標準差×0.685之值的機率約為

25％（如果想自行算出此機率，只要在Excel的儲存格中輸入「=1-normsdist（0.685）」即可）。因此，基於雙側檢定可知「不論大小，出現這次這樣的差距（比標準差×0.685還大）之機率」為50％（=25％的兩倍）。

也就是說，在「兩者之出人頭地率完全沒差距」的零假設下，「群組間偶然出現此程度（或是大於此程度）之出人頭地率差距」的機率仍有50％。

當然，這並不是針對「不知兩者的出人頭地率之間是否存在顯著性差異」而得到「不存在顯著性差異」的結論。A還可以將資料範圍再擴大，收集更久以前、更高職階者的資料，或是相關企業的員工資料，並進行同樣的分析。假設資料量增加至16倍，出人頭地率之差距仍相同，那麼，由於這時的標準誤差為剛剛3・65％的4分之1，亦即0・91％，出人頭地率之差距的95％信賴區間便為「0・7％（=2.5%-2×0.91%）～4・3％（=2.5%+2×0.91%）」，也就是「當顯著水準為兩側5％時，曾隸屬運動類社團者之出人頭地率最少高出0・7％」。只不過反之，若這差距真的是偶然發生的，則增加資料量也可能會讓出人頭地率的差距消失。

就像這樣，若對於「比例的差距」也同樣能掌握其差距程度、整體的變動程度等，我們就能以倒回去算的方式進行樣本數規劃了。

「平均值的差距」亦適用 z 檢定

本書的論述是以平均與比例本質相同的觀念為基礎，若比例的差距會呈現常態分佈，那麼，平均值的差距也同樣可用 z 檢定來確認「到底為偶然產生的差距？還是有意義的差距？」。

讓我們想想看，若不以「是否擔任主任以上職務」的比例來評估「是否出人頭地」，而是以做為績效獎勵發放的獎金多寡來評估的話，情況會是如何？畢竟進公司不到10年的年輕人，可能不會有明顯到可反映於職位的成就差距，不過，工作績效好的年輕人日後應該比較容易出人頭地，或許可用員工獲得之績效獎金金額為標準來評估。

假設曾隸屬於運動類社團的300人在前一次發放獎金時，每人平均獲得80萬日圓，標準差為12萬日圓，而另一組的200人則平均獲得78萬日圓，標準差為10萬日圓（如圖表2-13），那麼，這2萬日圓的平均獎金差距能否算是偶然？——就讓我們用z檢定來確認。

和檢驗比例的差距時一樣，我們也可算出「平均值的差距」的標準誤差。就如第103頁所介紹的，將標準差除以人數的平方根，便可求得各群組之平均值的標準誤差。而這些值的平方，就是「平均值的變異數」，接著再依據變異數的可加性（請見第131頁）

圖表 2-13 是否曾隸屬於運動類社團與所獲得之績效獎金的金額比較

	平均獎金	標準差	人數
曾隸屬於運動類社團	80 萬日圓	12 萬日圓	300 人
其他	78 萬日圓	10 萬日圓	200 人

圖表 2-14 平均值之差距的標準誤差的計算過程

曾隸屬於運動類社團者之標準誤差 $= 120{,}000 / \sqrt{300}$

平方

平均值的變異數 $= 48{,}000{,}000$

出身其他社團者之標準誤差 $= 100{,}000 / \sqrt{200}$

平方

平均值的變異數 $= 50{,}000{,}000$

依據「變異數的可加性」算出合計值

兩者的平均值之差距的變異數 $= 98{,}000{,}000$

開根號

平均值之差距的標準誤差 $= \sqrt{98{,}000{,}000}$

≒ 9,900 日圓

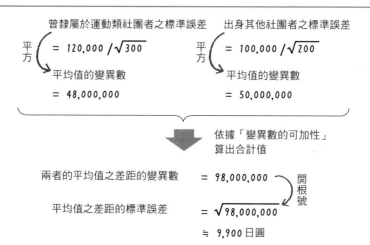

算出合計值，便會得到「平均值之差距的變異數」。最後，把這「平均值之差距的變異數」開根號，就是「平均值之差距」的標準誤差了。本例實際算出來的兩群組平均獎金差距之標準誤差為9900日圓（如圖表2-14）。

若將此結果以平均值±2SE的95%信賴區間來呈現，則在已考慮誤差的情況下，幾乎可肯定曾隸屬運動類社團者所獲得之獎金仍高出約0．02萬日圓（=2萬日圓-0.99萬日圓×2）至3．98萬日圓（=2萬日圓+0.99萬日圓×2）。也就是至少在顯著水準為兩側5%時，「兩群組的平均獎金毫無差距」這一零假設已被否定。

接著和先前一樣求p值，將平均值之差距2萬日圓除以其標準誤差9900日圓，得到2．02，再用這2．02來計算出現比常態分佈中央（平均值）大於標準差×2.02以上值的機率即可。實際計算後可知「不論大小，出現此次這樣的差距（比標準差×2.02還大）之機率」為0．043。這便是證明了「平均獎金毫無差距」這一零假設有多不可能成立的p值。因為很明顯地，此值小於5%的顯著水準。

以上便是針對群組間之平均獎金進行統計假設檢定後的結果。此公司年資不滿10年的年輕員工在職位上的「成就」差距，還算在所謂偶然之變動性的範圍內，但若從平均獎金的多寡來看，曾隸屬於運動類社團者所獲得的獎金金額，便呈現出難以視為偶然的較高趨勢。

假設檢定在醫學及商業上的應用

在現代醫學的領域裡，基本上是不允許公然假設在顯著水準為兩側5%沒有顯著資料時。但話雖如此，卻也不是絕對不允許進行非顯著的治療行為。在沒有確認的有效治療法的前提下，對於理論上可能有效的方法，只要醫師與病患雙方能達成協議，通常就會決定「總之試試看」、「如果成功就太棒了」。尤其是不至於危及生命的罕見病症，往往資料收集不易、研究難有進展，故很容易形成這種狀況。

商務人士的處境多半也是如此。若是學者，或許動作慢一點也無所謂，但並不是謹守「未達5%，不夠顯著、不算有意義」的規則來做決策就一定沒問題。商務人士往往必須在認知自己有可能被誤差蒙蔽的情況下，仍果敢地把握商機。

無論面對什麼情況都急急忙忙地靠直覺決定，和以資料及假設檢定為基礎才「勇敢承擔風險」可是有很大的差別。畢竟後者應能區別①幾乎不必冒任何險、②該再多收集資料以避免風險，和③須審慎檢驗無論如何都必須承擔之風險等不同狀況。

也就是說，假設檢定的p值和信賴區間能夠證明「自己是不是急驚風」，剩下的只要依據自己的經驗與直覺來運用這些工具就行了。

11 用於少量資料的t檢定與費雪的精確性檢定

由上班族統計學家所設計出的t檢定

若是像前述那樣，各群組中存在有數百～數千筆以上的資料，那麼，就視為「平均值之差距遵循常態分佈」然後進行z檢定即可。不過在統計學裡，也有能從較少量資料判斷出平均值之差距是否為偶然的檢定方法。先前舉的例子是員工數眾多的大公司，但即使是僅有幾十人的組織，也可能會想知道「平均獎金金額是否有差距」。這種時候，就要使用所謂的**t檢定**。

統計假設檢定中的「檢定」在英文裡是test，而有種說法是說t檢定的「t」正是來自這個「test」。想必是因為它利用的是「檢定（test）少量資料用的t分佈，而非常態分佈」，所以才叫t檢定吧。

t檢定的發明人威廉·戈塞（William Sealey Gosset）先於牛津大學攻讀化學與數學，

然後在回歸分析和相關係數的發明人卡爾・皮爾森（Karl Pearson）門下學習統計學，但他並不是以研究生的身分學習。而是在以生產健力士（Guinness）啤酒聞名的阿瑟・健力士公司（Arthur Guinness Son & Co.）工作，運用其統計學及化學知識來改良釀造程序與原料。

也就是說，皮爾森可算是最早在民間企業工作的統計學家。他所發明的 t 檢定亦有「student 的 t 檢定」之稱，這是因為他瞞著公司進行研究，故必須使用「student」這個筆名來公佈其研究成果，以免被公司發現。據說直至戈塞去世為止，他的雇主，亦即健力士家族的人，都不知道他竟在下班時間秘密進行統計學研究，而且還獲得極大成就呢。

相較於皮爾森，他受惠於人力、預算皆充足的環境，不論是實驗動物還是人類的研究參與者，只要是有興趣的，都能盡情收集、測量、計算。因此，他的研究只需考慮「資料數量多時會遵循常態分佈」這種狀態下的值就行了。因此，戈塞曾在寫給他的信中表示：

「如果你沒見過其他像我這樣只能靠著少得可憐的樣本工作的人，那你真的非常好命。」

戈塞還在同一封信裡提到，劍橋大學的研究員甚至試圖以樣本數僅4個的資料來進行分析。

不論是在阿瑟．健力士公司內測量酵母的數量，還是在自己家裡做理論研究，要取得數百到數千份樣本都十分困難。因此，就算認為四個樣本真的太誇張了點，為了能判斷在頂多幾十筆的資料中是否存在著不太可能是偶然產生的、確實有意義的差距，戈塞便想出了t分佈與使用此t分佈的t檢定。

為何說「與其選z檢定，不如選t檢定」

如今在檢驗平均值之差距是否真有意義時，多數統計分析工具都不用z檢定，而是採用t檢定。有句俗話說「大材小用」，但在統計學上卻剛好相反，是「小可大用」（用於少量資料的方法也可用於大量資料）。也就是說，用於處理大量資料的z檢定可能不適合應用在僅20筆的資料上，但針對數千筆資料使用t檢定卻絕對沒問題（在這種情況下，使用兩種檢定的結果會一致）。因此，要檢驗平均值之差距時，「基本上就選t檢定」。

z檢定與t檢定的基本想法是一致的，兩者都必須求出p值，**而這個p值代表「平均值之差距」為「平均值之差距的標準誤差」幾倍的值，是有多麼不可能出現的機率**。只不過，z檢定用的是距離資料分佈中央±2SE以上的機率為5%的常態分佈，但數量僅幾十筆的資料並不會那麼貼近「常態分佈」。

這問題在變異數上特別明顯。理論上，所謂變異數的「真值」，就是「資料與真正平均值之偏差的平方平均值」。然而，實際上我們不會知道「真正的平均值」是多少，因此是以與「資料的平均值」的偏差再平方的值來計算。可是資料量越少，「資料的平均值」就越容易偏離「真正的平均值」。於是當資料量越少，樣本的變異數就越容易比「真正的變異數」小，而用樣本的變異數所計算出來的標準誤差也當然會比較小。

為了讓讀者能充分了解這個原理，在此舉個較極端的例子。從原應符合常態分佈的資料中抽出3個樣本，而這3個樣本全都剛好「比真正的平均值大」的機率並非低得不可能。此現象有½的3次方，亦即⅛的機率會發生。

假設這些資料是日本成年男性的身高，原本全體平均值（＝真正的平均值）為170公分，而抽出的3位樣本身高分別為172公分、174公分和176公分。這3人的平均身高是174公分，那麼，從與「真正的平均值」之偏差來算變異數，和與「資料的平均值」之偏差來算變異數，分別會是如何？

將與「真正的平均值」之偏差的平方和除以人數，也就是「(22+42+62)÷3」，便得到約18．7。另外，把與「資料的平均值」之偏差的平方和除以人數，則是「(-22+02+22)÷3」，算出來只有約2．7。就算是更精準一點，依據第77頁所述「無偏變異數」的觀念來計算，改除以「人數－1」，算出來的「資料變異數」也只有4。

「資料的平均值」既是由資料算出來的，資料值與該平均值就不會各自獨立。若資料在整體分佈範圍中本來就偏大，其平均值當然也會比較大，而反之亦然。因此，只要「資料的平均值」與「真正的平均值」不一致，「資料與其平均值」就一定比「資料與真正的平均值」更接近。這就是為何從有限的資料求取變異數時，其值無論如何都容易偏小的原因了。

後來戈塞與早一步注意到此發現之價值的費雪，將「由資料所求得之變異數和這些資料的數量之間，存在著什麼樣的關係？」，做了數學上的整理。他們發現只要利用以研究大地測量學聞名的赫爾默特（Friedrich Robert Helmert）所找出、由卡爾．皮爾森所命名的**卡方分佈**，便能算出以不同資料量算出的不同變異數，與真正變異數之間的差異程度分佈狀況。

所謂的卡方分佈，是指當變數X遵循平均值為0，變異數為1（亦即標準差也是1）之常態分佈時，此變數之多個平方值加總會遵循的一種分佈（如圖表2-15）。由於

圖表 2-15 卡方分佈示意圖

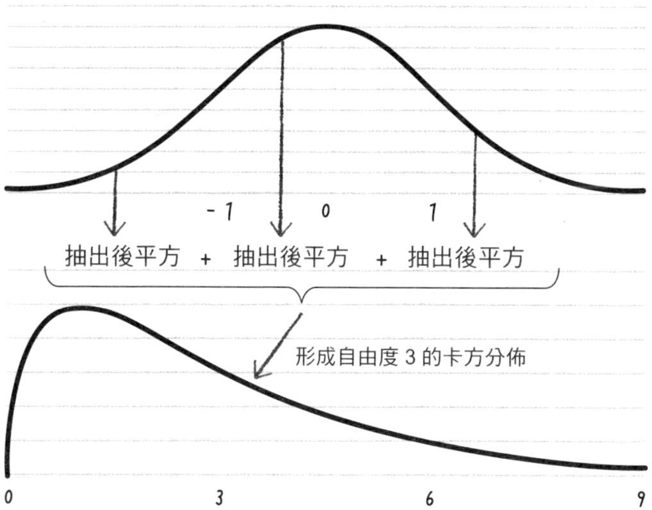

所考量的是「x」變數的平方值，故以看起來很像 x 的希臘字母 χ（發音為 kai）表示，並命名為「卡方分佈」。這個卡方分佈的形狀，會隨著 x 平方值的加總（在專業術語中稱為**自由度**）而變化（如圖表 2-16），當自由度為無限大時，會與常態分佈完全一致；當自由度為數百～數千等很大的值時，則呈現「近乎符合常態分佈」的狀態。

以此卡方分佈的特性為基礎，**依資料數量或卡方分佈的自由度不同，用來算出「平均值之差距」在「平均值之差距**

的標準誤差」的幾倍以內，其機率為多少%的分佈，便是t分佈。

使用常態分佈的z檢定，是以「平均值之差距」在「平均值之差距的標準誤差」的1．96倍以內的機率為95%之特性，來算出95%的信賴區間。然而，依據t分佈，同樣的95%信賴區間所呈現的資料範圍會更廣一點。例如，若是從兩個群組，每組各5人，總計10人的資料來計算，那麼，其95%的信賴區間不能視為±1．96SE，而應視為±2．31SE。由於「從數量有限的資料而算出的標準誤差」會比「只要收集大量資料應該就能求得真正標準誤差」要小一些，因此，必須要考量更廣一點的範圍（如圖表2-17）。

而若是每組各10人，總計20人的資料，其95%的信賴區間會是±2．10SE；每組各30人，總計60人的話，則是±2．00SE；每組各100人，總計200人的話，是±1．97SE；每組各250人，總計500人的話，便與常態分佈相同，為±1．96SE。這就是「在實務上，當所處理之資料有數百人～數千人時，使用z檢定（而非t檢定）不會有問題」的原因。

圖表 2-16 不同自由度之卡方分佈示意圖

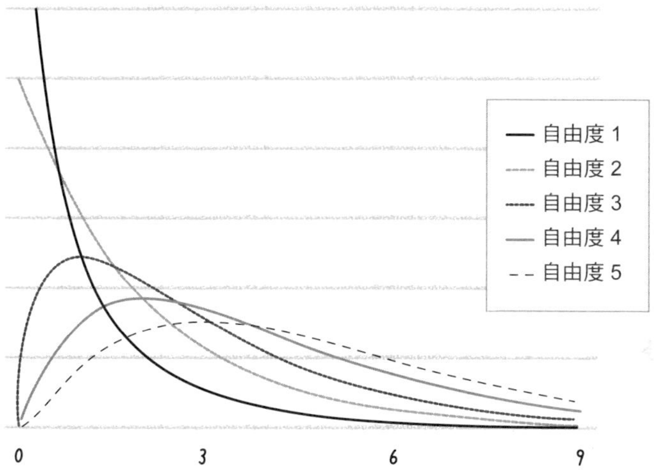

圖表 2-17 常態分佈與 t 分佈

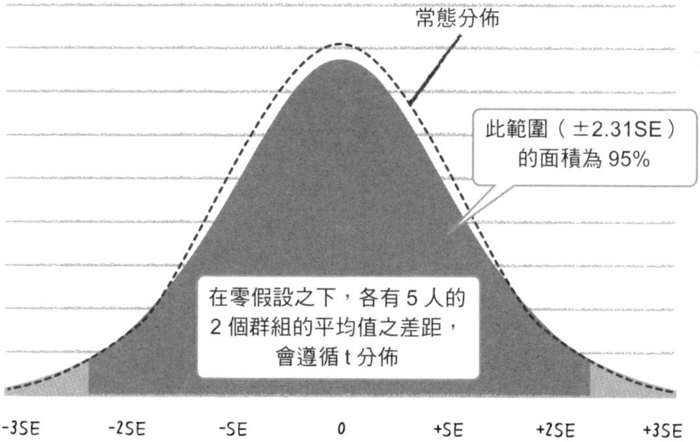

當資料數量有限時，則使用「費雪的精確性檢定」

那麼，在資料數量有限的情況下檢驗比例的差距，又該怎麼辦才好？事實上，比起匯總為平均值這種定量變數，若匯總為比例形式、「代表處於某狀態與否」之二值變數，由於其可能值的分佈形狀及可能的變異範圍都較有限，所以即使資料量少仍較容易收斂於常態分佈。因此，除非是資料少到只有10筆、20筆左右，否則也不必太擔心使用z檢定的有效性。

說得再更明確一點，就是在兩群組是否處於某狀態之比例並無差距的零假設下，當列出「各群組」×「是否處於某狀態」的交叉表列時，**依慣例，只要每格裡的數字都有10左右，最少不低於5的話，便可進行z檢定**。

例如，以之前分析曾隸屬運動類社團者之出人頭地率的情況來說，假設每組各30人的兩個群組，其合計之整體出人頭地率為40％，這時就算交叉表列中是否處於某狀態（0或1）的資料值很少，也沒問題。因為在兩群組之出人頭地率毫無差距的零假設下，其交叉表列每格裡的值都有10以上（如圖表2-18）。

但若這兩個群組合計之整體出人頭地率僅有1％，那麼，要符合「在零假設下每格的值都至少要在5以上」之條件，每個群組就必須各有500人以上的資料，否則

圖表 2-18 基於零假設之交叉表列（適用 z 檢定）

	主任以上	非管理職	合計
曾隸屬於運動類社團	12 人（40%）	18 人（60%）	30 人
其他	12 人（40%）	18 人（60%）	30 人
合計	24 人（40%）	36 人（60%）	60 人

就不適用 z 檢定的近似常態分佈。例如，即使各群組各有 300 人，可是全體僅有 6 人出人頭地的話，這樣的資料便不適用 z 檢定（如圖表 2-19）。

如果擔心這種狀況，還可利用**費雪的精確性檢定**（Fisher's exact test**，或稱費雪的正確性檢定**）來處理。所謂的「精確性」或「正確性」，是指不用近似常態分佈的方式，而是用準確的機率計算來算出 p 值。不用我多說，這方法的發明人當然就是費雪。

如圖表 2-20，假設調查資料顯示，曾隸屬於運動類社團的 6 人中有 4 人已達到主任以上的成就，而出身其他社團的 4 人中有 1 人有此成就。在這種情況下，曾隸屬於運動類社團者的出人頭地率為 66．7%（=4/6），出身其他社團者的出人頭地率則為 25%（=1/4），也就是

圖表 2-19 基於零假設之交叉表列（不適用 z 檢定）

	主任以上	非管理職	合計
曾隸屬於運動類社團	3 人 （1%）	297 人 （99%）	300 人
其他	3 人 （1%）	297 人 （99%）	300 人
合計	6 人 （1%）	594 人 （99%）	600 人

曾隸屬於運動類社團者的出人頭地率高出41．7%。而這樣的差距，可說是因資料之變動性而偶然產生的嗎？

費雪的精確性檢定就是將此問題視為高中時學過的機率問題來處理，亦即其思考方式與「假設有6顆紅球、4顆白球，總計共10顆球，則取出5顆時拿到4顆以上紅球的機率是多少？」這種問題一模一樣（如圖表2-21）。

這時的紅球當然就代表了曾隸屬於運動類社團的6個人，白球則代表出身其他社團的4個人，而我們要檢驗的是從兩者構成的群體中，隨機選出5名「出人頭地者」的零假設。先計算各種組合之機率，再加總，便能直接求得產生實際資料以上之偏差的機率，也就是P值。

圖表 2-20 需使用費雪的精確性檢定的情況

	主任以上	非管理職	合計
曾隸屬於運動類社團	4 人 （66.7%）	2 人 （33.3%）	6 人
其他	1 人 （25%）	3 人 （75%）	4 人
合計	5 人 （50%）	5 人 （50%）	10 人

圖表 2-21 費雪的精確性檢定的思考方式

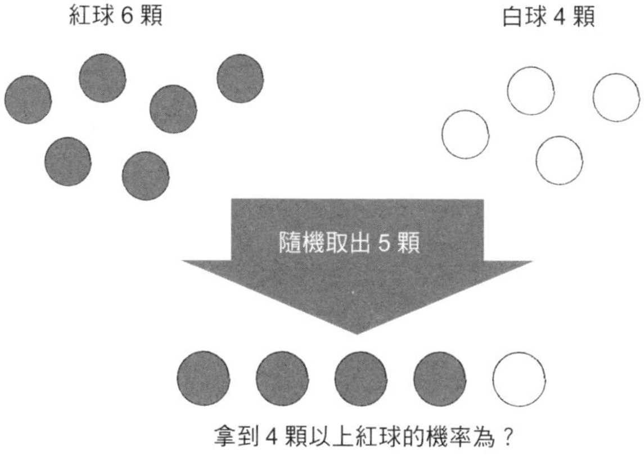

圖表 2-22 單側檢定與雙側檢定

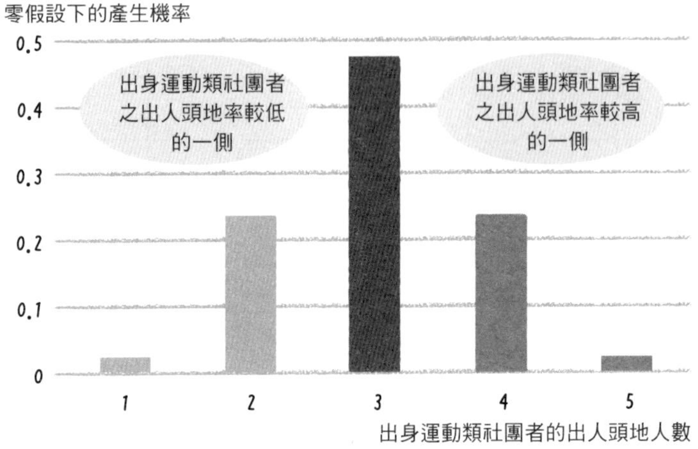

此例的詳細計算過程請參考附錄的【補充10】，而實際計算組合數後，可得到出人頭地的5人中有4人以上曾隸屬於運動類社團之p值為26.2%（在共252種的組合中，有4人曾隸屬於運動類社團的佔了60種，即23.8%，5人全都曾隸屬於運動類社團的佔6種，即2.4%）。但必須注意的是，這是只考量出身運動類社團者之出人頭地率較高的單側檢定的p值。

曾隸屬於運動類社團的出人頭地者可能有1～5人，這些所有可能情況的發生機率就如圖表2-22所示。其中，在零假設下最有可能發生的情況，當然就是出身運動類社團的6人中有3人（50％）出人頭地、出身其他社團的4人中有2人（50％）出人頭地這種在圖表中央的狀況。而出身運動類社團者有4人以上的機率，屬於只考慮右側機率的單側檢定。

若是採取雙側檢定，則不管哪一方的出人頭地率較高，都必須要加總所有「在零假設下，發生難度在實際資料以上的狀況」這樣的機率才行。亦即圖表右側偶然出現「出人頭地的5人中有5人都隸屬運動類社團」這種組合的機率為2．4％（=6/252）和「出人頭地的5人中有4人隸屬運動類社團（60/252=23.8％）」，再加上位於圖表左側發生機率在此以下的「出人頭地的5人中只有2人曾隸屬運動類社團（60/252=23.8％）」和「出人頭地的5人中僅一人曾隸屬運動類社團（6/252=2.4％）」等狀況，總計為52．4％（=出身運動類社團之出人頭地者有5人的機率2．4％＋4人的機率23．8％＋2人的機率23．8％＋1人的機率2．4％），這便是雙側檢定的p值。

也就是說，從僅10人的資料中，發生難度在實際資料以上的、曾隸屬運動類社團者，與其他社團者之出人頭地率的差距為偶然產生的機率，是52．4％。若其差距是像這樣在2次中有1次以上的偶然發生機率，那當然該懷疑「可能是偶然產生的」。

t檢定的基本必備知識

就如前述，只要運用 t 檢定及費雪的精確性檢定，則即使資料量少，也能判斷其平均值或比例之差距是在偶然發生的範圍內還是確實有意義。

一旦開始閱讀專業書籍、認真學習統計學，就一定會讀到 t 檢定與費雪的精確性檢定，而要理解其中關於 t 檢定之自由度及與卡方分佈的關係等數學原理，可是相當困難。不過，對於現今能以電腦取代人工分析數百～數千筆以上資料的社會人士來說，只要記住以下這幾個基本觀念就行了：

- 所謂 t 檢定，是為了在僅有數十筆資料的情況下也能正確執行 z 檢定而設計的，對於數百～數千筆的資料，t 檢定和 z 檢定的結果相當一致。
- t 檢定和 z 檢定一樣，也是考量「平均值之差距」為「平均值之差距的標準誤差」的幾倍，並求出該狀況有多麼不可能出現的機率，也就是p值。
- 費雪的精確性檢定是利用「組合數」，在資料數量僅幾十筆的情況下，仍可正確求出代表比例的差距是否確實有意義的p值。

另外，雖然本書附錄也大略解說了 t 分佈與卡方分佈的關係，不過，由小島寬之所寫的《圖解不再嫌惡統計學》（易博士出版社）一書，幾乎整本都在詳細解說 t 分佈的推導過程，因此，各位若是想了解 t 檢定背後的數學原理，在閱讀一般的教科書之前，先看看這本或許會很有幫助。

12 檢定的多重性與其對應處方

若要比較3個以上的群組，該怎麼辦？

若能充分活用z檢定，以及適合少量資料的t檢定和費雪的精確性檢定，那麼，不論是面對屬於定量變數的平均值之差距，還是面對屬於定性變數的比例之差距，你都能判斷其所產生的差距，是否可算在偶然發生的範圍內。

在本章結束前要再補充最後一點，我要介紹該如何檢驗3個以上群組間的平均值及比例之差距。

在此之前，我們討論的都是「曾隸屬於運動類社團與否」的2個群組之間的平均值及比例差距，但這世上的問題可不是全都能用2個群組間的差異來解釋。例如也許有人會覺得，再細分為「曾隸屬於運動類社團」、「以前常參加運動活動」及「大學時代無持續性的運動經驗」這3個群組來比較平均獎金金額或出人頭地率，可能更好。

圖表 2-23 3 個群組各自的工作滿意度

	非常滿意	滿意	不滿意	非常不滿意	合計
隸屬運動社團者	19 人（19%）	58 人（58%）	20 人（20%）	3 人（3%）	100 人
參加運動活動者	22 人（11%）	116 人（58%）	50 人（25%）	12 人（6%）	200 人
無運動經驗者	12 人（8%）	90 人（60%）	36 人（24%）	12 人（8%）	150 人

統計學裡當然也可以比較3個以上的群組。例如，一般統計學教科書都會介紹對於3個以上群組的平均值差距，可利用費雪所發明的變異數分析來處理。而這個變異數分析，正是因「只要利用代表不同群組間之平均值變動性的變異數，和代表群組內數值之變動性的變異數比率，便能和z檢定或t檢定一樣，求出代表群組間之平均值差距有多麼不可能發生的p值」這樣的定義而得名。

對於3個以上群組的比例差距，可直接利用卡方分佈的卡方檢定來處理。這是由卡爾・皮爾森所發明的方法，它不只能應付之前我們所討論的2×2交叉表列，也能針對3個以上群組的3種以上狀態之交叉表列，檢驗其偏差是否屬於偶然。就如圖表2-23，即使像這樣分別調查3個群組中各群組分別有多少百分比的人對自己的工作覺得「非常滿意／滿意／不滿意／非常不滿意」，卡方檢定仍然能夠判斷此匯總結果是否存在難以視為偶然發生的偏差。此外，關於前面討論的兩個群組間所謂「處於某狀態／不處於某狀態」的比例差距的檢驗，用z檢定和卡方檢定求出的p值會完全一致，而其證明收錄於附錄的【補充11】。

在商業上不太使用變異數分析和卡方檢定的原因

那麼，變異數分析與卡方檢定對於商業決策有直接助益嗎？其實不大。原因就在於，可用變異數分析來檢驗的零假設只有「所有群組的平均值都毫無差距」或是「所有群組的平均值完全相同」。也就是說，進行變異數分析後，發現p值很小，這樣的結果也只證明了「不能算是全部相同」而已。若得到這樣的分析結果，我想絕大部分的商務人士都會想問：「那到底是哪個群組和哪個群組之間可算得上是真的有差距？」

卡方檢定亦是如此，p值很小只代表「各群組的各項答案的比率不見得都相同」罷了。雖然卡方檢定不僅可用於三個以上的群組，還能處理「非常滿意／滿意／不滿

圖表 2-24 3 個群組間的平均獎金比較

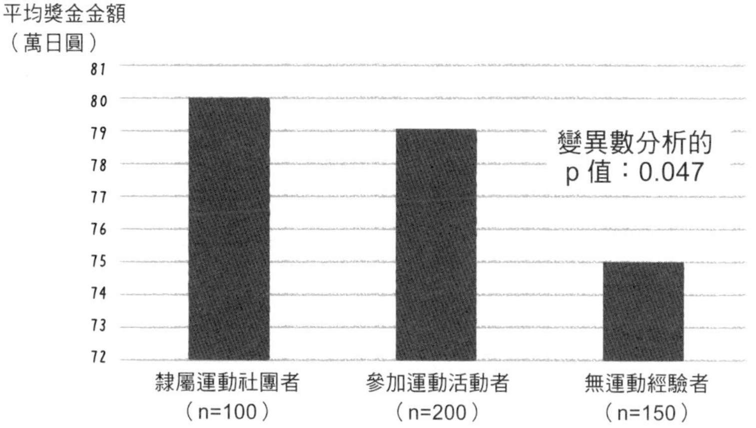

意／非常不滿意」這種有多種狀態的情況，但其結果不僅無法解釋到底是哪個群組和哪個群組有差距，也無法確認到底是有部分群組的「非常滿意」較多，還是所有群組的「非常滿意」比例都一樣，只有部分群組的「非常不滿意」較多。

假設隸屬於運動類社團者的平均獎金（相當於績效）最高，其次是參加體育活動者，最後是無運動經驗者（如圖表2-24）。而由其變異數分析的p值可得到「所有群組的平均獎金不可能完全相同」的結果。但若要依此結果來決定今後的雇用策略，光靠這個p值是無法判斷到底是要雇用隸屬於運動類社團的人就好，還是有參加體育活動的也行。此外，像這樣只因參加體育活動者的獎金金額比無運動經驗者更接近隸屬於運動社團者，就直接依平均值來判斷的做法，和不做假設檢定就直接靠平均值判斷是一樣的。

關鍵就在於單純地重覆執行 t 檢定與卡方檢定

那麼，不用變異數分析，而是以 t 檢定等方法重覆進行多次「兩群組間之檢定」呢？例如，以3個群組間的比較來說，若能分成①運動社團－體育活動、②體育活動－無運動經驗、③無運動經驗－運動社團這3組來進行群組間的比較，就能知道哪個群組與哪個群組之間存在著有意義的差距（如圖表2-25）。而結果發現，資料差距較大的運動社團與無運動經驗之間沒有顯著差距，資料差距較小的體育活動與無運動經驗之間卻出現低於5％的顯著差距，這是比較所用的人數多寡造成的影響。就因為會碰到這類問題，所以很難只靠平均值的差距來做判斷。

像這種能指出「哪些群組之間有顯著差距」的分析結果，可是比「不見得全都相同」的變異數分析結果要有用得多。同樣地，我們也可用卡方檢定來分析前述的工作滿意度調查資料，分別針對「非常滿意」、「非常滿意及滿意」、「非常不滿意」等

圖表 2-25 3個群組間的平均獎金比較

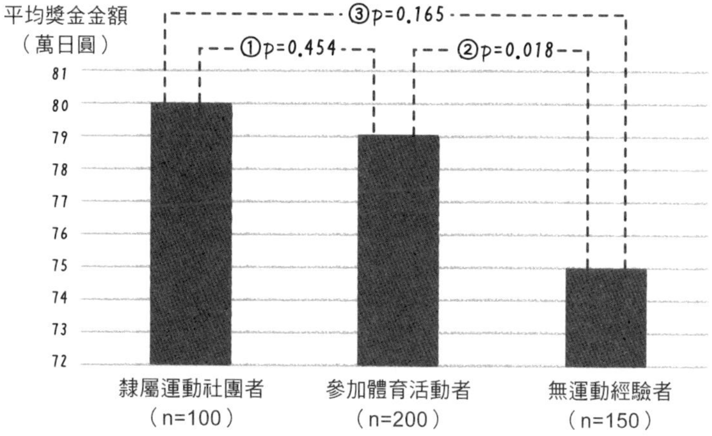

各種不同滿意度層次的比例，來進行各群組間的比較，如此便能解答「到底是哪些群組之間存在有怎樣的差距」這類疑問（如圖表2-26）。

不過，只有3個群組還好，若是要比較各個年齡層的話，情況會如何呢？如果要檢驗10～19、20～29、30～39、40～49、50～59、60～69歲這6個年齡層之間「哪個群組與哪個群組間的差距是確實有意義的」，就必須求出有如魔法陣般錯綜複雜、多達15個的p值（如圖表2-27）。15這個數字正是從6個年齡層中抽選兩個的「組合數」，若是要把10個群組兩兩一組地全部比較完畢，則必須計算並評估多達45個的p值。而若再進一步

圖表 2-26 以卡方檢定進行分析

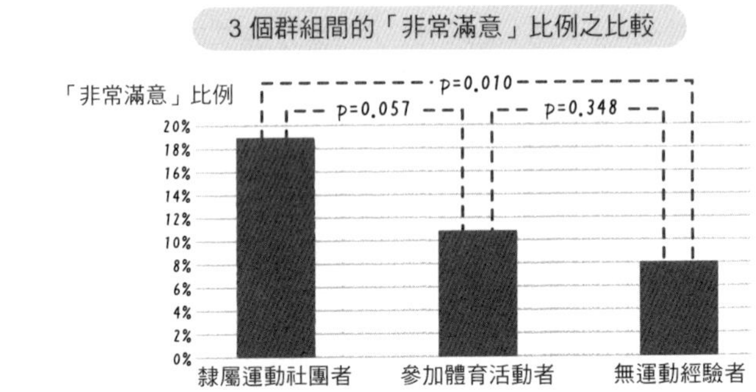

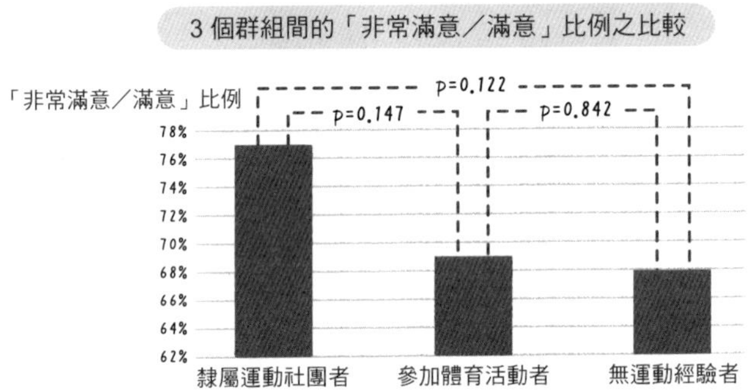

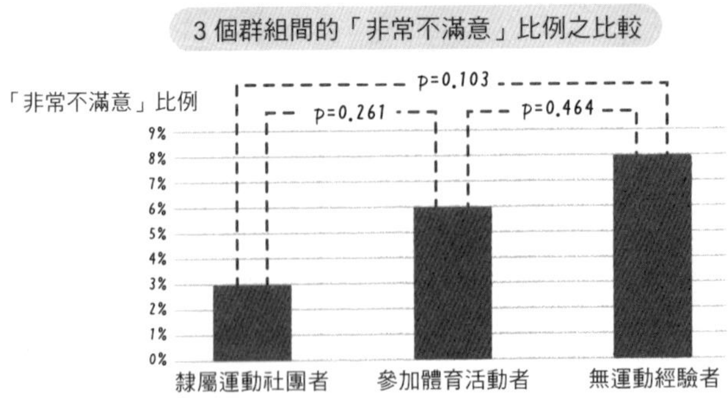

圖表 2-27 6個年齡層間的比較的p值

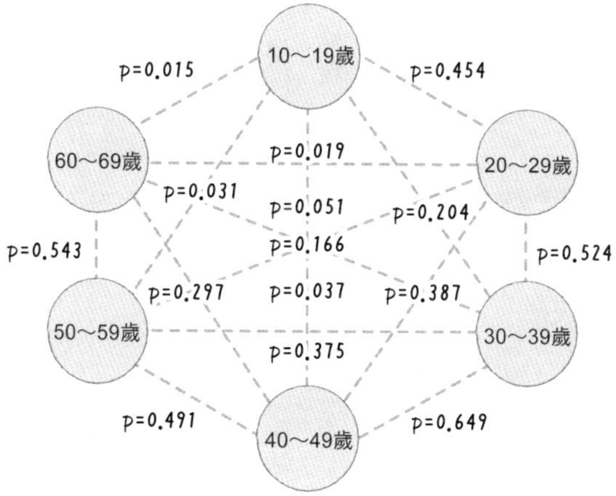

以卡方檢定檢驗3種層次的比例，甚至會需要3倍共135個的p值。

這樣不僅麻煩、複雜難懂，還會導致誤判的風險。我先前已說過，p值不到5%便可視為有意義這點，就等於是將「成為急驚風的風險」抑制在5%以下。換句話說，一旦從資料求得此一p值，並注意當此值不到5%時就可視為有意義的差距，我們便有95%的機率「不會成為急驚風」。

然而，像丟擲硬幣那種需考量兩個獨立p值的情況，若依據這個不到5%便可視為有意義差距的原則，其「不會成為急驚風的機率」應為95%的平方，亦即90.25%。

若是需求出3個p值的情況，就是95％的3次方，約85．74％；若是需以100個p值來判斷的情況，不會成為急驚風的機率便只剩下0．59％。也就是說，這個用來判斷的p值並不是算得出來就多多益善，p值的數量越多，你成為急驚風的風險就越高呢。

處方①——邦弗朗尼校正

面對這樣的狀況，我們可採取的應變處方大略分為3種。

第一種做法是除了進行多次的假設檢定之外，為了將最終的「成為急驚風的風險」維持在5％以下，再進一步採取對應的統計學處理手法。單純地重覆進行多次檢定所造成的急驚風風險升高現象，在專業術語中叫做「檢定的多重性」，而在多個群組之間進行多次比較的動作本身，則稱為「多重比較」。統計學裡存在各式各樣可應付多重比較的方法，只要運用這些方法，就能將最終的「成為急驚風的風險」維持在5％以內。

針對多重比較，最簡單的補救方法就是用「5％的顯著水準除以所進行之檢定次數後得到的值」做為各p值的「顯著與否、有義意與否」判斷標準。例如，若針對某批資料進行5次檢定，各p值就要以是否低於1%做為判斷標準，若進行10次檢定，各p值就要以是否低於0．5%做為判斷標準。而此方法取其發明人之名，稱為**邦弗朗尼校正**（Bonferroni Correction）。關於邦弗朗尼校正如何能將最終的急驚風風險維持在5%以內，我會在附錄的【補充12】詳細解說並提出證明。基本上，若以是否低於1%來判斷，那麼，在只檢定一次的情況下「不會成為急驚風的機率」為99%，而即使如丟擲硬幣之例需反覆進行5次，「不會成為急驚風的機率」為99%的5次方，仍有95．1%。也就是說，運用5次檢定時的急驚風風險為4．9%，依舊保持在5%以內。

雖然利用邦弗朗尼校正便能抑制急驚風風險，但這並不表示你可以毫無限制地拼命做檢定。如果做了100次檢定，就只有p值低於0．05%時才可視為存在「顯著性差異」。如此便是過度擔心急驚風風險，反而提高了「慢郎中風險」。

另外，還有比邦弗朗尼校正再複雜一點的方法，可將整體的急驚風風險保持在5%以內，同時稍微抑制慢郎中風險。不過，像「基於班傑明霍赫貝格程序（Benjamini-Hochberg procedure，由班傑明與霍赫貝格所想出來的、類似邦弗朗尼校正那樣處理多重比較用的p值修正方法），此p值可視為有義意的」這種說法，在專業分析人員之間或許行得通，但在一般企業的會議上應該不太可能產生有效溝通。甚至連「用5％除以檢定次數來判斷」這麼簡單的邦弗朗尼校正都很可能會令人困惑，一旦解釋起來又要花很多時間。因此在實務上，不能只靠統計方法來處理，接下來介紹的這兩個觀念可說是相當重要。

處方②——先決定一個標準類別再進行比較

當要一一比較完所有組合時，p值的數量便會隨著群組的數量增多而暴增。為了避開這個問題，我要介紹的第二個處方就是先決定出一個做為標準的群組（稱為標準類別，standard category），然後用該群組進行比較。如此一來，每增加一個群組，檢定次數也只會增加一次，p值的數量便會大幅減少。剛剛我已提過，以10個群組的情況來說，一一比較完所有組合需進行45次的檢定，但若選定一個標準類別，就只需比較與其餘9個群組的差距，也就是只要做9次檢定即可。即使進行邦弗朗尼校正，由於檢定次數減少，「慢郎中風險」便不易增加，因此，合併運用此處方會更為理想。

而且雖然在數學上的標準類別可以隨便選，但為了讓報告結果更清楚易懂，最好選擇「一般的群組」，亦即在全體資料中所佔比例最高、對每個人來說都很容易想像的群體是最合適的。例如，在比較某化妝品的消費額時，選擇以感覺不太會買化妝品的「50～59歲男性」為基準比較，就算得出「60～69歲男性的消費額顯著低於50～59歲男性」或「30～39歲女性的消費額顯著高於50～59歲男性」這些結論，大家應該還是看不出個所以然來。可是若以目標族群20～29歲的女性為基準，比較出「10～19歲女性的消費額顯著高於20～29歲女性」這樣的結果，大家應該就能想像得到，此商品或許意外地特別受年輕族群喜愛。此外，當標準類別的人數或資料筆數較多時，「平均值之差距的標準誤差」就比較小，因此，還會有較容易找到有意義p值的好處。

處方③——分別運用搜尋性的p值與驗證性的p值

最後這第三個最重要的觀念，就是要「將搜尋性的p值與驗證性的p值分開處理」。

想要從各式各樣的分類及眾多項目之資料中，發掘出與商業有關的新構想時，若一開始就很在意「成為急驚風的風險」，結果可能會什麼都找不到。因此我們必須思考，「以p值為標準尋找可能獲利的點子」和「以p值為標準檢驗所發現的點子是否真能獲利」，這兩種目的截然不同的p值運用。

在搜尋階段時，雖說檢定的多重性可能導致「操之過急」的危險，但在此之前，也還有「本來就非隨機資料」的資料限制存在。就算「隸屬運動類社團者的獎金金額明顯高於出身其他社團者」的分析結果無誤，也無法斷定「運動經驗可強化人的特質並提升其能力，而這點反映在獎金金額上」這樣的解釋一定正確。例如，曾隸屬運動類社團者多半容易被分配到業務員等績效獎金高的職務，而其他人則容易被分配到總務、會計這類績效很難反映於獎金評定上的職務，光是這點，就可能造成這樣的顯著性差異。

若是想實際應用統計分析結果，終究必須要能解答「讓小孩學習運動，將來是否就能出人頭地？」或「本公司若多多雇用曾隸屬於運動類社團的人，是否就能提升業績？」……等等「若採取某種行動，是否就能因此獲得好處？」這類問題才行。然而，通常只針對目前累積之既有資料進行分析的結果，即使能夠暗示今後該採取的方針，仍會受限於未隨機化的問題而無法成為確定的解答。

因此在搜尋線索時，就要當成只是在「探索」，總之，就把p值低於5%、難以立即以偶然為由而捨棄的關聯性給找出來。至少此時運用p值已能避開最基本的急驚風風險，不至於把偶然產生的平均值或比例差距當真。

然後，在得到的結果中若發現有特別值得注意的，就再回頭檢驗。能夠採取「隨機對照實驗」是最理想的，否則也要盡量使用能夠調整「可能扭曲結果之因素」的分析手法。而在進行該檢驗時，其p值的判斷標準必須顧及檢定的多重性問題，若無法避開多重性，當你不得不進行多次檢定時，就必須加以修正，也就是一定要以「p值要在5％以內」的原則來抑制急驚風風險。

雖然認知到「檢定的多重性」的危險確實有其必要，但這並不表示我們該在搜尋階段進行邦弗朗尼校正這類的處理。我認為頂多在需要十分謹慎判斷的情況下，為了保險起見，再進行邦弗朗尼校正，以判斷p值是否具顯著性，這樣就很恰當了。

只要弄懂以上內容，在實務上應該就能順利比較群組間的平均值或比例差距了。從下一章開始，我們要學習非群組形式的統計分析方法，以及在無法隨機化的情況下，該如何調整會扭曲結果的因素。

PART 03

堪稱洞悉之王道的各種分析工具

多元回歸分析與邏輯回歸

13 統計學的王道——回歸分析

當解釋變數屬於定量變數時，就使用回歸分析

只要運用前兩章學到的內容，不論成果為量化（定量）的數值還是質化（定性）的分類，我們都能判斷群組間是否存在難以視為偶然的差異。

一開始在介紹本書架構時，我曾提過「洞悉成果（結果）與解釋變數（原因）之間的因果關係」此一觀念，而群組（原因）是否左右了成果（結果）？這種判斷所考量的是如性別或出身背景等定性型的解釋變數。當解釋變數為定性，成果也為定性時，就用 z 檢定或卡方檢定來比較成果比例；但當解釋變數為定性，成果為定量時，則以 z 檢定或 t 檢定來比較成果的平均值。那麼，當解釋變數為定量時，又該進行哪種分析才好呢（如圖表3-1）？

當然，只要你願意，用交叉表列的方式也能分析出定量解釋變數與定量成果之間

圖表 3-1 不同類型的解釋變數與成果所適用之分析方法整理

		解釋變數	
		定性（分類型）	定量（數值型）
成果	定性（分類型）	以 z 檢定／卡方檢定來分析比例之差距	本章內容
	定量（數值型）	以 z 檢定／t 檢定來分析平均值之差距	

的關聯性。舉個例子，假設某項市場調查分析的是過去一年裡顧客的來店次數與消費金額之間的關係。結果發現，年度來店次數的最小值為0次，最大值為50次，而年度消費金額的最小值為0日圓，最大值為10萬日圓，那麼，進行交叉表列便會得到51×100001格的表格。

但實際上是不會做這種交叉表列的，因為總計超過5000萬格的資料幾乎都沒用，因為大部分格子裡的值都是0。理論上，不論交叉表列有幾行、幾列，都能使用卡方檢定，但就算大量增加人數，也很難滿足「在零假設下，所有格子裡的值都必須在5～10以上」此一條件，更何況這麼煩雜的表格根本就沒人想要看（如圖表3-2）。

那該怎麼辦好呢？實務上常用的解決辦法是將0～50次的解釋變數分成0～10次／11～20次／21～30次／31～40次／41～50次等5個群組，

圖表 3-2 約 500 萬格的交叉表列

		年度來店次數						
		0	1	2	…	48	49	50
年度消費金額	0 日圓	253 人	0 人	0 人	…	0 人	0 人	0 人
	1 日圓	0 人	0 人	0 人	…	0 人	0 人	0 人
	2 日圓	0 人	0 人	0 人	…	0 人	0 人	0 人
	3 日圓	0 人	0 人	0 人	…	0 人	0 人	0 人
	…	…	…	…	…	…	…	…
	99.997 日圓	0 人	0 人	0 人	…	0 人	0 人	0 人
	99.998 日圓	0 人	0 人	0 人	…	0 人	0 人	0 人
	99.999 日圓	0 人	0 人	0 人	…	0 人	0 人	0 人
	100.000 日圓	0 人	0 人	0 人	…	1 人	0 人	0 人

並同樣把成果也以2萬日圓為單位分成5組，這樣就能做成5×5的交叉表列（如圖表3-3、3-4）。如此便不至於看不完，而且也比較容易滿足「在零假設下，所有格子裡的值都必須在5～10以上」的條件（詳見第148頁），於是也就能使用卡方檢定來判斷「解釋變數與成果之間是否存在某種難以視為偶然的關聯性」。

而實際針對這樣的交叉表列結果進行卡方檢定後，求得之P值低於0．001。也就是說，在「來店次數與消費金額之間毫無關聯性」這一零假設成立的情況下，偶然產生這種結果的機率顯著偏低。

圖表 3-3 重新整理成 5 × 5 的交叉表列（實際資料）

		年度來店次數					合計
		0～10 次	11～20 次	21～30 次	31～40 次	41～50 次	
年度消費金額	0～2 萬日圓	796 人	254 人	44 人	1 人	0 人	1095 人
	2～4 萬日圓	129 人	319 人	259 人	59 人	4 人	770 人
	4～6 萬日圓	7 人	70 人	231 人	252 人	101 人	661 人
	6～8 萬日圓	0 人	2 人	23 人	138 人	229 人	392 人
	8～10 萬日圓	0 人	0 人	1 人	13 人	68 人	82 人
	合計	932 人	645 人	558 人	463 人	402 人	3000 人

圖表 3-4 重新整理成 5 × 5 的交叉表列（零假設成立時可獲得的資料）

		年度來店次數					合計
		0～10 次	11～20 次	21～30 次	31～40 次	41～50 次	
年度消費金額	0～2 萬日圓	340 人	235 人	204 人	169 人	147 人	1095 人
	2～4 萬日圓	239 人	166 人	143 人	119 人	103 人	770 人
	4～6 萬日圓	205 人	142 人	123 人	102 人	89 人	661 人
	6～8 萬日圓	122 人	84 人	73 人	60 人	53 人	392 人
	8～10 萬日圓	25 人	18 人	15 人	13 人	11 人	82 人
	合計	931 人	645 人	558 人	463 人	403 人	3000 人

但就如前一章說過的，就算由卡方檢定的p值得知「來店次數與消費金額之間不太可能毫無關聯性」這樣的結果，也很難依此判斷該採取什麼樣的行動。

反過來說，對於定量解釋變數與定量成果之間的關聯性，究竟需要得到什麼樣的資訊才能夠採取有意義的行動呢？

若能得知「應增加還是應減少該定量解釋變數，又或者其增、減都不會造成影響」這類資訊，便能採取增加解釋變數、減少解釋變數，或不必在意解釋變數之多寡等行動。這應該是定量解釋變數與定量成果的關聯性中，最單純的幾種關係了。

如果來店次數越多，單一顧客的總消費金額就越高的話，店家便應該努力增加顧客的來店次數。不過，來店次數越多，單一顧客的總消費金額反而越低的情況也並非絕不可能發生。如果好顧客幾乎都是偶爾光顧但大量購物，而常來的顧客不是只逛不買、就是只買特價品的話，那麼，「增加來店次數的策略」說不定還會造成反效果。

就像這樣，即使擁有做成交叉表列會超過500萬格的資料，結果也只能得到「增加該解釋變數或許不錯、減少該解釋變數可能有效」這類粗略含糊的行動資訊。若是如此，那還不如一開始就針對該粗略、含糊的行動資訊，找個能呈現出「隨著定量解釋變數增加，成果平均會增加/減少多少」這類趨勢的分析方法。而這便是本章要介紹的回歸分析的基本概念。

從散佈圖與回歸直線找出「趨勢」

若以橫軸為來店次數，縱軸為消費金額，將前述的調查資料一一標示出來，便會得到圖表3-5。像這種橫軸、縱軸皆為定量項目，並以點來標示資料的圖表，在專業術語中，則稱為**散佈圖**（Scatter Plot）。由此散佈圖看來，似乎來店次數多的顧客並非都只看不買或專撿便宜，他們的確如預期地消費金額也較高。接著，若能用數學證明乍看此圖所得到的「來店次數越多，消費金額似乎就越高」這種印象，以客觀方式具體指出到底有「金額高出多少」的趨勢，那就太棒了。

那麼，如何能夠客觀地呈現出「趨勢」呢？其實我們應該已經知道做法了。先前在第1章便已討論過高斯所提出的最小平方法，亦即在包含變動性及誤差的資料中，可將「偏差之平方和」最小的點當做「真值」的推測值。後來還得到多筆資料的平均值也是「真值」的理想推測值這樣的結論（詳見第54頁）。

同樣道理，當「代表趨勢之直線與實際資料值之偏差的平方和」為最小時，該直線便可視為最合理的趨勢（如圖表3-6）。

在此讓我們來複習一下前著曾介紹過的回歸分析的由來。

因進化論而聞名的達爾文有個表兄弟叫法蘭西斯・高爾頓（Francis Galton），他認

圖表 3-5 來店次數與消費金額的散佈圖

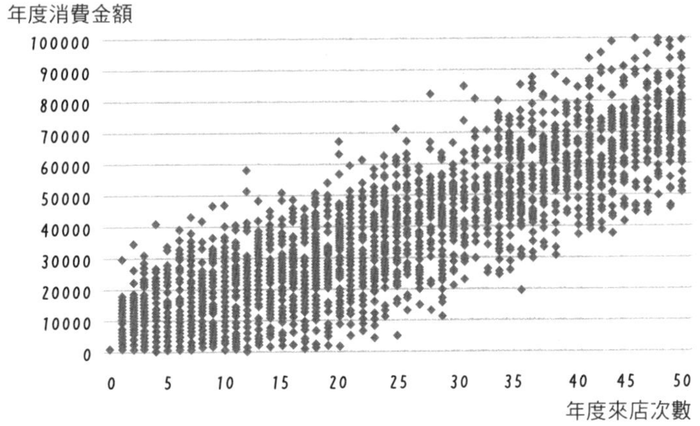

圖表 3-6 關於來店次數與消費金額的「偏差之平方和為最小的直線」

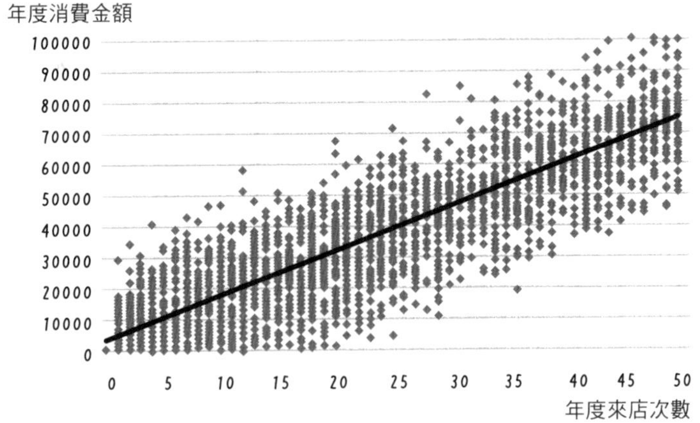

為達爾文的想法應可應用於人類的進化，故收集了父母與子女的身高資料，並嘗試分析其關聯性。父母長得高，子女也會比較高，再加上長得高的人容易和同樣長得較高的人結婚；而父母長得矮，子女也會比較矮，然後長得矮的人又容易和同樣長得較矮的人結婚。要是這樣的趨勢一直持續下去，人類應該會進化成「天龍」和「地虎」的兩極化族群才是，但實際情況如何呢？——這就是高爾頓所研究的主題。

然而實際上，至少在數百年左右的期間內都沒產生這樣兩極化的現象。這是因為，雖然父母長得高，子女也確實會比較高，但不如父母的平均身高那麼高。反之，雖然父母長得矮，子女也確實會比較矮，但不如父母的平均身高那麼矮。即使單純如身高值，就支配人類的規則而言，大概也免不了包含誤差及變動性，於是便產生了「較接近於平均值而非理論上的預測值」這樣的現象。

亦曾列於前著的圖表3-7便呈現出這樣的現象，比起以虛線表示的「父母平均身高」，代表實際「趨勢」的實線，其角度是較為平緩的。高爾頓稱此現象為**回歸平凡**，之後的統計學家們則說它是**回歸平均值**。而基於「針對此『回歸平均值』現象的分析方法」，所謂的回歸分析便就此誕生。

圖表 3-7 調查 1000 組親子的身高資料

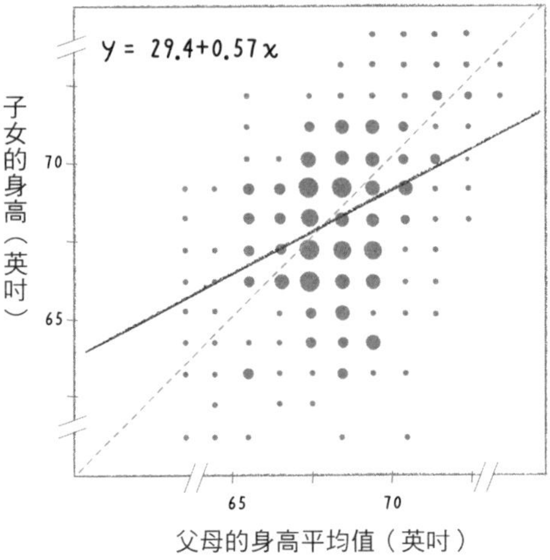

回歸分析讓「分析難以看出的關聯性」成為可能

實際上利用最小平方法，找出了可表示兩個定量項目間之趨勢的直線（稱為**回歸直線**）背後的數學公式（稱為**回歸方程式**）的，是高爾頓的學生——卡爾·皮爾森。他因此被稱作為回歸分析的發明者，不過，最小平方法這個計算方法是在皮爾森之前的一百年左右由高斯所發現，而天文學領域也早已將最小平方法應用於天體的圓形（或橢圓形）軌道等遠比回歸直線更複雜的規則性分析上。那為什麼比較單純的回歸分析竟然還能稱得上是「發明」呢？

關鍵就在高斯的最小平方法沒有、高爾頓和皮爾森的回歸分析才有的「可分析難以看出的關聯性」之特性。只要持續觀察星星在夜空中的位置並記錄下來，不管是誰都能理解星星是繞著圓形移動的。高斯的最小平方法便是將這種任何人看了都知道的移動現象，以數學式精準地描述出來，如此便能預測該星星今後某時某刻的所在位置。

然而，父母的身高與子女身高之間的關聯性，卻不像夜空那樣存在於人人可見的層面。雖然只要把父母和子女的身高資料畫成散佈圖便能看出某種趨勢，但散佈圖的橫軸沒理由一定非用父母的身高不可。像父母親的收入、童年時期的運動時間長短、至今為止吃過的麵包數量…等等，可能與子女身高有關係的因素多不勝數，這些都可做為散佈圖的橫軸，也能做為回歸分析的解釋變數。

也就是說，皮爾森將最小平方法的應用層面從夜空這種具體的領域，擴展到了可用任意變數呈現的散佈圖這種抽象領域。而這件事更進一步造就了統計學「一旦數值化，便能找出關聯性」的萬用特性。

14 如何求出回歸直線？

只需國中數學程度，就能理解的回歸直線與回歸方程式

接著，讓我們實際看看回歸方程式的求出方法。

舉個簡單的例子。假設詢問A、B、C3位業務員本月拜訪客戶的次數與成功簽約數量，結果A完全沒去拜訪客戶，也沒成功簽約；B去拜訪了2次，成功簽到3份約；C則是拜訪了4次，成功簽到3份約（如圖表3-8）。依據此調查結果，以拜訪次數為解釋變數、以簽約數為成果來尋找趨勢，希望能知道拜訪次數每增加1次，平均可望多簽到幾份合約。

將做為解釋變數的拜訪次數列成橫軸（x軸），並將做為成果的簽約數列成縱軸（y軸），便可畫出如圖表3-9的散佈圖，接著就能在圖中畫出回歸直線，以找出趨勢。而我們在國中時就曾學過，在x軸（橫軸）與y軸（縱軸）構成之圖表上的直線，可

圖表 3-8 3 位業務員的拜訪次數與簽約數

	拜訪次數	簽到的合約數
A 顧客	0 次	0 份
B 顧客	2 次	3 份
C 顧客	4 次	3 份

圖表 3-9 業務員的拜訪次數與簽約數之散佈圖

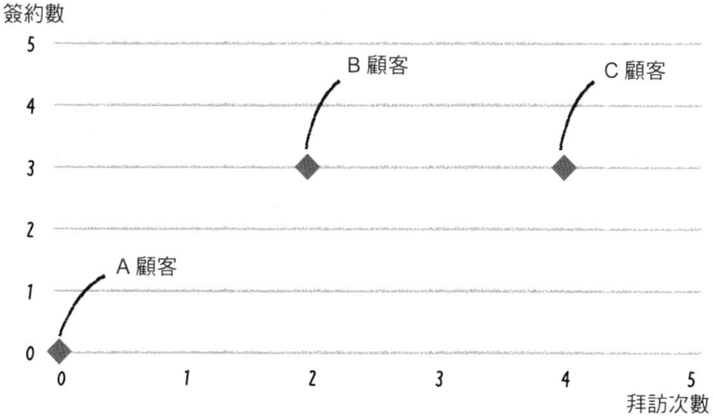

用 $y=ax+b$ 的數學式來表示。其中 a 代表的是 x 之值每增加 1，y 值會增加多少或減少多少的資訊，亦即相當於「斜率」。另外，b 則代表 x 為 0 時，y 會是多少的「截距」。

在回歸分析中，代表這個解釋變數（x）每增加 1，成果（y）便會增加或減少的「斜率」尤其重要，它就稱為**回歸係數**。例如，若代表回歸直線的數學式（回歸方程式）為 $y=2x+1$，便可說成「依據回歸分析的結果，回歸係數為 2，截距為 1」。

以最小平方法求取回歸直線時，所謂的「平方和最小化」處理，就是要將各資料點的「實際成果（y）值」與「以 x 值和回歸方程式求得之成果（y）預測值」的縱向差距的平方和最小化。

例如，當回歸直線以 $y=2x+1$ 這個數學式表示時，B 業務員的簽約數（y）可由 2 次的拜訪次數（x）與回歸方程式推測為 $2\times2+1=5$。這個由回歸方程式推測而得的 5 份合約數，比其實際簽約數（3 份）多了 2 份。以同樣方式計算，A 業務員的推測簽約數比實際簽約數（0 份）多 1 份，C 業務員的推測簽約數則比實際簽約數（3 份）多 6 份。這種偏差的平方和在專業術語中稱為**殘差平方和**（residual sum of squares，**殘差就是偏差，平方和就是平方值的總和**），**而此殘差平方和的值為最小時的回歸直線，可視為是最理想的回歸直線**。

然而，本例這個大略訂出的 $y=2x+1$ 回歸直線所推測出之簽約數，比實際簽約數多

圖表 3-10 依據拜訪次數與簽約數「大略訂出的回歸直線」

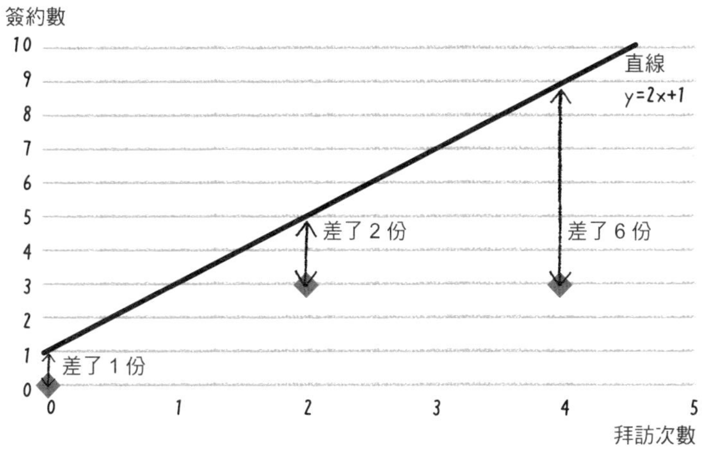

了很多，實在很難稱得上是最理想的回歸直線（如圖表 3-10）。

因此，既然回歸係數和截距之值都還未知，那就暫且分別以 a 和 b 來代表，然後嘗試推導「使回歸直線算出的成果預測值和實際成果值之偏差的平方和最小化的 a、b 值組合」，而推導出的結果便是回歸分析的結果。此例的具體計算方法請參考附錄的【補充 13】。基本上，只要利用大學裡所學到的「偏微分」或國中學過的「完全平方式」等計算方法，就能找出當 a 和 b 各為多少時，殘差平方和會最小。學生時代那些讓人懷疑「出了社會後到底能有什麼用？」的數學知識，在統計學的世界裡可是經常用到呢。

經過實際計算後得知，當回歸係數（a）為0．75，截距（b）為0．5時，殘差平方和是最小的。此時，A和C的預測簽約數比實際簽約數多0．5份，B則少1份。而這些偏差的平方和，亦即殘差平方和就是1．5。若將此回歸係數與截距所代表的回歸直線，以及該回歸直線和各實際資料間的偏差標示在剛剛的散佈圖中，就成了圖表3-11。

由此便能看出，拜訪次數每增加一次，簽約數平均可增加0．75份之趨勢。而這就是卡爾．皮爾森所發明的回歸分析的基本概念。

回歸分析需考量「斜率」的標準誤差

但對各位來說，已在前一章深刻理解到標準誤差及信賴區間的重要性了，這應該不是個能讓人滿意的答案。「在只有3筆資料的情況下，此趨勢也有可能是偶然發生的吧？」——我強烈希望各位能提出這樣的疑問。

讓我們再嘗試一次先前討論各群組之平均值或比例時曾想過的——「有一個人改

圖表 3-11 依據拜訪次數與簽約數「用最小平方法找出的回歸直線」①

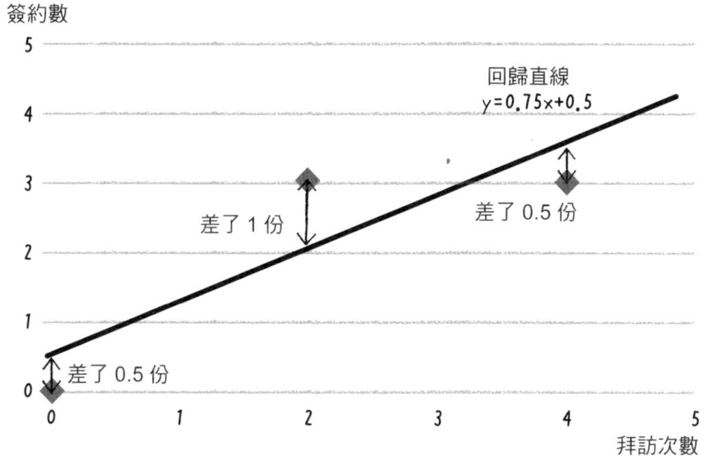

變心意」的狀況。目前A和C的預測簽約數與實際簽約數差了0．5份，B則差了1份，因此，若假設y=0.75x+0.5這一回歸直線所代表的趨勢真的存在，那麼，至少與該趨勢之差在±0．5份以內的差距，都有可能是偶然發生的。

像目前C業務員是「實際簽約數（y）比回歸直線的預測簽約數少0．5份」，但就算偶然得到「實際簽約數（y）比回歸直線的預測簽約數多0．5份」這樣的資料，應該也不奇怪。原本C業務員的實際簽約數為3份，預測值為3．5份；但若實際簽約數是4份的話，結果又會有何差異呢？

圖表 3-12 依據拜訪次數與簽約數「用最小平方法找出的回歸直線」②

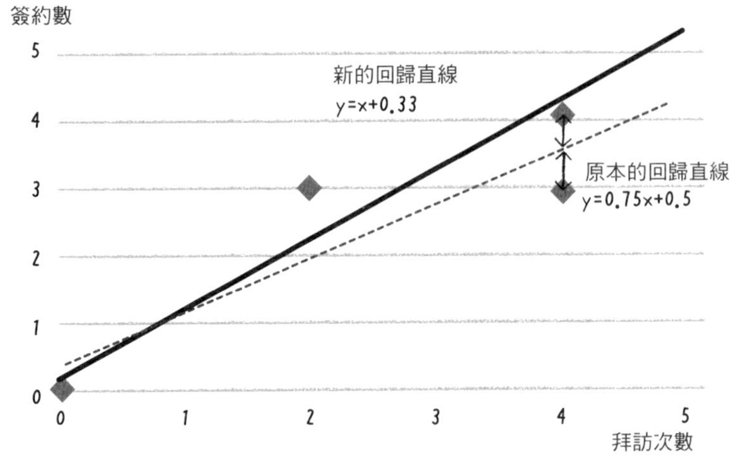

和剛剛一樣用最小平方法來算，會得到 y=x+0.33，亦即回歸係數為1，截距為0．33的結果（如圖表3-12）。也就是說，光是一個人在資料上有了突然改變心意的可能變動，便會造成原回歸係數出現（增加或減少）⅓的數值變化。

z檢定及t檢定考量的是「平均值之差距」的標準誤差（SE），**回歸分析則是考量回歸係數的標準誤差**（SE）。假設收集無數多資料就能找出的「真正回歸係數」確實存在，那麼，以某數量且具變動性的資料推估回歸係數時，其變動性到底有多大——這就是回歸係數的標準誤差所代表的意義。

回歸係數也和平均值及比例一樣，會遵循「不論是什麼樣的原始資料，只要加總便會趨近於常態分佈」這樣的中央極限定理。也就是說，只要是使用數百～數千筆以上的資料進行回歸分析，則在做 100 次同樣的資料收集與分析後所算出的回歸係數中，約莫有95次的回歸係數都會落在「真正的回歸係數 ±2SE」的範圍內；反之，真正的回歸係數存在於「實際求得之回歸係數的 ±2SE（亦即95％的信賴區間）」範圍外的零假設，在顯著水準為兩側5％的情況下，是「不可能」成立的。此外，當資料量在數百筆以下時，用 t 分佈來推算回歸係數也會比用常態分佈更精準，這點和處理平均值的差距時完全相同。

那麼，不一樣的地方在哪裡呢？使用 z 檢定的平均值之標準誤差是以「與平均值的偏差再平方的值」來計算。這個「偏差的平方值的總和」在專業術語中稱為偏差平方和（sum of square of deviations），而將之除以資料筆數便會得到所謂的變異數。回歸係數的標準誤差則是「成果的預測值與實際值之的偏差再平方的值之總和除以資料筆數」，亦即用的是**殘差平方和**。而殘差平方和除以資料筆數的結果，在專業術語中稱為**殘差均方**（residual mean square）或**殘差平均平方**（即偏差的平方值的平均值）。

圖表 3-13 依據拜訪次數與簽約數「用最小平方法找出的回歸直線」③

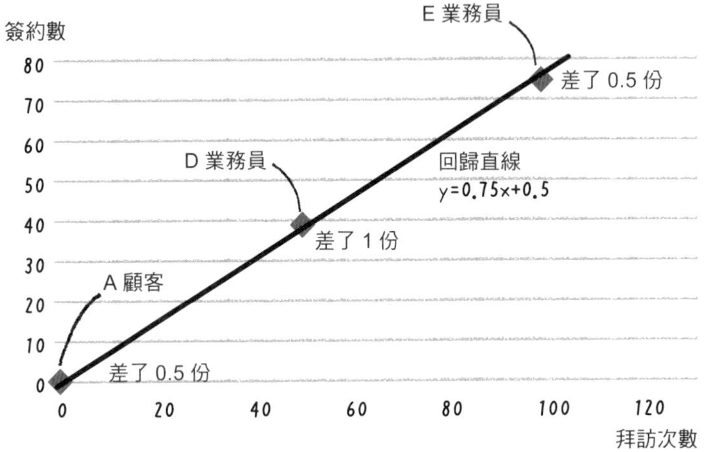

計算回歸分析之誤差所需的另一要素

還有一個不同點是，進行回歸分析時必須考慮「解釋變數的變動性大小」，而在比較群組間的平均值時則無此必要。接著，讓我以同樣是3位業務員，且回歸方程式和殘差都和前例一模一樣的例子來解說（如圖表3-13）。

本例只保留了前例中完全沒去拜訪客戶、也沒簽到約的A業務員，另外再加上至今已拜訪50次客戶、簽到39份合約的D，以及已拜訪100次、簽到75份合約的E這兩位超級業務員的資料。在此情況下，A與E的預測簽約數都比實際簽約數多0・5份，D的預測簽約數則比實際簽約數少1份，因此，殘差平方和為1・5。但比起前例，此例的圖表會讓人覺得「幾乎沒什麼偏差」。

這不只是主觀印象的問題而已。同樣使用前面「有一個人改變心意」的方法來思考，若業務員E的原本實際簽約數從75份變成了76份，亦即原本比回歸直線的預測簽約數少0・5份，變成多了0・5份的話，情況會是如何？即使針對此情況重新計算回歸方程式，算出來也不過是y=0.76x+0.33，相較於前例的回歸係數多達0・25的變化，本例的變化卻只有0・01。

也就是說，在考量回歸係數之標準誤差的大小時，必須以**「成果（y）之預測值與實際值的平均偏差程度」和解釋變數（x）之變動程度的比值，來做相對性的判斷**。

而基於這樣的理由，當有數百～數千筆以上的資料時，回歸係數之標準誤差便會如下（詳見附錄的【補充13】）：

$$\text{回歸係數的標準誤差} = \sqrt{\frac{\text{殘差平方和}}{\text{解釋變數的偏差平方和} \times \text{資料筆數}}}$$

以僅3筆的少量資料來說，其實應該要用t分佈來求標準誤差及信賴區間才對，不過，姑且以這適用於數百～數千筆以上資料的公式來計算前例的A、B、C業務員資料，勉強求出其回歸係數之標準誤差、信賴區間及p值的話，可得到如圖表3-14的結果。

殘差平方和為1．5，解釋變數的偏差平方和為8，所以回歸係數的標準誤差便是$\sqrt{1.5 \div 8 \div 3}=0.25$。接著，以此值算出相當於「回歸係數±2SE」的95%信賴區間，結果就是0．25～1．25。然後將回歸係數視為「毫無意義」的零假設，亦即假設「真正的回歸係數為0」，而在此零假設下，實際求得之回歸係數0．75則偏離了3個標準誤差的距離。這和±2SD不同，沒必要記住，不過，在常態分佈下超出平均值±3SD範圍的機率是兩側各只有0．13%（如圖表3-15），所以雙側檢定的p值便是這兩者合計的0．0026。於是結論為——由這3人的資料所求得之回歸係數「具有難以視為偶然的趨勢」。

但依據附錄利用t分佈來計算標準誤差與信賴區間的方式，所求得更精準的信賴區間實際上為-4．75～6．25的更大範圍。而p值則為0．333，也就代表了「3次中有1次會偶然發生這種程度（或超過這種程度）的差距」。

就回歸係數之標準誤差與信賴區間的計算而言，現代的分析工具是不可能不用t分佈、卻使用趨近常態分佈的方式來算的。因此，雖然在實際應用時不必特別注意，

圖表 3-14 回歸係數、標準誤差、信賴區間及 p 值

	值
回歸係數	0.75
回歸係數的標準誤差（SE）	0.25
95% 的信賴區間 （回歸係數 ±2SE）	0.25 ～ 1.25
p 值	0.0026

圖表 3-15 超出平均值± 3SD 範圍的機率

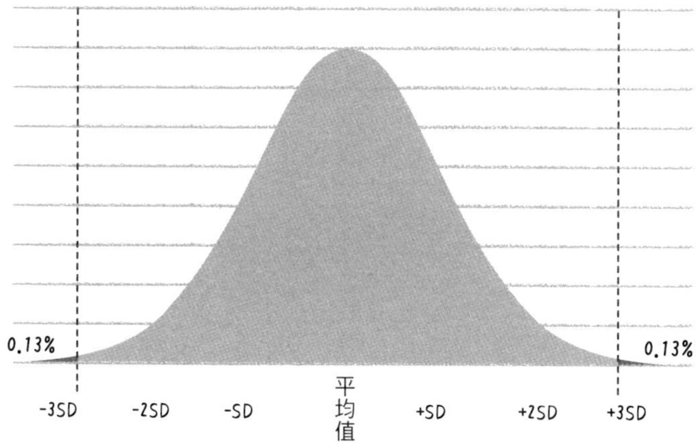

但為了保險起見，且基於要理解觀念的目的，你最好還是要知道在本書中使用的常態分佈方式，和實務上應使用的 t 分佈所計算出的結果，在資料數量有限（數百筆以下）的情況下不見得會一致。

另外再補充一點，找出卡爾．皮爾森發明的回歸係數所遵循的分佈及標準誤差的計算方法，其實是費雪的眾多成就之一。

「15」一次分析多個解釋變數的多元回歸分析

利用回歸分析，我們便能做出「當定量型的解釋變數增大，成果會隨之增加或減少多少」這類關聯性的判斷。而找出單一解釋變數與成果間之關聯性的回歸分析，也稱為**簡單回歸分析**。由於解釋變數只有一個，所以較「簡單、單一」。

不過，即使有時在簡單回歸分析上，或說在散佈圖上看不出解釋變數與成果間具有顯著關聯，其背後卻仍可能藏著有意義的關聯性。反之，就算在簡單回歸分析上看出了有意義的關聯性，那也有可能僅是虛晃一招的假關聯。因此，接下來要討論的，便是如何能釐清這些狀況，並採取合適的應對方法。

關聯性的漏判與誤判是怎麼產生的？

假設將前一節所做的業務員拜訪客戶次數與簽約數調查用在另一個辦公室，結果得到如圖表3-16的結果。F業務員去拜訪1次，簽到2分合約；G業務員去拜訪2次，簽到5份合約；H業務員去拜訪3次，也簽到5份合約。而I業務員拜訪了3次卻沒簽到任何合約；J業務員拜訪4次，簽到3份合約；K業務員拜訪5次，僅簽到3份合約。

至少從散佈圖的表面看來，其拜訪次數與簽約數之間似乎沒什麼關聯性。

若針對這批資料，和先前一樣把拜訪次數當成解釋變數（x），將簽約數視為成果（y），便會求得 $y=0x+3$ 這樣的回歸方程式，亦即不論解釋變數是多少，y都不增不減，即散佈於「簽得3份合約」之水平直線附近。這時也不必特地去計算標準誤差了，若「解釋變數與成果間毫無關聯性」這一零假設成立，當然就會得到這樣的分析結果，而p值會達到理論上的最大值1．00。這便屬於最極端的「乍看之下似乎毫無關聯性」的狀況。

但要是再加上F、G、H為女性，I、J、K為男性這樣的資訊，情況又是如何？若只看男性，似乎是有往右上揚之趨勢；而只看女性時，似乎也同樣有往右上揚的趨

圖表 3-16 業務員的拜訪次數與簽約數之散佈圖

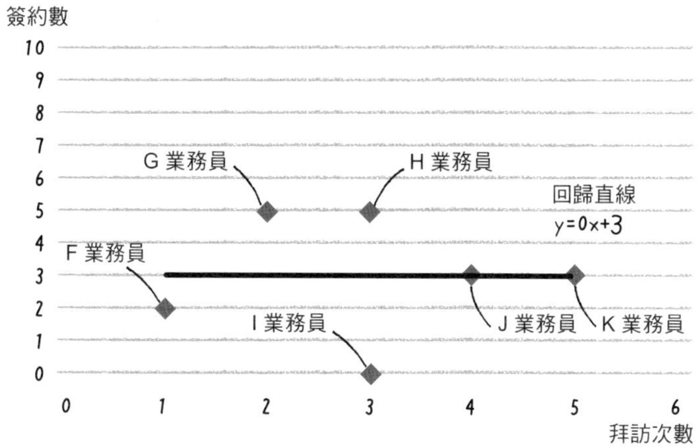

勢。可是3位女性業務員的拜訪次數少於男性業務員，簽到的合約數卻較多。若將這兩個群組的資料混在一起分析，得到的結果竟變成「毫無關聯性」（如圖表3-17）。

像這樣**只分析單一解釋變數與單一成果間的關係，卻沒注意到是另一因素造成結果有所變化的情況，時而有之**。本例刻意將性別資訊標示在散佈圖中，但我們平常在畫散佈圖並進行簡單回歸分析時，根本不會標出這種因素的資訊。也就是說，原本以為針對某解釋變數與成果間的關聯性繪製散佈圖，便能讓它「視覺化」，但實際上卻漏掉了比想像中還要多的「未出現資訊」。

圖表 3-17 不同性別業務員的拜訪次數與簽約數之散佈圖①

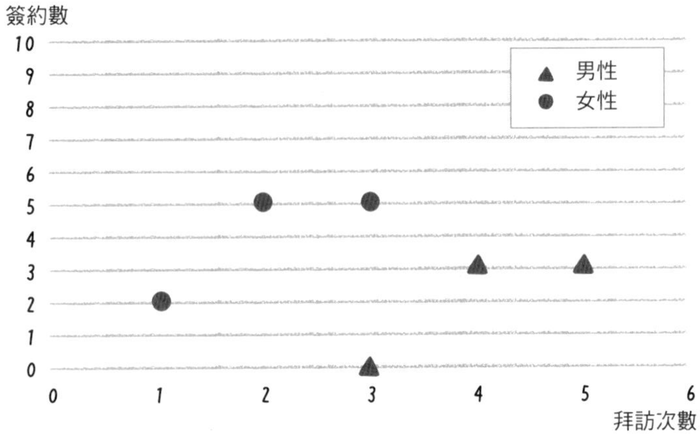

使用次群組分析，很快便會到達極限

面對這類問題，採取所謂的**次群組分析**（subgroup analysis）是其中一種解決之道。亦即當資料中除了拜訪次數與簽約數之外，還包含性別、年齡、來自何地等資訊時，分別將資料依性別、年齡、來自何地等資訊分組，然後針對各分類群組（這便稱為次群組）分析拜訪次數與簽約數間的關聯性。若結果發現，從所有次群組中都能看到拜訪次數與簽約數之間的關聯性，那麼，至少可確定次群組分析裡的這些因素應該不是「會影響結果的原因」。

次群組分析的思考方式很單純，人人都可輕易理解，但它是有極限的。畢竟當資料所含的項目很多時，你就必須檢視大量的分析結果。

例如，若必須依性別分成男、女2組，依年齡分成10～19、20～29…70～79等7組，以及依都道府縣層級來區分居住地區（以日本來說）為47組的話，就會有56（=2+7+47）個分析結果等待你一一檢視。而所謂「應分成次群組來考量的因素」，除了這些項目外，在一般的問卷調查結果和資料庫的顧客資訊裡都還有很多其他項目。更何況一旦開始進行「來自東京的20～29歲女性」這類細節分析，那麼，其次群組的數量可就不是用加法來計算了，而是以乘法計算的方式暴增。2（性別）×7（年齡）×47（居住地區）算出來總共會有658個次群組。

這樣不僅「麻煩」，還會有誤差方面的問題。前面我已經提過，用於分析的資料筆數越少，誤差便會越大，而在此情況下，就算有3000人份的資料，一旦分成658個次群組，每組平均也不過4～5人左右。如此一來誤差會過大，各個次群組的分析結果將很分散，或者分析出來的趨勢全都「無法判斷是否為偶然產生的趨勢」。

使用多元回歸分析便能一次分析完畢

那麼，要如何才能避開這種次群組分析的極限，同時避免有其他因素影響結果呢？答案就是——**利用多元回歸分析來「一次分析完」多個解釋變數與成果間之關聯性**。多元回歸分析的「多元」指的是「複數、多個」，也就是有多個解釋變數的回歸分析之意。

多元回歸分析的想法是這樣的：若再仔細看一次前例男、女各3名業務員的拜訪次數與簽約數散佈圖，便會發現，男生組和女生組都各自呈現出同樣趨勢。若針對男、女兩組繪製出「平行的回歸直線」，就會注意到如圖中箭頭所示的平行線間的垂直間距（圖表3-18）。而這垂直間距代表了什麼？它代表的正是「當拜訪次數相同時，男、女業務員所簽到的合約數量有這麼大的差距」這樣的推測結果。

若依此垂直間距來平行移動散佈圖上的資料點和回歸直線，就能讓2條平行的線重疊為1條，而在此狀態下的散佈圖與重疊起來的單一線條之斜率，便代表了「若所有業務員皆為女性，則拜訪次數與簽約數之間便呈現出這樣的關係」這種有考量到性別影響的關聯性（如圖表3-19）。

此外，呈現像「若某因素相同～」這種統一條件的分析結果時，一般會說成——

圖表 3-18 不同性別業務員的拜訪次數與簽約數之散佈圖②

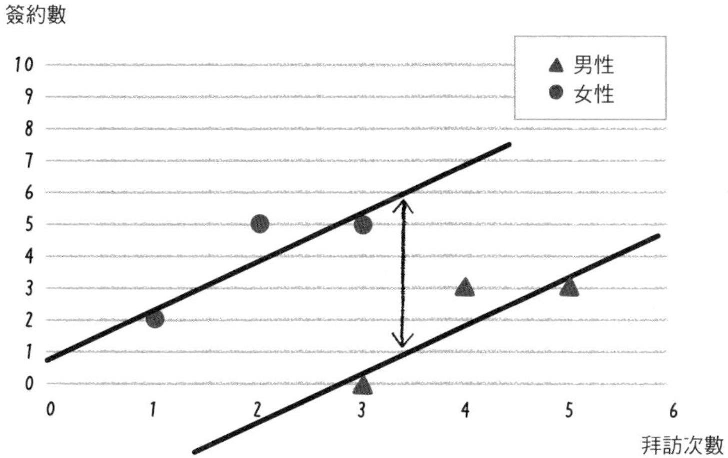

圖表 3-19 不同性別業務員的拜訪次數與簽約數之散佈圖③

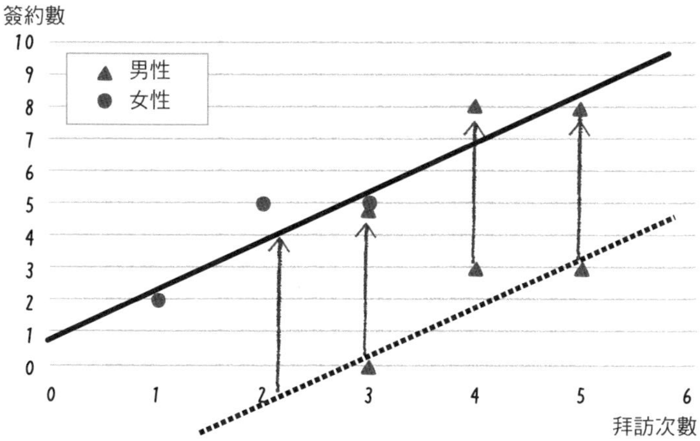

以該因素來做**「調整」**。

總而言之，次群組分析是基於「若性別、年齡、居住地區等條件不同，相同的拜訪次數也可能導致不同的簽約數」這種想法，藉由分開分析的方式，更精準地找出解釋變數與成果之間的關聯性。而多元回歸分析則是**針對「相同的拜訪次數也可能導致不同簽約數」的問題，推測其「具體差距值」，並透過以該值來調整，以找出正確的關聯性**。

回歸分析與 z 檢定、t 檢定結果一致的原因

多元回歸分析的回歸係數與截距計算和簡單回歸分析一樣，都是用最小平方法來處理。

並不是「先算出性別間的差距，再分析拜訪次數與簽約數之關聯性」這樣的計算順序，而是要分別算出「假設其他的解釋變數條件相同，此解釋變數（＝性別）每改變一單位，成果會增／減多少」的回歸係數。此處的重點在於，「針對性別這一解釋變數所求得的回歸係數，到底代表了什麼意義？」

在此之前，我們討論的回歸分析都是定量型的，亦即針對以數字表示大小的解釋變數與成果進行分析。而多元回歸分析則是用來同時分析多個這種解釋變數的方法，但針對「性別」這種定性的、不是以數字表示大小的解釋變數進行回歸分析，又代表了什麼樣的意義？

當然，在回歸分析中，解釋變數一定必須是數字形式才行，而各位先前早已學過一種同時具有定量變數與定性變數的特質、代表了平均值與比例「本質上相同」的資料類型。也就是說，只要轉換成以0或1表示的「二值變數」形式，不論是定性還是定量型的解釋變數，都一樣能進行回歸分析。簡單回歸分析也好，多元回歸分析也罷，兩者皆是如此。此外，這種代表定性型解釋變數的0或1二值變數，被稱為**虛擬變數**。

之前分別介紹的z檢定及t檢定，與以二值變數為解釋變數的簡單回歸分析所做的事情是一模一樣的。在此為了方便你理解，讓我們回顧一下前一章的內容：

假設曾隸屬於體育類社團的300人在前一次發放獎金時，每人平均獲得80萬日圓，標準差為12萬日圓；而出身自其他社團的200人則平均獲得78萬日圓，標準差為10萬日圓。那麼，這2萬日圓的平均獎金差距能否算是偶然產生的？

將這批資料做成圖表，便如圖表3-20所示。左側「出身自其他社團群組」的獎金

圖表 3-20 是否曾隸屬於體育類社團與所獲得之獎金的金額比較

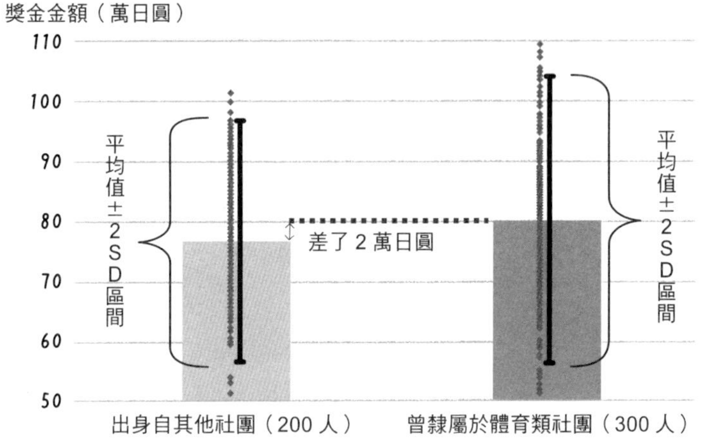

平均值為78萬日圓，該組200位員工的資料幾乎都散佈於其±2SD，亦即58～98萬日圓的範圍內。而右側「曾隸屬於體育類社團群組」的獎金平均值為80萬日圓，該組300位員工的資料幾乎都散佈於其±2SD，亦即56～104萬日圓的範圍內。當然，兩者的平均值差距為2萬日圓，而z檢定的基本概念，就是要確認此差距與由兩組之標準差求得的「平均值之差距的標準誤差」相比，是否夠大（以z檢定來說需為兩倍以上，詳見第136頁）。

如果將「曾隸屬於體育類社團與否」這個解釋變數，以「曾隸屬於體育類社團為1，否則為0」的虛擬

圖表 3-21 以曾隸屬於體育類社團虛擬變數進行回歸分析之結果

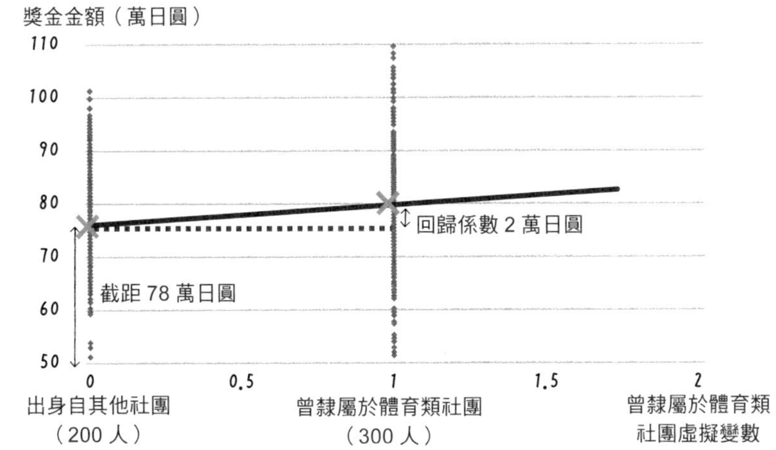

變數來代表，然後進行回歸分析，結果便如圖表3-21所示。

回歸直線是依據最小平方法，以最小化回歸直線預測值和實際值之偏差的平方和為前提畫出來的，但當虛擬變數為0時（即出身自其他社團的群組），所謂「與資料之偏差的平方和為最小的點」，正如我們在第1章學過的，就是資料的平均值（詳見第48頁）。同樣地，當虛擬變數為1時（即曾隸屬於體育類社團的群組），「與資料之偏差的平方和為最小的點」也是平均值。因此，依據最小平方法所畫出的回歸直線，會通過代表出身自其他社團群組及曾隸屬於體育類社團群組的平均獎金金額點。

這樣的話，此回歸直線的截距和回歸係數（斜率）到底代表了什麼？所謂截距就是解釋變數為0的時候，成果（y）會在回歸直線上多少值的位置，而這當然就是「出身自其他社團者的平均值」。至於回歸係數，亦即回歸直線的斜率，則代表「解釋變數每多一單位，成果平均會增加或減少多少」。在此圖表中，「解釋變數多一單位」就等於「從出身自其他社團變成曾隸屬於體育類社團」，故發生此變化時，成果會增加或減少多少，就代表了與出身自其他社團者相比，曾隸屬於體育類社團者的平均獎金多了多少。

由此可知，基於此「二值型解釋變數」的回歸係數，和z檢定及t檢定所考量的「群組間之平均值差距」意義完全相同。

此外，z檢定及t檢定所用的「平均值之差距的標準誤差」，與簡單回歸分析針對二值型解釋變數所用的「回歸係數之標準誤差」也完全一樣。這部份的詳細證明請見附錄的【補充14】，其概念描述如下：

欲求出「平均值之差距的標準誤差」時，必須知道「各群組資料值的變異數」以及「各群組資料值與平均值之差距的偏差的平方平均值」。而欲求出「回歸係數的標準誤差」

時，必須知道「殘差均方」，也就是「與回歸直線之偏差的平方平均值」，但只要該回歸直線會通過各群組的平均值點，這便相當於「與平均值之偏差的平方平均值」。因此，兩者所考量的變動性在本質上是相同的。

雖然兩者在計算方法上的確有所差異，一是「求出各群組之偏差的平方平均值後，除以資料筆數，再加總」，另一則是「求出整體的偏差之平方平均值後，除以資料筆數與解釋變數的變異數」，但不可思議的是，這兩者的計算結果竟完全一致呢！

當分類有三個以上時該怎麼辦？

以曾隸屬於體育類社團與否、性別是男是女等等一開始就知道可分成兩類的定性型的解釋變數來說，不論要轉換成「男性為1，女性為0」還是「男性為0，女性為1」的虛擬變數，都行得通。依慣例，虛擬變數會以「指定為1的分類名稱」為名，例如，以男性為1、以女性為0的虛擬變數，就稱為「男性虛擬變數」；反之，若是以女性為1、以男性為0的虛擬變數，則叫做「女性虛擬變數」。

而由於回歸係數代表的是「每增加1，成果會增加／減少多少」，故「男性虛擬變數」的回歸係數便代表了「男性比女性多了／少了多少」。反之，「女性虛擬變數」的回歸係數便代表「女性比男性～」的結果。因此，以「男性虛擬變數」求得之回歸係數和以「女性虛擬變數」求得之回歸係數，會是正負相反但大小相同的值。

至於標準誤差和P值則會完全相同。所以，當解釋變數為可分成兩類的定性變數時，其實是不必太介意到底該將哪個分類視為0、哪個視為1。

那麼，分成三類以上的定性變數又該如何轉換成虛擬變數呢？首先，就如在第166頁介紹多重比較時提過的，必須要選出「標準類別」。以剛剛的「男性虛擬變數」來說，被當成0的「女性」便是標準類別，而與該標準類別相比，「男性」分類的成果多了或少了多少，就是回歸係數所呈現之資訊。同樣地，具三個以上分類的定性變數也要選擇一個標準類別，然後建立與該類別相比的多個虛擬變數。

舉個例子，假設某網站在收集使用者資料時，將其存取網站時使用的裝置分成「PC／平板電腦／智慧型手機／日本系統手機」這4類。此時若以PC為標準類別，那就要建立以下這些虛擬變數：

圖表 3-22 針對存取裝置（4 種分類）的虛擬變數轉換例

原分類	平板電腦虛擬變數之值	智慧型手機虛擬變數之值	日本系統手機虛擬變數之值
PC	全為 0（標準類別）		
平板電腦	1	0	0
智慧型手機	0	1	0
日本系統手機	0	0	1

- 「平板電腦為1，其他為0」的平板電腦虛擬變數
- 「智慧型手機為1，其他為0」的智慧型手機虛擬變數
- 「日本系統手機為1，其他為0」的日本系統手機虛擬變數

而這三個虛擬變數就如圖表3-22所示。

標準類別選哪個都行，但這也和在介紹多重比較時說過的一樣，比較基準最好選用「一般的」，這樣分析出來的結果才會比較清楚易懂。例如，就算知道平板電腦使用者的平均消費額比起所佔比例不到幾%的日本系統手機使用者高了多少，也很難想像那是什麼狀況。

此外，像這樣只用「分類數減1」的數量的虛擬變數來進行多元回歸分析所求得之回歸係

數，與「以一個分類為標準做多次 z 檢定／ t 檢定」所採用的平均值之差距，兩者是完全相同的值。而標準誤差和 p 值雖然不見得一致，但在各分類的成果變異數可視為相等的情況下，結果會大致相同。

虛擬變數的觀念釋疑

至此，各位聰明的讀者可能會產生一個疑問。那就是在剛剛的例子中，以「平板電腦虛擬變數」的定義「平板電腦為1，其他為0」來看，「平板電腦虛擬變數」的回歸係數所代表的不該是「PC（標準類別）與平板電腦使用者的差距」，應該是「平板電腦以外的使用者與平板電腦使用者的差距」才對吧？關於這點又該怎麼解釋呢？

這是很合理的疑問，不過，**若能了解多元回歸分析所求得的各個回歸係數代表的都是「在其他解釋變數的值相同時，當此解釋變數增加1，成果會增加／減少多少」，應該就能解決此問題**。也就是說，在這個多元回歸分析中，「平板電腦虛擬變數」的回歸係數所代表的是「在智慧型手機虛擬變數與日本系統手機虛擬變數的值相同時，當平板電腦虛擬變數增加1」會造成的成果變化。

只要同為定性變數的分類不重覆，所有平板電腦虛擬變數為1的使用者（即平板電腦使用者），其智慧型手機虛擬變數和日本系統手機虛擬變數都會是0。再加上有「在其他解釋變數的值相同時」這一條件限制，因此，在平板電腦虛擬變數為0的使用者之中能成為比較對象的，就只有「智慧型手機虛擬變數和日本系統手機虛擬變數都為0」的使用者了。而平板電腦虛擬變數為0、智慧型手機虛擬變數和日本系統手機虛擬變數也都是0的使用者，其實就是標準類別的PC使用者。因此，只要是同時針對依三個以上分類之定性變數所建立的虛擬變數進行多元回歸分析，那麼，比較唯一標準類別與其他類別間之差距，便會得到和多重比較時一樣的結果。

在實務應用上，佔了壓倒性多數的多元回歸分析

了解前述虛擬變數的觀念後，現在讓我們來看看針對先前男女共6名業務員（F～K）資料所做的多元回歸分析結果。

多元回歸分析的回歸係數與截距計算同樣是依據最小平方法，利用偏微分求出「回歸方程式所推測之成果值與實際值之偏差的平方和」為最小的組合。

雖然針對包含數十個解釋變數的數百～數千筆資料進行手工計算實在很不切實際，不過，我還是在附錄的【補充15】介紹了即使不懂偏微分，仍能使用國中數學程度的方程組解法來進行多元回歸分析，以供想知道計算細節的讀者們參考。

另外，多元回歸分析也必須從「成果之預測值與實際值之偏差的平方和」與「解釋變數的變異數」求出回歸係數的標準誤差，但由於這裡有多個解釋變數，所以無法以單純的除法計算處理。

這時就輪到「矩陣除法計算」的逆矩陣（inverse matrix）上場了。矩陣是一種將多個數字排列成長方形一起計算的線性代數概念。一般來說，像 a×2=1 這種算式可利用除法計算，以 a=1÷2=0.5 的方式求出 a 的值，但基本上，在矩陣的計算裡不存在「除法」這種東西，全都必須用乘法解決。例如，若要從 A×B=C 這樣表示矩陣間之關係的算式求出A的值，便要為「=」的兩端分別乘以「B的逆矩陣」，亦即計算 A×B×B 的逆矩陣=C×B 的逆矩陣。若是不懂線性代數，那麼，可將「B的逆矩陣」想成是「與B相乘以便從算式中消去的矩陣」即可。如此一來，我們就能從 A=C×B 的逆矩陣算出A的值了。

對這部分有興趣的讀者不妨考慮進一步閱讀以線性代數來解說回歸分析的教科書，而其他讀者只要知道這雖是「矩陣」，但和做簡單回歸分析時一樣是可算出標準誤差的就行了。

接下來，先前提到的信賴區間及p值的求得方法亦完全相同。若資料量有數百～數千筆，那就依據常態分佈求出 ±2SE 的範圍與p值；若資料量較少，則使用 t 分佈——這點也和做簡單回歸分析時一模一樣。

實際針對先前6名男女業務員之拜訪次數與簽約數資料進行多元回歸分析的結果，如圖表3-23所示。

男性虛擬變數的回歸係數為-5，這表示當拜訪次數相同時，男性的簽約數平均比女性少5份。而拜訪次數之回歸係數為1.5則代表了，在性別條件一致的情況下，可看出拜訪次數每增加1，簽約數平均會增加1.5份的趨勢。我們可將此分析結果整理成先前的散佈圖形式，如圖表3-24，以便理解。

從依據t分佈算出的各個回歸係數之信賴區間與p值看來，男性的簽約數少於女性這一趨勢，即使就此資料量而言，仍具有難以視為偶然的顯著程度（p=0.031）。不過，拜訪次數與簽約數間的關聯性卻超出了5%（p=0.058）。若能再增加分析用的資料量，不僅限於這6名業務員，或許分析結果也會是「難以視為偶然」的。

以上便是多元回歸分析的思考方式。只要運用此分析方法，不論解釋變數為定量型還是定性型，也不論有多少個解釋變數，你都能依舊完成分析，而且還能排除解釋

圖表 3-23 依性別、拜訪次數及簽約數所做的多元回歸分析結果

	回歸係數	p 值
截距	1.00	0.450
拜訪次數	1.50	0.058
男性虛擬變數	-5.00	0.031

圖表 3-24 多元回歸分析結果的視覺化呈現

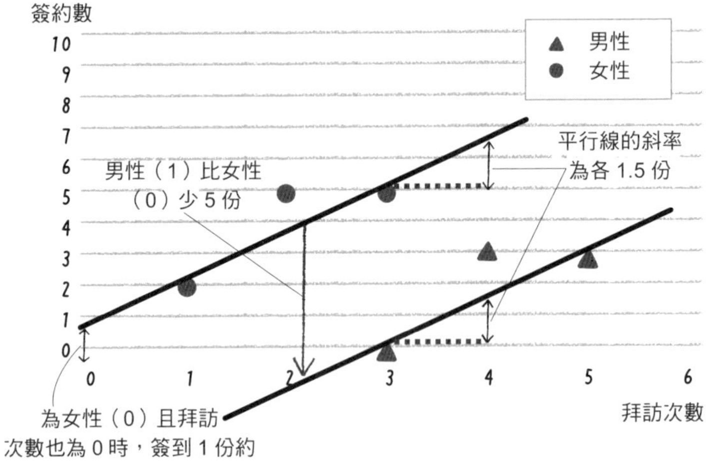

變數相互影響的危險性呢！

就基礎而言，理解 z 檢定、t 檢定、簡單回歸分析等方法固然重要，但在實務上，**當資料中所包含的可能解釋變數很多時，與其使用那些基礎方法，先用多元回歸分析所有解釋變數，來搜尋出p值小、回歸係數大的結果，反而佔了壓倒性多數**。

只要能充分運用多元回歸分析從資料中找出量化的成果，應該就足以為許多企業發掘可創造新利潤的創意構想了。

16 邏輯回歸與對數比值

「邏輯」之意

我們已知道量化成果可使用多元回歸分析來處理，也知道此分析方法能同時應付多個解釋變數，且不論是定性還是定量變數皆然。因此，若能再學會針對「質化成果」做同樣的分析處理，那以後不論是什麼樣的成果與什麼解釋變數的關聯性，應該都能分析得出來了。而在質化成果的分析上，最具代表性的方法就是**邏輯回歸**。

邏輯回歸的英文是 logistic regression，其中的 logistic 不是指「物流」，而是指「符號邏輯的」。在符號邏輯學的領域裡有所謂的「二元邏輯」，亦即用來處理真（true）或偽（false）的邏輯，而各位只要記得，**邏輯回歸就是用來分析與此二元邏輯有關的成果即可**。

此外，邏輯回歸不像針對量化成果的分析那樣有分成簡單回歸或多元回歸，不論

圖表 3-25 拜訪次數與有無簽約（二值、二元）的散佈圖

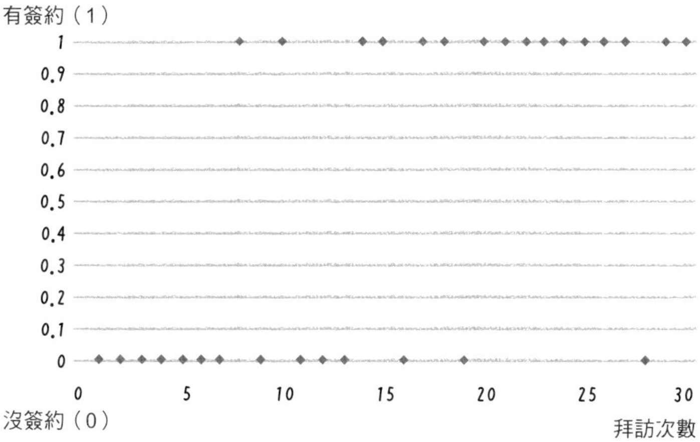

解釋變數是一個還是多個，基本上，都同樣稱為邏輯回歸（但有些較舊的教科書會將有多個解釋變數的邏輯回歸稱為多元邏輯回歸）。

現在來看一個以散佈圖呈現的例子，這個散佈圖所顯示的是單一定量解釋變數與以二值表示的成果之間的關係。圖表3-25為某企業針對企業客戶的業務員相關資料，橫軸是在某固定期間的客戶拜訪次數，縱軸則代表於此期間內是否有簽到約（有為1，沒有為0）的二值（二元）成果。此例與先前的例子大不相同，這個產業要簽到約似乎相當困難，如果簽約數量的變動程度不足以讓人考慮「簽到幾份約」這種問題，整體處於「就算簽到約也只有1份、絕大

多數的業務員都只簽到1份約」的狀況的話，採用「是否有簽到約」這種質化（定性）的二值成果來分析會比較好。

拜訪次數不到10次的業務員幾乎都沒簽到約；拜訪次數在10次以上的，則是有些人有簽到，有些人沒簽到。而拜訪次數在20次以上者幾乎全都有簽到約。像這種定量解釋變數與二值成果之間的關聯性，應該要怎麼分析？

這時，若和先前一樣使用簡單回歸分析，便會得到如圖表3-26的結果，但要把斜線套用在這樣的資料上，感覺似乎不太合理。最好能用如圖表3-27的曲線來呈現，才可清楚說明「到某一程度為止幾乎都是零；接下來，成果為1的機率會逐漸增加，而一旦超過某一程度，成果就幾乎都為1」這種狀況。

那麼，這樣的曲線如何以數學來描述呢？其方法之一便是邏輯回歸所用的logit或**對數比值**轉換。

不論是賭博賠率還是醫學研究中的成功率，計算方法都一樣

「odds」這個字在統計學裡通常譯成「比值」（或勝算、勝率），而說到odds，

圖表 3-26 拜訪次數與有無簽約（二值、二元）的回歸直線

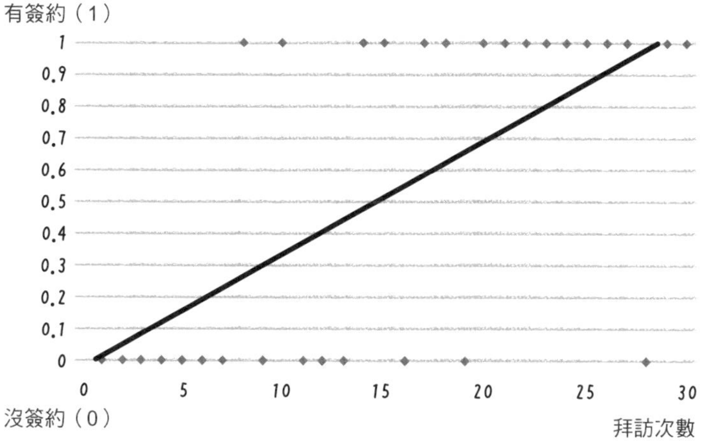

圖表 3-27 拜訪次數與有無簽約（二值、二元）的「分佈示意圖」

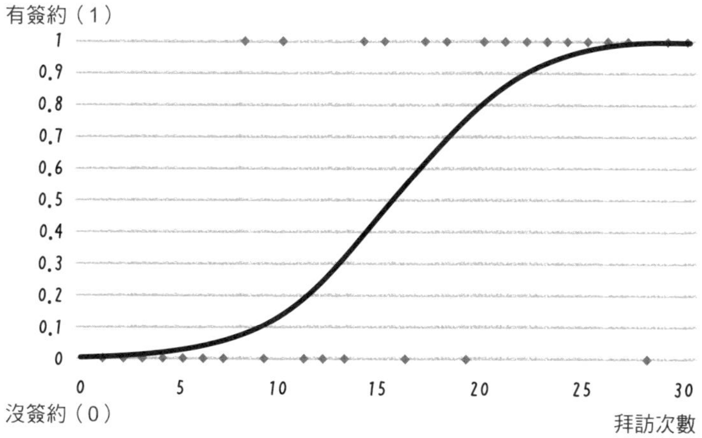

一般人大概只會聯想到賽馬的彩金吧？說個題外話，以前我在對一位不太開朗的醫學院老師解說統計學的邏輯回歸分析結果時，就曾因為這個 odds 而被臭罵：「你是打算拿病患的命來賭嗎！」但事實上，根本沒人規定 odds 這種計算只能用在賭博方面。甚至，若能了解比值（odds）這個指標過去之所以在醫學領域受到重視的原因，對商務人士來說，應該也算是學到了很棒的數據處理相關知識呢。

不過，有一點我得先說清楚，雖然賭博的賠率和醫學研究上的成功率（英文都稱 odds）算法完全相同，但使用的理由可是天差地遠。

開賭盤的博奕公司為了讓參與者都能玩得開心，同時避開因支付彩金而虧損的風險，故必須將賭局設計成勝率越低回報越高的狀態。

例如，以僅3匹馬參賽的賽馬來說，假設所有參加者都能預見有50％的機率為A贏，30％的機率為B贏，20％的機率為C贏。此時若規定「每人各可選擇下注100日圓在A、B或C身上，而選到冠軍的人各可獲得300日圓」的話，大家應該都會賭A贏吧。這是因為就期望值（＝得到彩金的機率×金額）而言，A為150日圓（＝300日圓×50％），但B僅為90日圓（＝300日圓×30％），C更只有60日圓（＝300日圓×20％），所以花100日圓唯一可能獲利的選擇只有A。

如此一來，一旦A贏了，賽馬公司（莊家）便會蒙受下注數×200日圓的損失，更何況A的勝率預期還高達50％。當然還有50％的機率是A沒贏而賽馬公司賺到下注數×100日圓，但在負200日圓或正100日圓機率各半的情況下，其期望值顯然是負的（損失），要是A的下注總額遠超過該公司的支付能力，那麼，這間公司還會有50％的機率因此破產。

若要避開這種問題，就「針對下注金額，提供為預期勝率相反倍數的彩金」即可。例如，針對勝率50％的A提供1÷0.5=2倍的彩金；同樣地，針對勝率30％的B應提供1÷0.3=3.33倍；針對勝率20％的C則提供1÷0.2=5倍的彩金。這樣一來，不論賭哪個贏，預期的回報（期望值）都一樣，大家的預測便會分散，而莊家就能將輸家的損失轉移給贏家。

可是「提供為預期勝率相反倍數的彩金」這種做法對下注的人來說，即使完全不去預測輸贏狀況，只要依彩金倍率的倒數，亦即「博奕公司所設定的勝率」之比例來下注所有馬匹，便能夠「不賺也不賠」。例如某人有1000日圓，下注500日圓於A馬匹，300日圓於B馬匹，200日圓於C馬匹，那麼，不論是哪匹馬贏，他都一定能拿回1000日圓，但這樣又有什麼樂趣可言。因此，若不是提供「勝率之倒數」倍，而是提供「奪冠比值之倒數」倍的彩金，就不會發生這種事了。

所謂比值是指針對某狀況會發生的機率，以「機率÷（1－機率）」求得之值，

圖表 3-28 3 匹馬的勝率與比值

	勝率	相當於勝率之倒數的彩金倍率	比值＝勝率÷（1-勝率）	相當於比值之倒數的彩金倍率
A 馬匹	50%	2.00 倍	1.00	1.00 倍
B 馬匹	30%	3.33 倍	0.43	2.33 倍
C 馬匹	20%	5.00 倍	0.25	4.00 倍

若是與奪冠有關的比值，便是「奪冠機率÷（1−奪冠機率）」。因此，以有50%機率會贏的A馬匹來說，其比值就是0.5÷（1−0.5）＝1；有30%機率會贏的B馬匹是0.3÷（1−0.3）＝0.43；有20%機率會贏的C馬匹則是0.2÷（1−0.2）＝0.25。

而依此概念計算出來的，我想應可說成「比值之倒數」或「彩金倍率」值，其實就是賽馬場所公佈的「賠率」的依據（不過，日本的公營賽馬等賭局用的是同注分彩法，其計算方法更複雜一點，可確保莊家絕無損失）。例如，對於賭中A贏的人，只提供下注金額的1÷1=1.0倍的彩金（等同投注金額）；對於賭中B贏的人，提供下注金額的1÷0.43=2.33倍的彩金，對於賭中C贏的人，則提供下注金額的1÷0.25=4.0倍的彩金（如圖表3-28）。

另外補充一下，由於所預估的勝率越低，分母「1−勝率」之值就越接近1，故比值的倒數和勝率的倒數就越接近。而當勝率越高，比值的倒數則會比勝率的倒數小越多。此外，在預估勝率超過50％的情況下，相當於比值之倒數的彩金倍率便會低於1．0，但這種時候想必還是得把它固定為1．0才行得通。總而言之，能對猜中冷門選項者盡可能做到公平分配的同時，又不會讓押注熱門選項者賺太多，也就是能讓博奕遊戲得以成立的道理，「不是提供勝率之倒數倍的彩金，而是提供比值之倒數倍的彩金」。

用於病例對照研究的比值比

那麼，這個以「機率÷（1－機率）」求得的比值，和賭博無關的研究中具有什麼樣的意義呢？**若針對符合條件者比例很低的質化成果，進行可能影響該機率的因素研究時，此比值就會顯得特別重要**。

舉例來說，假設針對某電子商務網站的1萬名使用者進行調查，以是否為單月曾消費100萬日圓以上的重度使用者為成果，再以是否喜歡該網站為左右成果之解釋變數來做交叉表列分析（與卡方檢定），結果如圖表3-29所示。

即使調查人數多達1萬人，若重度使用者只佔全體的0．02％左右，那此調查

圖表 3-29 是否喜愛網站與是否為重度使用者的交叉表列（隨機抽選 1 萬人進行調查）①

	重度使用者	非重度使用者	合計
自認喜歡此電子商務網站	1 人	1,999 人	2,000 人
不認為自己喜歡此電子商務網站	1 人	7,999 人	8,000 人
合計	2 人	9,998 人	10,000 人

也只會找到約2位的重度使用者（也可能一個都碰不到）。正如此表所示，在自認喜歡該網站的2000人中，只有1人是重度使用者（0.05%），而在其他的8000人中，也只有1人是重度使用者（0.01%），這時根本不必費心求出兩者差距的P值，畢竟僅1人改變心意的狀況是很常見的。此資料甚至無法滿足z檢定及卡方檢定的「在零假設下，每格都至少要有5～10人」這一前提。

在這種情況下，進一步去收集總數達100萬人份的資料來做分析，當然也是選項之一，只是要調查這麼多人實在很辛苦。因此，可利用所謂**病例對照研究**的資料取得方式，以比值比（群組間的**比值之比率**）來做判斷。

病例對照研究的病例是指發病者的群組，而對照就是比較、比對的意思（在統計學裡，通常以英文的control來表示此「對照」之意），亦即代表「在同樣條件下卻沒發病者」的群組。

換言之，**病例對照研究的宗旨就在於，找出在相同條件下，有發病與沒發病者之間的差異**。不過，本例的問題並不在於生不生病，而是在同樣條件下「有人是消費金額在100萬日圓以上的重度使用者」（相當於病例、發病組），「有人則否」（相當於對照組）。

病例對照研究的做法是先盡可能收集人數應該很少的「病例」。例如，若某種疾病的病患資料很難以一般的隨機抽樣方式取得，那就聯絡各相關醫療機構，盡量取得至少幾十名病例。同時還可請求當天到同一醫療機構、條件相符的其他病患來配合調查。這種調查的病例組和對照組通常人數相同，不過，在病例組的人數就是很少的時候，也可能選擇將對照組的人數增多為病例組的數倍，以藉此縮小誤差與p值。

重點不在比例的「差距」，而在「比率」

假設依據這樣的病例對照研究方法，針對前述的電子商務網站，分別收集同樣人數的重度使用者與非重度使用者資料後，得到如圖表3-30的交叉表列結果。

圖表 3-30 是否喜愛網站與是否為重度使用者的病例對照研究
（重度使用者和非重度使用者的資料量相同）

	重度使用者	非重度使用者	合計
自認喜歡此電子商務網站	50人 （佔70人中的71%）	20人 （佔70人中的29%）	70人 （佔200人中的35%）
不認為自己喜歡此電子商務網站	50人 （佔130人中的38%）	80人 （佔130人中的62%）	130人 （佔200人中的65%）
合計	100人 （佔200人中的50%）	100人 （佔200人中的50%）	200人

喜歡此電子商務網站者的「重度使用者比值」=50/70÷(1-50/70)=2.5
不喜歡此電子商務網站者的「重度使用者比值」=50/130÷(1-50/130) =0.625
由此可知，喜歡此電子商務網站者，以比值比來看，其為「重度使用者的機率」是不喜歡此電子商務網站者的 4.00 倍（=2.5÷0.625）

但我們不能用先前的觀念來看待這份分析結果，也就是不該考慮「喜歡此電子商務網站的人和不喜歡的人之間，在重度使用者率上是否存在差距」。這是因為一旦改變病例組與對照組，亦即重度使用者與非重度使用者的資料量比例，這些「率」（比例）就會產生很大的變化。例如，若比較重度使用者和非重度使用者之資料量為1：2的交叉表列結果（如圖表3-31）便會發現，不論是重度使用者佔全體調查對象的比例，還是自認喜歡此電子商務網站者的比例、喜歡

圖表 3-31 是否喜愛網站與是否為重度使用者的病例對照研究
（重度使用者和非重度使用者之資料量為 1：2）

	重度使用者	非重度使用者	合計
自認喜歡此電子商務網站	50人 （佔90人中的56%）	40人 （佔90人中的44%）	90人 （佔300人中的30%）
不認為自己喜歡此電子商務網站	50人 （佔210人中的24%）	160人 （佔210人中的76%）	210人 （佔300人中的70%）
合計	100人 （佔300人中的33%）	200人 （佔300人中的67%）	300人

喜歡此電子商務網站者的「重度使用者比值」=50/90÷(1-50/90)=1.25
不喜歡此電子商務網站者的「重度使用者比值」=50/210÷(1-50/210)=0.3125
由此可知，喜歡此電子商務網站者，以比值比來看，其為「重度使用者的機率」是不喜歡此電子商務網站者的 4.00 倍（=1.25÷0.3125）

與不喜歡此電子商務網站者各自的重度使用者比例⋯⋯等等各種「率」，都會變得不一樣。

不過，若能運用比值，不以減法計算重度使用者率的「差距」，而是以除法計算其「比率」（＝比值比），就能求得不受病例組與對照組之比例影響的固定、有意義指標。一如往例，這部分的證明請參考附錄的【補充16】，而若依據圖表3-32的比值比公式來計算，不論是以隨機取樣方式得到的交叉表列，還是以病例對照研究方式得到的交叉表列，算出來的結果都會一致。

圖表 3-32 依據喜愛網站與否所分析出的重度使用者比值比

重度使用者的比值比＝

$$\frac{\text{喜歡此電子商務網站者的「重度使用者率 ÷（1- 重度使用者率）」比值}}{\text{不喜歡此電子商務網站者的「重度使用者率 ÷（1- 重度使用者率）」比值}}$$

圖表 3-33 是否喜愛網站與是否為重度使用者的交叉表列（隨機抽選 1 萬人進行調查）②

	重度使用者	非重度使用者	合計
自認喜歡此電子商務網站	1 人	1,999 人	2,000 人
不認為自己喜歡此電子商務網站	1 人	7,999 人	8,000 人
合計	2 人	9,998 人	10,000 人

喜歡此電子商務網站者的「重度使用者比值」=1/2000÷(1-1/2000)=1/1999
不喜歡此電子商務網站者的「重度使用者比值」=1/8000÷(1-1/8000)=1/7999
由此可知，喜歡此電子商務網站者，以比值比來看，其為「重度使用者的機率」是不喜歡此電子商務網站者的 4.00 倍（=1/1999÷1/7999）
此外，喜歡此電子商務網站者的重度使用者率為 1/2000，不喜歡此電子商務網站者的重度使用者率為 1/8000，這兩者的比率也與比值的比率大約相等。

為了確認這點，在此也對一開始「隨機抽選1萬人進行調查」的資料做了比值比的計算，結果如圖表3-33所示。只要「重度使用者中喜歡該電子商務網站者的比例」與「非重度使用者中喜歡該電子商務網站者的比例」這兩部分的調查資料正確，則不論病例組（重度使用者）和對照組（非重度使用者）的資料量比例為1：1還是1：2，甚至是隨機取樣的2：9998，算出來的比值比應該都會一樣。

另外，就如剛才在解說博奕活動時曾提過的，若重度使用者率很低，屬於低到應採取病例對照研究方法的程度的話，由於「1－重度使用者率」近乎「1」，所以比值和重度使用者率幾乎沒有差別。於是這時候，比值比便會成為可充分代表「群組間的重度使用者率約有幾倍差距」的指標。

此外，由於比例的差距沒有意義，所以不適合在以解釋變數區分的群組間進行z檢定，但做卡方檢定是可行的，尤其是用本書先前做過的計算方式算出p值，以判斷「這個比值比可否視為是因偶然的變動性而產生的」。

對數比值的運用與邏輯回歸

在我原本的專業，也就是流行病學領域中，便是以這樣的病例對照研究方法來費心收集資料，然後分析並思考發病的原因。前著所介紹由約翰・斯諾（John Snow）進行的霍亂原因調查，就是此研究領域之開端。也正是因為這個病例對照研究，才使得流行病學相關人士都非常熟悉比值的觀念。

美國自一九四八年起，於波士頓近郊之佛明罕鎮，針對當時還不知發病原因的心臟病及中風等循環系統疾病進行流行病學研究，而研究人員必須找出大量可能的解釋變數與「生病／不生病」或「死亡／不死亡」這些二值成果間的關聯性。於是參與此研究專案的統計學家杰羅姆・科恩菲爾德（Jerome Cornfield）便發明出非交叉表列也非多元回歸的全新分析方法——邏輯回歸。在此方法中，比值亦發揮了重大作用，由其分析結果，可算出針對「若其他解釋變數相同的話」這種調整後之解釋變數的比值比。

科恩菲爾德發現，只要利用「比值比的對數」（也就是「對數比值」），便能和多元回歸的量化成果一樣，將僅有0或1兩種值的二值成果，轉換成以負的無限大到正的無限大來表示的值。

我們在高中曾學過，「對數」這種計算是以log來標記，英文為logarithm，而這個英文字是由蘇格蘭數學家約翰・納皮爾（John Napier）以希臘文的logos（道理、法則）和arithmos（數字）這兩個字所創造出來的。例如，「$x=\log_2 8$」這樣的寫法就代表「若2的x次方為8，那x是多少？」由於2的3次方是8，所以x便是3。算式中那個小小的「2」稱為「底數」。底數可為除了1以外（若底數為1，則不論是幾次方都一定等於1，故無法確定x的值）大於0的任意數，但為了方便做微分及積分的計算，一般多半使用約為「2．718」的納皮爾常數（名稱來自前述的約翰．納皮爾，也稱為數學常數）。另外，就和約為3．14的圓周率常數一般都以π表示一樣，納皮爾常數一般會以「e」這個字母來表示。

將「0或1」的成果轉換為對數比值比的理由

以對數比值轉換值為0或1的成果後，會變成什麼樣？

若是從值為0或1的成果求出比例，最小值當然是「整個群組為0故比例也是0」。此時的比值為0÷（1−0）=0÷1=0。若是以納皮爾常數為底數（不過只要是大於1，納皮爾常數也好，10也好，之後都是一樣的），則0的對數，亦即若問約2．718之值的「幾次方」為0？答案便會是「負的無限大」。這是因為2．718不論乘以幾次，都不可能變成小於2．718的數字，但若持續不斷除算，就能變成比1小且越來越小的值。所謂的「除以幾次」就相當於「負幾次方」，而負的無限次方便是0。

接著來想想「整個群組為1，故比例亦為1」的情況。這時的比值會變成1÷

圖表 3-34 比例的值與對應的比值，以及對數比值的值

原比例（以 p 代表）	0	0.5	1（略小於而近乎 1）
比值 p÷(1 p)	0	1	∞
對數比值 log(p÷(1 p))	∞	0	∞

（1–1）＝1÷0這種無法計算的狀態，不過，若為「幾乎整體都是1，故比例也是略小於而近乎1」，那麼，基於高中數學曾學過的「數字極限」觀念，此比值就會是無限大。而「無限大的對數」，亦即若問納皮爾常數的幾次方為無限大？答案當然就是無限大次方。

最後再看看正中間的「比例為0．5」，其比值為0.5÷（1–0.5）=0.5÷0.5=1。然後「1的對數」就是「2．718一次也沒乘」的意思，故為0。

如此一來，值為0或1的成果便能轉換成和多元回歸分析的量化成果一樣，亦即呈現出最小是負的無限大，最大是正的無限大，正中間是0的狀態。

這樣一來，轉換為對數比值形式的成果，就能和多元回歸分析一樣，以回歸係數來呈現包括定量解釋變數與虛擬變數兩種解釋變數之間的關聯性。只不過，這個回歸係數所呈現的，並非「解釋變數

每多一單位，成果便會增加多少」這種可靠直覺理解的形式，故必須再轉換成簡單易懂的狀態才行。而此轉換方法十分簡單，只要針對對應的解釋變數，將回歸係數的「對數」消去即可。也就是只要算出納皮爾常數（約2．718）的回歸係數次方值，就能呈現出「解釋變數每增加1，成果就變成1的比例約是幾倍」的近似值比值比。

例如，在成果呈現為重度使用者與否（1或0）的邏輯回歸分析中，男性虛擬變數的回歸係數是2．00，那麼，便可透過2．718的2次方算出7．39的比值比。如此便會知道「男性的成果為1的機率是女性的7．39倍」。若是想用女性虛擬變數而非男性虛擬變數來呈現，則以1÷7.39計算其倒數，便會得到「女性為重度使用者的機率是男性的0．14倍」的結果，而若是想維持以男性虛擬變數呈現，但以重度使用者為0，一般使用者為1的話，也一樣會得到「男性為一般使用者的機率是女性的0．14倍」的結果。

此外，邏輯回歸的回歸係數推估，也可透過以回歸方程式假設誤差符合常態分佈的方式，並以**加權最小平方法**的最小平方法應用來計算。不過，現在一般都採取一種即使該假設不成立也無所謂、以**最大似然估計**（Maximum likelihood estimation, MLE）概念為基礎的做法來「推估出似乎最合理的回歸係數值」。說得更清楚一點，就是亦可不依「最大似然估計」而以微分及積分一次推估出邏輯回歸的係數值；而是**重覆利**

用同樣的加權最小平方法，或是以**牛頓法**（Newton's method，**又稱為牛頓拉弗森方法**（Newton-Raphson method），是由數學家約瑟夫・拉弗森（Joseph Raphson）改良艾薩克・牛頓（Isaac Newton）的想法而成）這種重覆計算的方式來求得結果。

由於這部分若要不用大學以上的數學概念來說明實在太困難，顯然已超出本書程度，如果你對這方面有興趣，請參考其他寫得更深入的書籍，例如，由 Annette J. Dobson 所寫的《An Introduction to Generalized Linear Models》一書。

實際在商業活動上，往往很多成果都不是能以數字形式來評估大小的，而是像「此人是否曾經來過門市」、「這位會員是否解約」這類以0或1來表示的。因此，依狀況不同，有時邏輯回歸可能會比多元回歸分析還好用。姑且不論其背後的數學原理，只要你能對這個強大的分析方法有個大略的概念，就已算是一大進步了。

17 回歸模型的總結與補充

「廣義線性模型」的應用指南

至此為止，我已將目的為「分析解釋變數和成果間的關聯性」的主要方法都大致介紹了一遍。這些統計方法全都屬於廣義線性模型（Generalized linear model）的一部分，而你可以把這個「線性」，想成是如回歸分析直線般的東西。

對於 t 檢定或 z 檢定與簡單回歸分析，我已說過：「其差異只在解釋變數有二值或定量之別，它們所考量的都是偏差的平方和為最小的直線」，也就是其實意思全都一樣。這正是所謂的**線性模型**。

另外，基於利用廣義的回歸分析以模式化方式呈現解釋變數和成果之間的關聯性，這些方法或以這些方法呈現的模式化關聯性有時也被稱為回歸模型。

多元回歸和邏輯回歸只是將成果做了轉換，兩者的思考方式終究是一樣的。這亦

圖表 3-35 依據「廣義線性模型」的概念整理所介紹的各種統計分析方法

		解釋變數				
		定性（2 個分類）		定性（3 個以上的分類）	定量	多種（包含定量與定性）
		資料量多	資料量少			
成果	定量（數值型）	以 z 檢定來分析平均值之差距	以 t 檢定來分析平均值之差距	以變異數分析來檢驗平均值的差距	簡單回歸分析	多元回歸分析
	定性（分類型）	以 z 檢定來分析比例之差距	以費雪的精確性檢定來分析比例之差距	以卡方檢定來分析比例之差距	邏輯回歸	

屬於線性模型，簡言之，就是將各種方法籠統地概括起來，都稱為線性模型——這便是所謂的「廣義線性模型架構」。而此架構是於一九七二年，由內爾德（John Nelder）和韋德伯恩（Joseph Wedderburn）兩位統計學家所統整及建立。

在前著中，我就曾依據廣義線性模型的觀念整理出一個統計方法列表，而在此若以同樣觀念將本書到此為止介紹的方法列成表格，便會如圖表 3-35 所示（雖然費雪的精確性檢定並不算在廣義線性模型內，不過，我想以這樣的分類方式來看待它應該會更清楚易懂）。在實務上運用統計分析方法時，若你不確定「這種情況該用哪個方法好？」那麼，請務必參考這張表格。

或者，若你覺得要把這整張表都記起來實在太麻煩，那麼，也可以一開始就先把定性的解釋變數和成果全都轉換為二值變數，然後只要記住「**對於定量（量化）成果使用多元回歸分析；對於二值（定性、質化）成果則使用邏輯回歸**」即可。就和簡單回歸分析與 t 檢定的結果會一致一樣，在列出 2 × 2 的交叉表列並做 z 檢定或卡方檢定的情況下，即使進行解釋變數僅有 1 個虛擬變數的邏輯回歸分析，得到的結果也會相同。

不過，雖說成果為定量就用多元回歸，成果為定性就用邏輯回歸，實際上，卻還是會碰到不明確或難以判斷的狀況。例如，**在成果為三種以上分類的時候，到底該將成果視為定性型而採取邏輯回歸，還是視為定量型而採用多元回歸**？稍後我便要補充這方面的解決辦法。

此外，不只是成果，對於解釋變數，有時也可能難以判斷**該直接將定量解釋變數維持在定量狀態做分析較好，或是將之視為定性型的解釋變數來處理較好**？例如，當解釋變數與成果的關聯性並非往右上揚或下降的直線時，便屬於這類型。而關於這種問題，我也將於稍後補充說明。

當成果為三個以上的分類時，該怎麼辦？

首先說明成果為三個以上分類時的處理辦法。假設在針對門市的服務進行顧客滿意度調查時，讓受訪顧客從「0非常不滿意／1有點不滿意／2還算滿意／3非常滿意」這些編號選項中做選擇。

此時，若要以這些項目為成果進行分析，採用多元回歸分析是可行的。我們可從對應各種解釋變數的回歸係數，得到像「男性的滿意度評分平均比女性高0．8分」或「從自家到門市的移動時間每增加1分鐘，滿意度便會下降0．1分」等結果（如圖表3-36）。

但問題出在「成果平均會增加／減少幾分」這種結果呈現方式的隱含假設。所謂「平均幾分」的思考方式，是將「非常不滿意（0分）」與「有點不滿意（1分）」之間的差距，和「還算滿意（2分）」與「非常滿意（3分）」之間的差距都同樣視為1分。

然而，實際上可能選擇「非常不滿意（0分）」的憤怒程度和選擇「有點不滿意（1分）」的不滿情緒差距很大，選擇「還算滿意（2分）」和選擇「非常滿意（3分）」只是細節上的些微差異罷了。或者反之，也可能實際上存在的一大門檻是除非碰到特

圖表 3-36 依據性別、從自家到門市的移動時間，與顧客滿意度評分所做的多元回歸分析結果

	回歸係數	p 值
截距	2.10	0.003
男性虛擬變數	0.80	0.017
從自家至門市的移動時間（每分鐘）	-0.10	0.046

殊情況，否則不太會有人選擇「非常滿意（3分）」。若分析時是將這些差距都同樣視為1分，那就該事先確認與自己共享分析結果的人是否接受並認同這一點才行（如圖表3-37）。

而如果所分析的成果為金額，則由於0日圓與1000日圓的差距和9000日圓與1萬日圓的差距一樣都是1000日圓，所以用多元回歸分析時並不會有任何問題。

那麼，要是想用邏輯回歸來分析，又該怎麼做？**答案就是依據「你想從此滿意度選項知道些什麼？」來做二值變數的轉換。**

也就是說，依據你想透過此滿意度調查達成什麼樣目標而定，像是減少「非常不滿意」的顧客，以避免顧客流失與客訴問題，或是增加「還算滿意」與「非常滿意」的顧客，以提升品牌競爭力及社群網路上的評價等，該採取的處理方式也會不同。

圖表 3-37 顧客的情緒與答案間的關係是？

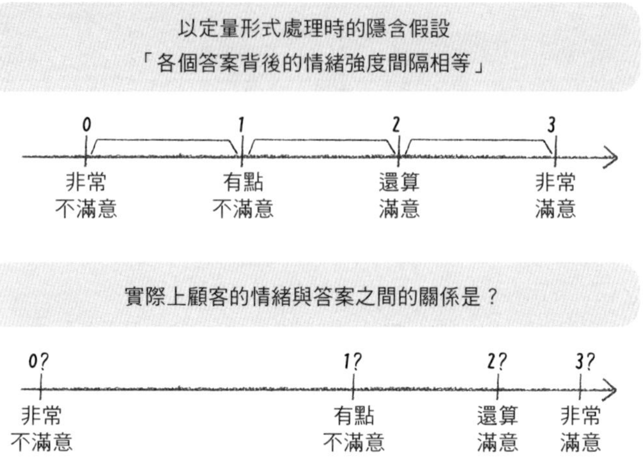

以前者來說，應將成果設定為「非常不滿意」（1）和「其他」（0）的二值形式，然後分析造成「非常不滿意」狀態的相關風險因素。而後者則應依據「還算滿意或非常滿意」（1）和「非常不滿意或不滿意」（0）這樣的二值形式來做分析。若覺得兩者都重要，就兩者都分析，然後審視其回歸係數（比值比）之間有哪些共通之處與不同之處。

此外，若是在提升滿意度的同時，還想達成避免顧客流失與增加品牌競爭力等目標，那麼，建議你最好以此目標的達成度為成果，分析看看減少「非常不滿意」的人數是否重要？還是該讓「非常不滿意」與「有點不滿意」兩者的人數都減少？又或者必須增加「非常滿意」的人數。

雖然也有不轉換成二值變數，直接以「0～3分」的滿意度評分來分析的順序邏輯回歸方法，可是一旦在這種情況下使用**順序邏輯回歸**，便等於預先假設了「非常不滿意」和「有點不滿意」之差，以及「還算滿意」和「非常滿意」之差，都與同一解釋變數有著相同的關聯性。畢竟在現實中，再怎麼減少令人不滿的因素，也不見得就能讓人覺得「非常滿意」，因此，我不太建議各位一開始就採用這種分析方法。

重點在於——存在先後順序與否，以及分類的數量

此例的成果為「非常不滿意→有點不滿意→還算滿意→非常滿意」這樣帶有順序性的少量分類（僅4個），而像這種帶有順序性的東西，依分類數量不同，情況又會有所變化。

一般來說，分類數量在3～4個左右時，通常會選擇「將之轉換為二值變數」；但當分類數量多達7個以上時，由於「都分到這麼細了，若要一一分析各分類間的差異，相當累人」，故多半會採取定量成果的方式，以多元回歸分析來處理；至於卡在

中間的5～6個分類數量則屬於灰色地帶，習慣上會依分析目的來做合適的判斷。

另外，若是在詢問顧客對特定商品的感覺時，提供「1覺得很棒／2覺得很可愛／3覺得很簡單易用／4覺得很高級」這些選項，雖然分類數量一樣，卻完全沒有任何順序可言。在這種情況下，不論有多少個分類，都不宜進行多元回歸分析。當分類數量太多時，有時需要將意義類似的類別先統整起來，但無論如何，還是要以「某分類（1）與其他（0）」的二值變數形式來進行邏輯回歸分析。

即使面對沒有任何順序且有3個以上分類的定性變數，雖說也有可直接分析的多變數邏輯回歸方法存在，然而，本書基於重視「洞悉因果關係」的立場，認為不偷懶地將成果轉換為二值變數並做一般的邏輯回歸，其結果應該會比較容易解釋。

若解釋變數與成果間的關聯性並非線性？

——在物理學及計量經濟學領域的做法

接著讓我們來思考看看，碰到難以判斷該將定量解釋變數直接以定量形式分析或轉為定性形式處理時，該怎麼辦？例如，當解釋變數與成果之間的關係並非往右上揚或下降之直線時，到底該怎麼思考？

如圖表3-38所示的散佈圖，便是「不屬於往右上揚／下降的線性關係」的例子。這是以在玩具店的消費金額為成果、以年齡為解釋變數的分析結果，由圖可看出其關聯性為年齡在10～20歲左右的人消費金額很高，之後就隨年齡增加而下降，在30～40歲之間降到最低，接下來又隨年齡增加而升高。另外到20歲左右為止的人可能是「替自己買」，30歲以後的人則是「替自己的小孩買」。

若直接對這批資料進行回歸分析，便會得到「與年齡（x）無關，消費金額（y）為1萬2000日圓」的水平回歸直線（如圖表3-38所示），而這與其說無關，應該說這是無法以回歸直線呈現的「非線性關係」。

像這種狀況，在物理學等自然科學領域或計量經濟學領域中，通常就會被指示應考慮**「平方項」的回歸係數**。雖然直線無法貼切地呈現其中的關係，但可利用原解釋變數的平方建立出新解釋變數（稱為**平方項**），再以原解釋變數和此平方項為解釋變數來進行多元回歸分析，就能得到非直線的、看起來像是在高中學過的二次函數拋物線的「回歸曲線」。這樣應該就不會出現「解釋變數與成果無關」的結論了。

不過，這樣做也會有分析結果變得複雜難懂的問題。實際針對原始年齡和年齡的平方這兩個解釋變數運用最小平方法，結果得到如圖表3-39的結果，可是若提出「年齡每增加1歲，成果（消費金額）會減少3124日圓；而年齡的平方值每增加1，成果（消費金額）會增加46.8日圓」這樣的結果報告，絕大多數的社會人士肯定都無法立刻了解其意義。最後反而會被問：「那，到底是年齡越大的買越多？還是年齡越小的買越多？」

某些數學好的人或許只依據你對回歸方程式的描述，就能想像出如圖的拋物線，但即使如此，這種包含平方項的回歸方程式仍無法立即回答像「此拋物線的最低點落在幾歲處？」或「10～19歲和40～49歲這兩個區間，哪個是比較有前景的目標市場？」等隨之產生的疑問。

這點想必也受到了物理學及計量經濟學著重結果的預測與模擬，而醫學研究及商業領域，則還需洞悉原因的差異影響。以前者來說，只要找出了可預測的算式，就能隨時依需要代入假設狀況的解釋變數來預測消費金額，這樣就夠了。管他是平方項、對數還是平方根，不論計算內容有多難懂，總之，只要能找出可準確預測的算式，就有意義。

圖表 3-38 玩具店的顧客年齡與消費金額之間的關係（以回歸直線來分析）

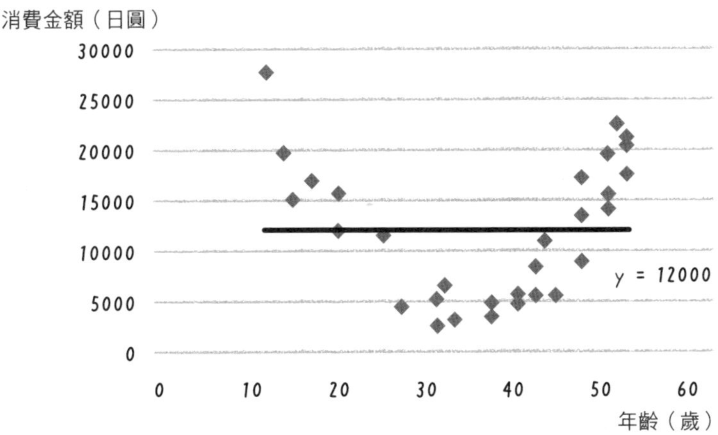

圖表 3-39 玩具店的顧客年齡與消費金額之間的關係（以包含平方項的回歸曲線來分析）

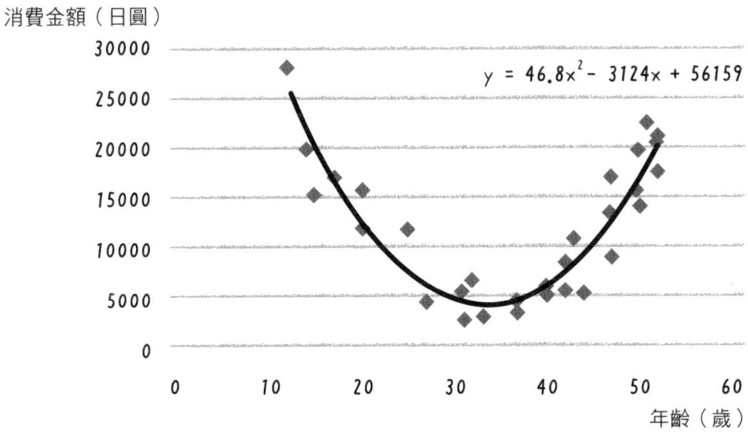

若解釋變數與成果間的關聯性並非線性？

——在醫學研究及商業領域的做法

然而，在醫學研究和商業領域中，探究原因也很重要。於是乎，其分析結果也必須要能解答如「為何會產生這樣的分析結果？」、「如何能增加或減少此成果？」這類問題才行。

因此，若年齡與消費金額之間的關係並不屬於單純往右上揚／下降的線性關係，而且「幾歲左右的人消費金額最低？」、「10～19歲和40～49歲這兩個區間，哪個較有前景的目標市場？」等問題很重要的話，就把年齡分成「10～19歲／20～29歲／30～39歲／40～49歲／50～59歲」這5個分類，然後和定性解釋變數一樣，選定標準類別並建立虛擬變數即可。

如此便能得到如圖表3-40的結果。以10～19歲這個預估的主要目標年齡層為比較基準，可求得截距，亦即「10～19歲的平均消費金額」為1萬9950日圓。接著20～29歲的消費金額比10～19歲的少9100日圓，30～39歲少了1萬5710日圓，40～49歲則少了1萬1061日圓，且從p值看來，這些都是「難以視為偶然」的差距，只有50～59歲的年齡層雖然少了1200日圓，但由於其p值高達0.628，

圖表 3-40 將年齡轉換為虛擬變數後的多元回歸分析結果

	回歸係數	95% 的信賴區間			p 值
截距	19950	15986	～	23914	<0.001
20 ～ 59 歲虛擬變數	-9100	-14705	～	-3495	0.003
30 ～ 59 歲虛擬變數	-15710	-20827	～	-10593	<0.001
40 ～ 59 歲虛擬變數	-11061	-15825	～	-6298	<0.001
50 ～ 59 歲虛擬變數	-1184	-6153	～	3784	0.628

因此「不算是真的有差距」。

由此結果可知，最好不要以30～39歲的人為目標對象，此外，50歲以上的人可說是「意料之外的理想目標」，或許可考慮針對此年齡層的顧客，販賣會讓他們想買給小孩的商品。

另外，這種做法也能點出一個重點，那就是和先前對於成果有這樣的顧慮一樣：「0分和1分間的差距，是否與2分和3分間的差距相同，都是1分？」，對於定量解釋變數亦需仔細考慮如「19到20歲之間的1歲差距，和39到40歲之間的1歲差距，是否都同樣會以增加1歲的形式影響到成果？」這種問題。

雖然本例是以10歲為間隔區分年齡層，但實際上並沒有規定一定要怎麼分類才行，也沒規定都必須以10歲來等間隔區分。如果分成10～22歲的「學生年齡層」和23～30歲的「單身社會人士年齡層」似乎比較恰當的話，也可以就這麼分類。

只有一點希望各位特別注意，那就是即使各群組的資料筆數無法完全相等，分類時還是要避免造成某分類的資料筆數過少（例如，不到全體的5%，或僅有幾十筆）。一旦產生資料筆數極少的分類，標準誤差就會變得很大，於是便很難找到與標準類別之間有意義的差距。

若特地分出該類別也找不出有意義的差距，那真的是非常浪費力氣，還不如與其他類似的分類合併，得到的分析結果或許還比較清楚易懂。

只要遵循此原則，然後充分運用所有業務相關的慣例及經驗來做出最合適的分類就行了。令人意外地，分析結果是否清楚易懂，往往就是從這樣的細節所決定的。

18 實用的回歸模型應用方法——輸入層面

前面已討論過多元回歸分析與邏輯回歸到底是什麼。關於這些方法是什麼、回歸係數與p值、信賴區間到底代表了什麼、如何計算…等等，各位應該都已經有點概念了。

不過，即使理解了多元回歸分析與邏輯回歸的做法和指標意義，實際應用時還是會遇上一些困難。而在這些困難中，較具代表性的課題可大致整理並分類為輸入層面的**「該用哪些解釋變數，又該用多少個解釋變數來分析？」**以及輸出層面的**「對於分析結果該如何解讀、解釋？又該如何行動？」**這兩種。

僅針對數理層面做說明的教科書不太會仔細解說這個部分，有些甚至會用「這部分很困難，請務必小心」或「請向專家請益」之類不痛不癢的說法含混帶過。但我想將這種「困難之處」盡可能言語化，好好說明在實務上該如何判斷。我想，若我以專家身分接到這樣的問題諮詢時，應該就會以如下的內容來回答。

避免過適，或過度學習的幾個方法

首先談談輸入層面，也就是「該用哪些解釋變數，又該用多少個解釋變數來分析？」基本上，解釋變數的數量越多，殘差（即預測值之偏差）會越小，但這樣不見得就越好——這**正是所謂的過適**（overfitting），或機器學習領域所說的**過度學習**問題。

過適就是「過度適應」的意思。以資料收集中的成果值來說，其回歸模型的偏差，也就是殘差，常常會與其實應無關聯的其他解釋變數的變動狀況「恰巧相似」。而將解釋變數增加到超過所需程度，便會導致「勉強以其實應無關的解釋變數來解釋成果的變動」這種過適的危險性上升。

這樣就會產生「分析結果對目前的資料來說非常貼切」，但「若將此回歸方程式套用至日後新取得的資料時，卻變得很不貼切」的現象。由於把其實毫無關係的解釋變數納入了回歸方程式，所以下次同樣收集資料並做分析時，便無法期待能和這次一樣「恰巧符合」。而為了解決這種問題，就必須「只將有意義的解釋變數納入回歸方程式」。這正是所謂**變數選擇法**的基本概念。

變數選擇法包含多種不同方法，其中最基本的是**順向選擇法**（forward selection）與**反向淘汰法**（backward selection）。

順向選擇法是先針對所有候選的解釋變數進行簡單回歸分析，然後選出回歸係數之p值最小的解釋變數。接著將此第一個選出的解釋變數和其他解釋變數逐一配對，並進行包含兩個解釋變數的多元回歸分析。再同樣以回歸係數之p值最小為條件，再選出第二個解釋變數。只要此過程中加入之解釋變數所對應的p值都在一定標準內（常用標準為0．05），最後應該就能得到「理想的回歸方程式」。

至於反向淘汰法則是反過來，先算出包含所有解釋變數的回歸方程式，再從對應p值最大的解釋變數開始逐一淘汰，直到所有解釋變數之p值都在一定標準內（常用標準為0．05）為止。

乍看之下，這順向選擇法和反向淘汰法所產生的結果好像會一致，但其實不見得。我說過了，多元回歸分析的回歸係數代表的是「當其他解釋變數相同時，此解釋變數每增加一單位，成果會增加／減少多少」，因此，一旦「其他解釋變數」的組成有所改變，求得之回歸係數、其標準誤差及p值等也就會產生變化。這點在解釋變數之間存在關聯性的時候，尤其必須注意。

例如，年齡、收入及家庭結構等因素就是彼此關聯的。只針對年齡做多元回歸分析時，會得到代表「年齡每多1歲，…」的回歸係數，而這個回歸係數其實綜合了隨年齡產生的精神層面變化、收入，以及家庭結構變化等社會環境層面的差異，其中當然也包含了「年齡增加，收入多半也會增加，但消費金額會因此增加多少？」或「年齡增加，有配偶和小孩的機率也會提高，但消費金額會因此增加多少？」等影響。但多元回歸分析之回歸係數所代表的意義是「當其他解釋變數相同時，此解釋變數每增加一單位…」故同時針對年齡、收入和家庭結構做多元回歸分析時，年齡回歸係數所代表的意義便會是「當收入和家庭結構相同時，年齡每增加1歲…」。

也就是說，雖然這兩種分析方式所求得的回歸係數都是針對「年齡」說明變數，然而，所代表的意義卻完全不同。增、減變數會改變回歸係數的意義，甚至還可能讓原本不到0．05的p值突然變大或變小。

因此，即使採用順向選擇法，最後仍可能包含p值在0．05以上的解釋變數；而採用反向淘汰法時，本來在一開始或過程中應該有很多p值不到0．05的回歸係數存在，但也可能到最後，這些p值不到0．05的解釋變數卻都一一被淘汰了。

有另一種比較聰明的做法叫**逐步排除法**（stepwise selection），它是變數選擇法中最常用的一種。基本上，逐步排除法和順向選擇法一樣，會先逐一增加p值小的解釋變數，而不同之處在於，逐步排除法還會在期間參雜進行一旦p值超出一定標準（不像增加變數時那麼嚴格，通常以0．1為標準）就去掉該解釋變數的程序。一直做到沒變數可加及可淘汰時便算完成，可說是兼具了順向選擇法與反向淘汰法兩者的優點。

此外，還有一種苦幹實幹的方法，名為**所有可能法**（all-possible selection），它是一一嘗試所有的解釋變數組合，然後依據殘差平方和（亦即回歸分析之預測值的偏差程度，詳見第189頁）來評斷回歸模型的「貼切程度」，並找出其中最大者。

正如先前提過的，解釋變數的數量越多，由於過適現象形成的單純「貼切程度」便會越高，而有一種代表「解釋變數的數量是否帶來相當比例的貼切程度」的ＡＩＣ（Akaike s Information Criterion，**赤池資訊量準則**）指標，就常用於此目的。這是日本前統計數理研究所所長赤池弘次於一九七一年想出來，並於一九七三年發表的指標（順向選擇法及反向淘汰法也能不以p值為基準，改以「ＡＩＣ是否有所改善」的觀點來選擇解釋變數）。

交叉驗證法（cross-validation）又更進一步了，可從根本就避開被過適欺騙的危險，以選出合適的解釋變數。這種交叉驗證法，是將求取回歸方程式用的分析資料和檢驗其貼切程度用的資料分開處理。而最簡單的做法就是把資料隨機分成兩半，用其中一半求出回歸方程式，再將此回歸方程式套用到另一半的檢驗用資料，並以ＡＩＣ等指標來評價其貼切程度。在推算回歸方程式用之資料與評價其貼切程度用之資料分開的狀態下，貼切程度最高的回歸方程式就沒有過適問題，對之後取得的新資料來說，也是最貼切的才對。

只不過以AIC及交叉驗證法來檢驗的方式，還是屬於苦幹實幹的做法，故從計算量的觀點來看不太推薦。畢竟當候選的解釋變數有50個時，由於各個解釋變數都有成立與否兩種模式，所以就有2的50次方，亦即約1126兆種組合需要測試呢。

「檢查過多元共線性了嗎？」

像這樣採取各種變數選擇法，便能避開過適問題，但解釋變數的選擇並不是只以p值或AIC為標準就行了。前面提過，一旦加入收入這一解釋變數，關於年齡之回歸係數的意義就會改變。即使與收入有關之回歸係數本身的p值較大，但以做為調整條件用的變數來說，有時可能還是需要將收入列為解釋變數之一。

這時候，「到底想知道些什麼？」這個觀點就變得很重要了。先前說過，只單獨以年齡解釋變數所求得的回歸係數是指「綜合了收入增加及家庭結構變化等的年齡增長影響」，但在同時加上收入及家庭結構等解釋變數時，針對年齡所求得的回歸係數則代表了「在收入與家庭結構相同的情況下，年齡增長的影響」。分析時應該要考量這兩種意義當中，何者較符合解讀結果的人想要的？若後者較符合，那麼，就算p值很大，最好還是將收入也列為解釋變數會較為理想。

像這種在解釋變數之間存有關聯性的情況下，各變數的加入與否會造成回歸係數有所改變的現象，就名為**多元共線性**（multicollinearity），在進行多元回歸分析（或使用多個解釋變數的邏輯回歸）時往往會被提到。有些人在統計學學到半桶水的階段時，總會不停地以「檢查過多元共線性了嗎？」來挑剔別人的分析結果。

多元共線性的確會造成一些問題，但以剛才收入與年齡那種「兩者確實有某個程度的關聯性，不過其關聯性並不是非常強」的情況來說，在解釋變數加入與否會造成彼此的回歸係數值有所改變這方面，並不會構成太大問題。即使回歸係數真的會因此而改變，只要在「當其他的解釋變數相同」的前提下，所包含的解釋變數與自己對結果的想法並無矛盾，就沒有問題。

不過，要是包含「關聯性很強」的解釋變數，由於回歸係數的推估而變得不穩定，也可能因此而得到莫名其妙的分析結果。若是指這種問題，那麼確實該留意，而在這方面，下一章要介紹的處理方法就顯得很重要了。

綜合以上所述，**若是能夠妥善考量並決定最後到底該留下哪些解釋變數，又該去掉哪些解釋變數**，那麼，你也能算是獨當一面的分析師囉。

19 實用的回歸模型應用方法——輸出層面

如何找出「最重要的解釋變數」？

最後要說明的是「對於分析結果該如何解讀、解釋？又該如何行動？」等輸出層面的部分，本章便可以宣告結束。

圖表3-41是以消費金額為成果進行多元回歸分析。比起男性顧客，女性似乎較有年齡高、廣告郵件寄送次數多，消費金額就較高的趨勢。而家庭結構類的解釋變數所呈現出的關聯性，都只有偶然程度。接著讓我們來看看，依據這樣的分析結果可做出哪些結論。

首先要思考的是，這些解釋變數中最重要的是哪一個？此時應考量的有兩點。一是p值是否在一定標準內（例如0．05），亦即只需注意難以視為偶然的部分即可。關於這點，我想各位應該都已經很清楚了。

圖表 3-41 以消費金額為成果進行多元回歸分析的結果

解釋變數	回歸係數	95% 的信賴區間			p 值
截距	6000	4000	～	8000	<0.001
男性虛擬變數	-3000	-3500	～	-2500	<0.001
年齡	500	50	～	950	0.029
已婚虛擬變數	1000	-3000	～	5000	0.624
有小孩虛擬變數	2000	-2000	～	6000	0.327
廣告郵件的寄送次數	400	200	～	600	<0.001

其中截距的p值雖然也不到0．001，但針對截距所算出的p值意義為「截距本應為0，會出現這樣的值能否算是偶然」。也就是說，由此結果看來，這6000的截距推測值並不是可由資料的偶然變動所形成的。

再來，則是在p值不到0．05的變數中，重要性最高的是能使成果產生最大變化的那個。這時檢視一下除了截距之外，p值不到0．05的回歸係數，其中（以絕對值來看）最大的是男性虛擬變數，那麼，這就是最重要的解釋變數囉？

答案是否定的。因為成果的變化幅度不只是由回歸係數決定。雖說回歸係數代表的是「解釋變數每增加一單位…」這樣的資訊，但還是必須搭配「能夠操作多少該解釋變數」這種資訊，才能知道其真正的影響力有多大。

男性虛擬變數的值僅有0或1兩種，如果積極招攬女性顧客，在顧客數不變的情況下，達到男性顧客比例為0％的狀態，此變數帶來的影響依舊只有男性人數×3000日圓。

那麼，年齡的部分又是如何呢？年齡的回歸係數（以絕對值來看）確實比性別小，但我們或許可以考慮看看「積極招攬高年齡層顧客，使顧客的平均年齡提高5歲」的情況。在這樣的情況下，即使顧客人數不變，也會帶來顧客人數×5×500日圓的影響。

假設目前擁有10萬名顧客，男女比例為50：50，那麼，前一策略（積極招攬女性顧客）達成的影響最大僅有1．5億日圓（＝50000×3000）左右（如圖表3-42）。而後一策略卻能達到2．5億日圓（＝100000×50000×500）左右的影響（如圖表3-43）。最多可增加1．5億銷售額的策略與最多可增加2．5億銷售額的策略，該選何者？答案是再明顯不過了。

這些都是很簡單的計算實例，但仍充分證明了不能只依據回歸係數的值來判斷解釋變數的重要性。我們甚至還必須考慮到**「解釋變數還有多少可操作的空間，以及實際上是否有具體方案能操作解釋變數」**等條件才行。

圖表 3-42 在顧客數相同的情況下，「增加女性顧客比例」的最大效果

整體顧客人數
（10 萬人）

男性
（5 萬人）

策略的實施效果
＝ 5 萬人 ×3000 日圓
＝ 1 億 5000 萬日圓

女性
（5 萬人）

策略的實施效果
＝ 5 萬人 ×0 日圓
＝ 0 日圓

策略的實施效果最大可達
1 億 5000 萬日圓

圖表 3-43 在顧客數相同的情況下，「將顧客平均年齡提高 5 歲」的最大效果

整體顧客人數
（10 萬人）

策略的實施效果
＝ 10 萬人 ×5 歲 ×500 日圓
＝ 2.5 億日圓

策略的實施效果最大可達
2.5 億日圓

可找出「應針對哪些人實施此策略？」的交互作用項分析

若以這個觀點來重新檢討這個分析結果，則「廣告郵件的寄送次數」雖是回歸係數值最小的，卻相當有希望。這是因為要操作年齡或性別等解釋變數都很麻煩，這些因素不見得都能依你所希望的來控制，但增加或減少廣告郵件的寄送次數是能夠立即改變的。

如果每寄送一份１００日圓左右的廣告郵件，銷售額便會增加４００日圓，亦即可獲得３００日圓的差額。那麼，只要嘗試寄廣告郵件給平常沒寄送的顧客不就結了？事情就是這麼簡單。假設目前基於預算考量，都只隨機選出10%的顧客寄送廣告，那麼，每寄送一次廣告郵件給其餘顧客，銷售額預估將會有9萬人×３００日圓，也就是２７００萬日圓的增長。與剛剛從顧客的性別比例及平均年齡下手的策略相比，這廣告郵件的「最大效果」或許低了點，但就可行性這點來說，卻是無法忽略的。

看到這裡，有些讀者可能會想到，依據先前女性顧客消費額較高的資訊，若採取「寄送廣告郵件給女性顧客」的策略，不知行不行得通？

但就目前狀況而言，這不見得正確。畢竟此多元回歸分析結果所代表的意義是「當其他解釋變數相同時，此解釋變數每增加一單位…」這樣的關聯性。也就是說，此例

圖表 3-44　在顧客數相同的情況下「增加廣告郵件的寄送次數」策略的最大效果

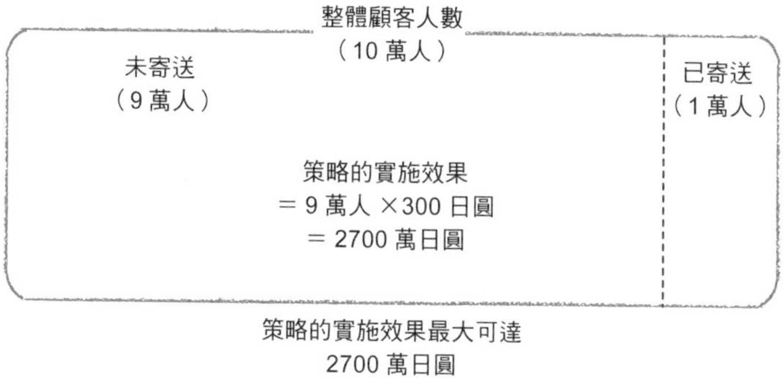

確實呈現了「在年齡及性別相同的情況下，寄送廣告郵件會比較好」、「當年齡與廣告郵件寄送次數相同時，女性的消費金額較高」這些資訊，但對於「寄送廣告郵件給女性顧客較好」這件事可是隻字未提，甚至實際情況可能完全相反。

所謂的情況完全相反，就如圖表3-45所示。這和我一開始解說多元回歸分析的意義時一樣，此圖是以廣告郵件的寄送次數為橫軸，以消費金額為縱軸畫成的散佈圖。其中▲代表男性，而●代表女性。

由圖可明顯看出，女性顧客受廣告郵件的影響不大，呈現了相對較高的消費額，而男性的消費額基本上比女性低，但有隨廣告郵件寄送次數增多而提高的趨勢。因此，收到大量廣告郵件的男性顧客

圖表 3-45 不適合寄送廣告郵件給女性顧客的例子

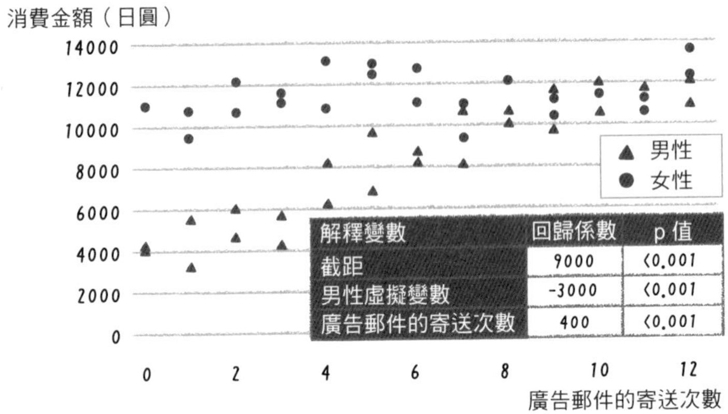

中，有些人的消費額可是相當於女性，甚至是高於女性的。而實際分析這批資料，也能得到「廣告郵件的寄送次數每增加一次，消費額會提高４００日圓」、「比起男性，女性顧客的消費額多了３０００日圓」等回歸係數。

之所以發生這種現象，是因為「在男女間，廣告郵件的寄送次數和消費金額的關聯性是固定的，是以平行直線表示」這樣的多元回歸分析假設並未成立的關係。即使此假設不成立，我們仍能求得「當性別相同時」廣告郵件寄送次數與消費金額之間的關係，還有「當廣告郵件寄送次數相同時」性別與消費金額之間的關係。但如果「是否該針對女性顧客寄送廣告郵件」這點很重要的話，就必須以「男性與女性之間的廣告郵件寄送次數和消費金額之關聯性有何差異？」這樣完全不同的觀點來分析才行。

以這種完全不同的觀點所進行的分析，就是將交互作用項納入解釋變數的一種分析方式。「交互作用」的英文是 interaction，而交互作用項分析所呈現的不是「當其他解釋變數全都相同時⋯⋯」的關聯性，而是「有兩個以上的解釋變數一起增加時，成果是否會明顯增加或減少」。

其實際計算就和先前的平方項一樣，亦即計算不同解釋變數相乘的結果，並將之加入為解釋變數。以此例來說，男性虛擬變數×廣告郵件寄送次數所得到的值便是交互作用項，而由於男性虛擬變數代表的是「男性為1，其他為0」的值，故此交互作用項的男性廣告郵件寄送次數會維持不變，女性則都是0（如圖表3-46）。

加入此交互作用項後的多元回歸分析結果就如圖表3-47所示。在包含交互作用的情況下，「當廣告郵件寄送次數相同時」男性與女性差了7200日圓，若將截距也納入考量，便可分別推論出「未收到廣告郵件的女性的消費額為1萬1000日圓」、「未收到廣告郵件的男性的消費額為3800（=11000-7200）日圓」等結果。而這些推論和剛剛的散佈圖也是一致的。

此外，男性與廣告郵件寄送次數的交互作用，亦即「對象為男性的廣告郵件寄送

圖表 3-46 交互作用項的算法

	男性虛擬變數		廣告郵件的寄送次數		男性虛擬變數 × 廣告郵件寄送次數的交互作用
A 顧客	1	×	4	=	4
B 顧客	1	×	9	=	9
C 顧客	0	×	2	=	0
D 顧客	0	×	10	=	0
E 顧客	1	×	11	=	11
F 顧客	0	×	6	=	0
…….	……		……		……

圖表 3-47 包含交互作用項的多元回歸分析結果

解釋變數	回歸係數	95% 的信賴區間			p 值
截距	11000	10200	～	11800	<0.001
男性虛擬變數	-7200	-8300	～	-6100	<0.001
廣告郵件的寄送次數	60	-50	～	170	0.290
男性虛擬變數 × 廣告郵件的寄送次數	700	540	～	860	<0.001

次數」的效果是700日圓，這幾乎是先前不考慮交互作用的廣告郵件寄送次數之回歸係數（400日圓）的兩倍。至於這裡的廣告郵件寄送次數之回歸係數較小（僅60日圓），其P值也大於0．05（p=0.290），則代表了「一旦去掉寄送廣告郵件給男性的效果，也就是只寄一次廣告給女性所產生的差距，只能算是偶然的資料變動罷了」。簡言之，就是每寄一次廣告郵件給男性顧客，銷售額可提高700日圓（即使考慮誤差，也有540日圓）左右，但每寄一次廣告郵件給女性顧客，銷售額只會提高60日圓，甚至若將誤差納入考量，則根本無法判斷是否真的提高了銷售額，或者是否反而帶來了負面影響。

由於同時存在著寄不寄廣告郵件等容易改變的解釋變數，以及性別、年齡等不易改變的解釋變數，在這種情況下，**透過「容易改變的解釋變數×不易改變的解釋變數」的交互作用分析，我們便能找出「應針對哪些人實施此策略？」**

用回歸分析找出目標，以隨機對照實驗來驗證

既然已知應針對男性寄送廣告郵件，那麼，是否就從此開始全面實施這個策略呢？

這樣可能稍嫌急躁了點。畢竟這時仍存在有「加入其他的解釋變數及交互作用項分析後，發現廣告郵件寄送次數的回歸係數竟變成0」的風險。

例如，前述的分析結果並未包含「消費資歷」（利用門市／服務的時間長短）這一解釋變數，但它實際上可能是有影響力的。消費資歷越長的顧客，就越有可能收到比較多次的廣告郵件，即使實際狀況是消費資歷越長，每次的消費金額便會累積越多，廣告郵件寄送次數與消費金額之間仍會因此呈現出難以視為偶然的關聯性。但若在多元回歸分析中加入消費資歷這個解釋變數，調整為「當消費資歷相同時…」，分析結果就會變成廣告郵件寄送次數與消費金額之間毫無關聯。若是如此，那麼今後不論怎麼寄送廣告，消費額當然都不會增加。

就像這樣，相關與因果不可混為一談，只要稍微踏進統計學的領域就一定會學到這個觀念。但若因此便以「再仔細想想還有沒有其他應調整的解釋變數或交互作用」為由，一再拖延，就永遠無法利用此分析結果，如此便失去了分析的意義。這就算是慢郎中之過了。

繼續思考還有沒有其他應調整的解釋變數或交互作用固然重要，然而，若只是不斷停留在思考階段，那就和烏鴉悖論一樣，畢竟我們永遠無法證明「已經沒有其他應調整的變數存在」。所以，在有建設性的討論與實際可取得之資料範圍內，盡量嘗試調整，若能找到似乎有效的策略，就趕快加以驗證吧。

而這裡所謂的驗證，指的就是**隨機對照實驗**。例如，以廣告郵件的例子來說，就先隨機挑選幾百名顧客寄送廣告郵件試試。或者若是要刊登廣告，就先隨機挑選部分區域刊登；若是要培訓，就先隨機挑選部分員工做培訓；若是要採用新的資訊系統，就先隨機挑選幾個辦公室提供使用權限。然後比較被選到的和沒被選到的群組之間的成果差距有多大就行了。

在分析方法這方面，此時只要針對平均值或比例之差距採取 t 檢定或 z 檢定即可。不用管什麼調整還是交互作用，若此策略有效，兩個群組間應該就會產生難以視為偶然的成果差異。而比起經過反覆的謹慎思考、以高深的分析方法求得的回歸係數，此差距更能正確呈現出策略的實施效果。若能做到這個程度，便可算是確認了「因果」而非「相關」了。

隨機對照實驗是在取得資料的階段，就讓所有群組的「可能必須調整的其他變數」發生機率都均等。其分析方法也很單純，只要懂得p值與信賴區間的概念，要解讀結果就不難。

而它的缺點是，一次只能驗證一個解釋變數對成果的效果，以及要花比較多的時間在資料收集上。就算你想出的方案多達100個，也得全部都試過一遍才會知道哪個方案最有效，此外，從實驗開始到產生效果為止，往往需要相當長的一段時間。

因此，若能充分運用多元回歸分析及邏輯回歸，就能從既有資料找出可能有效的策略。然後**既然要嘗試，就從可能性較高的策略開始試，而一旦能以隨機對照實驗證實其效果，便應儘速全面實施，才能獲得最大利益**。

只針對既有資料進行回歸分析，是很難找到絕對正確的解釋變數與成果之間的關聯性的，但若是以隨機對照實驗，僅鎖定該嘗試的策略去評估的話，分析起來便會輕鬆很多。學習至此，與其學會高深的分析方法，我其實更希望各位能先試著努力堅持到以隨機對照實驗驗證實際資料的階段。

之後，公司的內部協調等人際關係問題可能會取代統計學本身，成為你的主要挑戰。不過，就使資料產生實際價值而言，比起理解統計學的數理等層面，這部分才是真正極其重要的最後關鍵。

PART 04

在資料背後隱藏了「什麼」

因素分析與聚類分析

20 心理學家所開發的因素分析有何用途

有必要將「美白」和「膚色的明亮度」分開處理嗎？

只要能充分運用多元回歸分析和邏輯回歸，不論面對什麼樣的成果與解釋變數，應該都能分析其關聯性，不過，第3章最後介紹的「多元共線性」到底該怎麼考量、又該如何處理，確實是一大難題。

「一方變大時另一方也變大」這種大小變化一致的現象，在統計學的專業術語中稱為「正相關」，或簡稱「相關」，這點在先前並未特別說明，但已使用多次。反之，「一方變大時另一方變小」的情況，則稱為「負相關」。雖說我們不可能做到讓所有解釋變數之間毫無關聯，但回歸模型中同時包含彼此強烈相關（不論是正相關還是負相關）的解釋變數也確實不是好事。

舉個例子，假設某個邏輯回歸分析得到了如圖表4-1的結果。

圖表 4-1 某美白化妝品的給人的印象及其比值比

解釋變數	比值比	p 值
似乎有美白效果	1.18	0.008
似乎能讓膚色變明亮	0.95	0.048
似乎能消除膚色暗沉問題	1.02	0.131

※ 已調整年齡、職業、家庭結構等屬性

此分析是針對20～29歲的女性，請她們以10分為滿分，就某美白化妝品給人的印象來打分數，然後將各個印象（解釋變數）每多1分，願意購買該化妝品的機率以比值比（代表約是幾倍）來呈現。

就如圖表下方的※附註所述，此分析有將年齡、職業、家庭結構等個人屬性也納入為解釋變數，故所呈現的比值比已經過「當這些都相同時⋯⋯」的調整，另外在最右側還列出了用以判斷其比值比是否可算是偶然產生的p值。

就此結果看來，只要讓人覺得「似乎有美白效果」便能提高購買意願，而讓人覺得「似乎能讓膚色變明亮」反而會降低購買意願。另外，是否讓人覺得「可消除膚色暗沉問題」這點，則只與購買意願呈現出偶然程度的關聯性。

但這實在很奇怪，所謂具美白效果的化妝品，不就是能讓膚色變明亮的東西嗎？

回到多元回歸分析中，我們對回歸係數的理解，既然回歸係數代表的是「當其他解釋變數都相同時⋯⋯」，那麼，在是否覺得「有美白效果」的條件相同時，或許在顧客不覺得「能讓膚色變明亮」的情況下，購買意願會比較高。可是，覺得「有美白效果但不會讓膚色變明亮」的人，或反之覺得「沒有美白效果但會讓膚色變明亮」的人，他們到底是怎麼想的？在市場行銷上，又到底需不需要注意人們是否抱有如此矛盾的想法呢？

答案恐怕是否定的。這些調查問題全都是從覺得「膚色似乎會變白、變美」與否這個單一因素所衍伸出來的，只是言語表達上的細微差異罷了。像這樣將彼此強烈相關的三個調查問題都列為解釋變數，並試圖找出「在其他調查問題的得分相同時⋯⋯」的關聯性，往往會有分析結果無法呈現事實本質的危險。

是否能以逐步排除法選擇變數，或以「變數縮減」的方式來因應？

可因應這種情況的簡易辦法，大致分為以下兩種：

①從強烈相關的多個項目中選出幾個較具代表性的項目做為解釋變數

②將強烈相關的項目合併成一個解釋變數來分析

其中①的做法就是從似乎彼此相關的解釋變數中（在經過除了這些變數的其他解釋變數調整的狀態下），只挑出p值最小的回歸係數（也包含邏輯回歸的比值比）做為解釋變數。

若以剛剛的美白化妝品為例，則包含：年齡、職業、家庭結構等屬性，再加上產品印象類項目中，一個項目的邏輯回歸分析會有三種組合。而分析結果的p值最小的那個組合裡的產品印象類項目，便可視為是「最能解釋購買意願有何差異的敘述」。

此外，若彼此相關的解釋變數很多，那麼，要一一檢驗所有項目會很累人。這種時候，也可先試著用「逐步排除法」（詳見第252頁）來選擇變數。

經過變數選擇的篩選後，由於解釋變數減少，比起包含所有解釋變數的模型，其彼此相關之解釋變數的組合數量也很可能會減少。而在篩選過變數之後，就像是剛剛對美白效果的印象一樣，若分析出來的結果似乎「怪怪的」，你還可以把「怪怪的」解釋變數去掉再重新分析，以確認結果有何變化。

至於②，最簡單的做法就是直接把彼此相關的解釋變數加總即可。

亦即將「有美白效果」、「能讓膚色變明亮」、「能消除膚色暗沉問題」這三個都以10分為滿分的項目全部加總，形成滿分是30分的「美白效果印象」，再以此為解釋變數進行分析。如此便能避免因為變數彼此相關，而讓結果變得莫名其妙。

像這樣把多個變數統整成少量變數的處理，在專業術語中稱為「變數縮減」。若能在盡量不失去原變數意義的狀態下，盡可能改以最少量的變數來代表，便可說是把變數縮減得很好。

不過，單純把變數加總起來，便算是好的變數縮減嗎？這就不見得了。第一個問題是，這三個項目真的彼此相關嗎？畢竟，感覺大小似乎一致，但其實不然的情況可是經常發生呢。

還有一個問題是，即使這三個項目確實彼此相關，其相關強度也不見得一致。例如，「似乎有美白效果」和「似乎能讓膚色變明亮」這兩者的相關度較強烈，絕大多數受訪者對於這兩個項目的評分都一致，但「似乎能消除膚色暗沉問題」與前兩者只是「多少有點相關」而已。在此情況下，「似乎有美白效果」和「似乎能讓膚色變明亮」這兩項或許可以相加，可是「似乎能消除膚色暗沉問題」這項由於重要性則低於前兩者，所以在加總時或許該做些調整會比較好。

運用因素分析便能直接搞定

在以解決這種問題為目標的方法中，有一種名為因素分析。其最初概念是由英國的心理學家查爾斯・斯皮爾曼（Charles Spearman）所構思，後來再由美國的心理學家路易斯・瑟斯頓（Louis L. Thurstone）加以改良。他們的目的一致，在面對該如何測量人類的智力等無法實際看到、摸到的問題時，因素分析便由此而生。

斯皮爾曼在其一九〇四年所發表的論文中提出，古典文學、國語（對他而言是英語）、法語、數學、音樂、對聲音及光線的反應測試等六種測驗的得分是彼此相關的（如圖表4-2）。其中古典文學和法語的相關性非常強，而音樂和反應測試的相關性則沒那麼強。不過，運用這六種測驗的得分妥善計算之後，不僅發現它們彼此強烈相關，

圖表 4-2 6 種測驗的相關性

	古典文學	法語	國語（英語）	數學	反應測試	音樂
古典文學	—	0.83	0.78	0.70	0.66	0.63
法語	0.83	—	0.67	0.67	0.65	0.57
國語（英語）	0.78	0.67	—	0.64	0.54	0.51
數學	0.70	0.67	0.64	—	0.45	0.51
反應測試	0.66	0.65	0.54	0.45	—	0.40
音樂	0.63	0.57	0.51	0.51	0.40	—

※ 表中數值是以 -1（完全負相關）～ 1（完全正相關）的範圍表示相關強度。

甚至還能推測出與未用於計算的其他指標（例如，常識測驗及教師給予的評價）也強烈相關的地方（這在專業術語中，稱為「抽出因素」。如圖表4-3）。

他將這個「與各種測驗強烈相關的指標」稱為「一般智力（g）」（g代表general，亦即「一般」之意），展現了客觀測量「智力」這種看不見、也摸不著之概念的可能性。

對於智力這類無法看到、摸到而無法測量，但又確實會造成實際影響的概念，我們可運用各種方法針對其顯露出的部分進行測量。即使智力本身無法測量，但智力越高，

圖表 4-3 斯皮爾曼的一般智力（g）

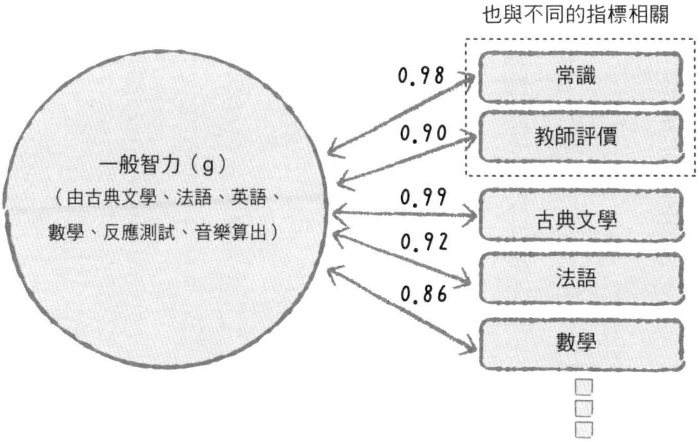

※ 表中數值是以 -1（完全負相關）～ 1（完全正相關）的範圍表示相關強度。

應該就越有利於理解古典文學、外語，甚至是演奏音樂等。當然，例如以演奏音樂的能力來說，也可能受到聽力靈敏與否、手部靈巧與否等與智力無關的其他因素影響。不過，若能將與智力有關的所有測驗成績當成共通的解釋因素，並進行數學計算，應該就能測量出人類的智力才對。

在背後左右著現實中可測量之值，但卻看不到也摸不著的某些東西，就稱為因素，而所謂因素分析便是以數學方式來釐清因素。

此外，瑟斯頓更進一步地在其一九三四年和一九三六年的論文中，從數理層面與心理學層面將斯皮爾曼的想法精緻化，提出了現代因素分析的基礎，以及多元智能等想法。他用了比斯皮爾曼更多的不同測驗來測試大學生，然後依據所得到的資料鎖定了七個因素。這七個因素分別為：

- 數字處理能力（number facility）
- 言語的流暢性（word fluency）
- 空間感等視覺處理能力（visualizing）
- 記憶力（memory）
- 知覺速度（perceptual speed）
- 歸納推理（induction）
- 邏輯性的語言能力（verbal reasoning）

這七種因素應該彼此毫不相干，此外，就像求出立體體積與空間感等視覺處理與數字處理能力有關，但與言語的流暢性幾乎毫無關聯，藉此便能以更多不同面相來觀察智力。

瑟斯頓在建立了系統化因素分析觀念之後，又經過了心理統計學家們的重覆改良，大家持續努力測量各式各樣「看不見、摸不著的因素」。像是領導力、生活風格、幸福感等的測量方式，心理學家們都已得到了特定答案。

將這樣的智慧應用於商業上的問卷調查結果及操作記錄等，當然也很有意義。或許表面看來只是「對某商品／品牌的印象如何？」或「在某家店購買什麼？」等個別項目，但若能以測驗與智力因素有何關聯，來思考「實際呈現的資料」與「存在於其背後的因素」，並做變數縮減處理，如此一來，不僅能解決多元共線性的問題，還能發現其他各種現象。

例如，我們能從問卷調查得知「此業界的品牌印象是由什麼因素決定的？」或「從這家店的商品銷售狀況觀察，影響顧客改變生活風格的因素是什麼？」。

接著在下一節，我們將介紹因素分析的具體做法與運用方法。

21 具體而言，因素分析到底能做些什麼？

為了方便解說因素分析，讓我們來思考以下這個經過簡化的情況。

假設貴公司打算雇用一位新的行政人員，但由於業務繁忙，沒空逐一面試所有應徵者。為了篩選應徵者，於是分別進行了「簿記技巧」與「商業禮儀知識」的筆試。而圖表4-4就是以橫軸為簿記成績、以縱軸為商業禮儀得分所繪製的散佈圖，其中的每個點都各自代表一位應徵者。

此圖顯然呈現出往右上揚的趨勢，可見在簿記方面得到高分的人，在商業禮儀上也表現出色。或許在應徵者中存在著一種可稱為「事務能力因素」的東西也說不定。

從散佈圖看來，感覺似乎可以只面試「兩者都拿到70分以上的人」，然而，這種做法在筆試有3個科目以上時就會立刻變得困難，達到4個科目以上時更是幾乎不可能。這是因為兩個科目可用平面（2維）的散佈圖來視覺化；但3個科目若同樣要以圖表呈現，就需要立體（3維）的圖；而4個科目則需要4維的圖。除非有什麼特別

圖表 4-4 行政人員招募筆試的得分散佈圖

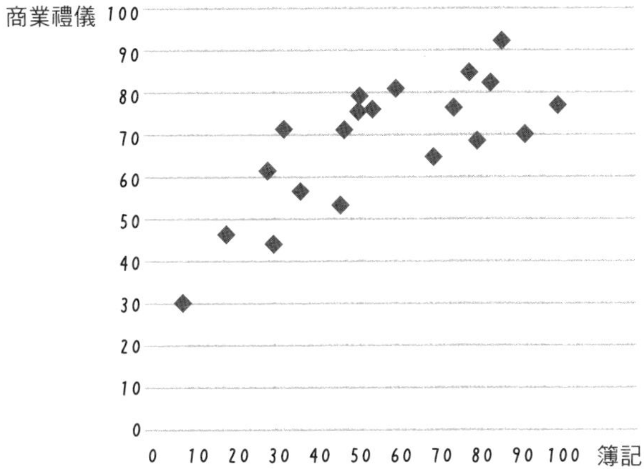

厲害的技術，否則4次元以上的視覺化處理根本是不可能的。

所以我們要以這個2維的簡單例子為基礎，學習當有3個以上變數存在時也能運用的做法。

以直線為「尺規」是什麼意思？

若此圖表呈現往右上揚的趨勢，亦即可看到「簿記技巧與商業禮儀的分數高低在某個程度上是一致的」這種相關性，那就用可代表散佈圖之資料點中心的直線為尺規即可。這時候，你或許會認為這個「可代表中心的直線」就跟簡單回歸分析的回歸直線一樣，但其實它們有些不同。簡單回歸分析有明確區分縱軸與橫軸，它以縱軸為成果，以橫軸為解釋變數，且其回歸直線是以「縱軸（成果）與直線間的縱向偏差（的平方和）最小化」的概念為基礎。然而，本例的兩個變數（簿記與商業禮儀）則無規定何者一定要是縱軸、何者一定要是橫軸，於是在最小化的偏差這方面，就必須同時注意縱向與橫向才行。

因此，做因素分析時，我們也可用最小平方法求出因素，但就和邏輯回歸的最大似然估計一樣，不能以微分或方程組將它一次算出來，必須以「牛頓法＝牛頓－拉弗森方法」這種反覆計算的方式求出。而且不僅是最小平方法，我們也可採用最大似然估計，另外還有「主因素法（principal factor analisis）」、「主成分法（principal component analysis）」、「alpha 因素法（alpha factoring）」及「映像因素法（image factoring）」等各種計算方法存在。

關於這個直線的算法請查閱專業書籍，在此我們要了解的是以這條直線為「尺規」的意義。例如，我們以「身高」這種尺規來測量人類是什麼意思?

測量身高時，是將尺規垂直於地面立起，然後人在站著的時候，觀察人的頭頂與尺規的哪個刻度線一致。這裡所謂的刻度線，是「和尺規垂直的無數條線」。而不論距離尺規多遠，以此方式測量到的身高值都會一樣。以身高１７０公分的人來說，即

圖表 4-5 「以尺規測量」的意思

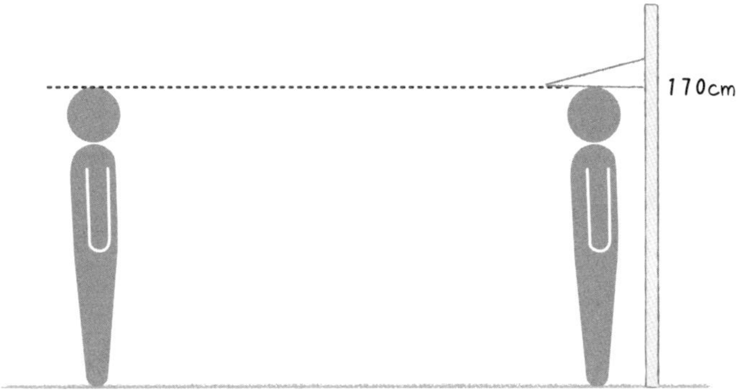

使站在距離尺規100公尺的位置，從他處於站姿時的頭頂拉一條水平線至尺規處，同樣會碰到170公分的刻度。（圖表4-5）

因此，以散佈圖拉出的直線為尺規來判斷應徵者的事務能力，就等於是判斷各應徵者是與此直線垂直相交於哪個刻度處。

圖表4-6顯示了依因素分析求得之直線，亦即通過其散佈圖資料點中心的直線，還有與該直線垂直的相交的幾條虛線。而在這5條虛線中，最中間的虛線通過了所有應徵者之簿記能力及商業禮儀的平均得分點。不論離直線近還是遠，位在中央虛線附近的應徵者都屬於「事務能力中等」，而位於往上一條虛線處的屬於「事務能力高」，再往上一條則可視為「事務能力非常高」。

即使被判斷為「事務能力相等」，有些

可能位在右下方（較擅長簿記），有些則可能位於左上方（較擅長商業禮儀），若暫且撇開這類個別差異，以這樣的標準來做判斷，就是所謂以求得的因素做為尺規的行為。

這種以因素分析求得的標準來做判斷的值，稱為**因素分數**（factor score）。正如我先前在介紹斯皮爾曼的一般智力（g）時提過的，你可將這個因素分數理解為所推測出之「盡可能與原變數強烈相關的指標」。

由於本例只有兩個變數，故可用2維（平面）圖表呈現，不過，**即使有3個**、4**個變數，只要能以因素分析定義出因素分數，就不必一一檢視多個變數，只需以因素分數的大小來判斷就行了**。在實務上，此因數分數亦可做為多元回歸分析或邏輯回歸的解釋變數，甚至當成某種成果來處理也沒問題。

有些人可能會認為這種思考方式太過粗糙。畢竟不論是擅長簿記的人還是擅長商業禮儀的人，每個人都各有特色，像這樣將一切簡化，只看「事務能力的高或低」而無視於人的不同個性，似乎不太妥當。

若從這個角度來看，斯皮爾曼的一般智力（g）其實也是相當粗糙的指標。因為他把擅長國語的人、擅長數學的人、擅長音樂的人全都一起簡化，只以「智力高或低」來呈現。而瑟斯頓之所以提出數字處理能力和言語的流暢性等七種不同智力因素，或

圖表 4-6 以「事務能力因素」軸線為尺規的示意圖

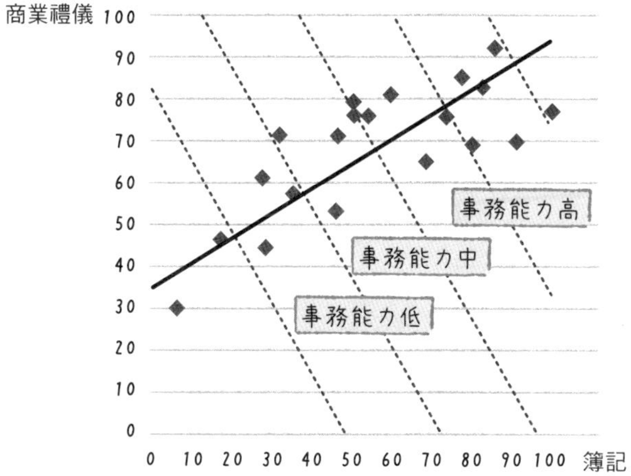

許也正是因他認為「單一智力指標」太粗糙的關係。

那麼，用瑟斯頓的七個因素就能充分掌握人的特性了嗎？倒也沒有。所謂的CHC**認知理論**（以Cattell、Horn、Carrol這3人的姓氏開頭字母為名）更提出了10個因素大分類，並以各分類下所細分的總共70個以上因素來掌握人類智力。

然而，若是要以CHC認知理論礎為基礎，取得70個以上因素的相關得分，再一一檢視並決定要面試哪些人，這也未免太辛苦了。畢竟當人類要進行決策時，須過目的資訊量總是越少越好。

或許是因為要以抽象方法測量的

是人的智力、能力及心態等，所以大家才會如此在意細節。但回頭想想，像身高這種物理性指標，其實也同樣具有粗糙簡化了實際資訊的一面。因為不管是腳長的人還是身體長的人、體型粗壯的還是纖細的、臉大的或臉小的，全都只用身高的高低來代表。

可是就算將腳的長度和身體長度、臉的大小等數值都分別呈現出來，也會因為資訊過多而讓大腦難以接收。結果還是以身高多高這樣的單純資訊比較容易讓人想像得到他們的體型。因此，物理性的測量也好，使用因素分析進行心理統計學方面的測量也罷，像這樣拿尺規測量「各個不同，各有優點」的多樣性事物的行為，多少都具有「如何配合目的來簡化資訊」的意圖。

因素分析是以「適切與否」來決定

在進行因素分析時，分析者可自由決定因素的數量，而所決定的因素數量有時也可能大幅影響分析結果。

例如，若要以單一因素來解釋國語、數學、科學、社會、英語等5個科目的測驗結果，就等於要用一般智力（與所有科目相關）的形式呈現，而若要以兩個因素來解

圖表 4-7 因素數量造成的因素結構變化

因素數量	因素內容	相關科目
1	一般智力	全部
2	文科智力	國語、英語、社會
	理科智力	數學、科學
3	語言智力	國語、英語
	數字智力	數學
	記憶智力	科學、社會

釋，那麼，應可分為文科智力（與國語、社會、英語相關）和理科智力（與數學、科學相關）。若要再進一步以三個因素來解釋，則可能分為語言智力（與國語、英語相關）、數字智力（與數學相關）以及記憶智力（與科學、社會相關），亦即把兩個因素視為與同一因素相關的數學和科學分開，將科學和社會視為較相近的科目（如圖表4-7）。另外，像文科智力、語言智力這些顯然都不會出現數學形式的答案，其名稱是由檢視因素分析結果的分析者，依據「該如何以單一詞彙來表達這些」所決定的。而因素命名這個程序，足以左右因素分析結果的成敗。

因此，就算說瑟斯頓發現智力可用空間處理能力、數字處理能力等七個因素來掌握，也並不代表他已證實人類智力就只分成這七個因素。更合理的解釋是，這或許只代表了以七個因素來掌握的話，某個程度在數學上似乎比較妥當，又或者以七個因素來掌握的話，便能將數學相關能力中與圖形有關的空間處理能力和計算能力分開。

那麼，到底該用幾個因素才好？雖然這個問題有數學上的常用標準答案，但在某種程度上，還是必須符合**「對自己（以及分析結果的報告對象）而言是否適切」**的標準。就拿剛剛針對5科測驗做因素分析的例子來說，以單一因素、兩個因素、三個因素來分析會分別得到不同的結果，若你是要了解學生的學習成效，哪個分析應是最貼近此印象的？或者也可考慮是要將科學這一科目視為「將數學思維應用於現實生活的科目」，還是視為「雖包含部分計算問題，但和社會一樣是屬於記憶性的科目」。

也就是說，**在做因素分析的過程中，往往都會保有一定程度的彈性**，以若干因素數量來確認分析結果後，為了以防萬一，再檢查一下其數學上的有效性。

此外，雖說因素數量越少，分析結果就會越單純易懂，但你必須權衡損失部分重要資訊的風險。舉例來說，招募員工如果只採用代表一般智力的得分，便無法發現「相較於一般智力，空間認知能力特別高」的人。若你要招募的是一般事務人員，這樣或許很理想，但若是要找室內設計師或機械設計工程師，那就沒用了。

另外，像是最近的組織行為理論及人才管理研究，開始從「優秀員工與其他員工之差異何在？」的單一因素研究，逐漸偏向可讓員工發揮其真正價值的環境與適材適用的想法，而這樣的思考方向也不是單以斯皮爾曼的一般智力就能想得出來的。

有直交與斜交兩派人馬存在的「轉軸」處理

此外，分析者必須決定的條件不只有因素數量而已。以因素分析處理兩個以上的因素時，為了讓分析結果簡單易懂，通常可以進行一種名為**轉軸**的計算處理。雖然以「不轉軸」為前提進行分析也是可行，但在最近的研究中，已經很少看到這種做法。

轉軸處理之所以能讓分析結果簡單易懂，原因在於它能減少原始的變數數量，自動算出盡量只與單一因素相關的因素設定。其具體計算方法由於需要用到線性代數，所以請讀者自行參考相關專業書籍，在此，我只針對「何謂轉軸」的部分提供各位一個基本概念。對於這個「轉軸」的觀念，有些不使用算式、專為不擅長數學的學生所寫的因素分析專業書籍，也多半都以接下來的方式說明。

圖表4-8所呈現的，是前例以兩個因素來分析5個科目時，各科目與代表第一因素之橫軸，以及代表第二因素之縱軸的相關強度。直接以此圖看來，第一因素是「與所

圖表 4-8 在轉軸之前，原始變數與因素的相關狀況

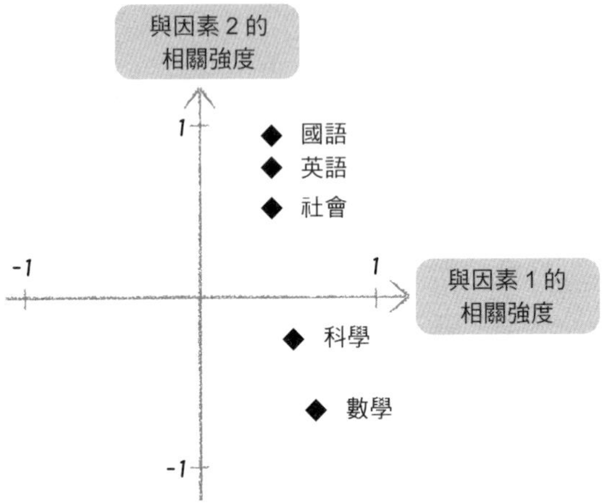

有科目相關」，第二因素則「與國語、英語、社會、數學相關（數學為負相關）」，而由於與這兩個因素重覆相關的變數太多，所以終究還是很難解釋其意義。

另外再補充一下，圖中的最小值−1代表的是解釋變數的大小與因素分數呈現完全相反的負相關狀態，最大值1代表兩者呈現大小完全一致的正相關狀態，而中間的0則代表兩者毫無相關性。

此時，為了要「旋轉」這個因素的「軸線」，我們首先必須思考通過同一中心點，但與原本的因素軸線不同的「僅與部分變數相關之新軸線」。就像圖表4-9的上圖，假設我們

圖表 4-9 經直交轉軸處理後的因素狀態

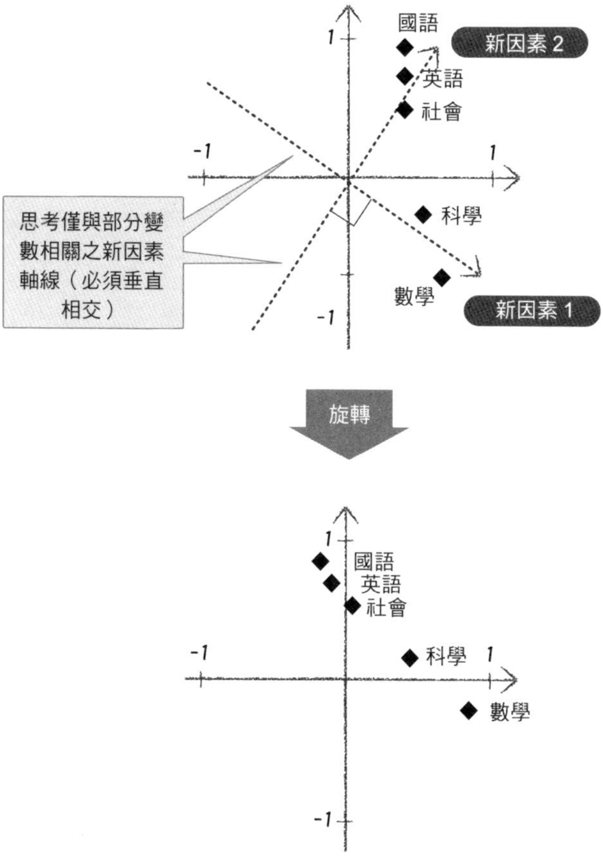

想到的是如圖中以虛線呈現、垂直相交的新因素軸線，而以該新因素軸線為新的橫軸、縱軸來重新繪圖，便會得到下圖。剛好就是將上圖原本的變數點往左（朝逆時針方向）「旋轉」後的情況，這就是轉軸的意思。如此一來，轉軸後的第一因素就呈現「只與數學和科學高度相關」，第二因素則呈現「只與國語、英語、社會高度相關」的狀態，於是便像先前說的一樣，可順利解釋文科與理科之別。

分析者還必須決定要採用哪種轉軸方式，而轉軸處理可大略分為**「直交轉軸」**與**「斜交轉軸」**兩種方式。

直交轉軸就是使因素軸線彼此垂直相交，亦即以「因素彼此不相關」為前提來進行轉軸處理。

至於斜交轉軸則是以「因素彼此也可以相關」為前提來分別轉動因素軸線。像剛剛虛線的例子就屬於直交轉軸，而由於斜交轉軸的軸線「不一定要垂直相交」，因此，若轉成如圖表4-10那樣的虛線，便能更明確地讓各因素分別只與「國語、社會、英語」及「數學、科學」相關。此外，在圖表4-9的直交轉軸中，將橫軸與縱軸視為「與因素的相關強度」是沒問題的，但在圖表4-10的斜交轉軸中，這樣的解釋就嫌不夠精確了。如果各位對這方面「已有概念」但仍想知道細節的話，最好去找專門的因素分析相關書籍來研讀。

圖表 4-10 經斜交轉軸處理後的因素狀態

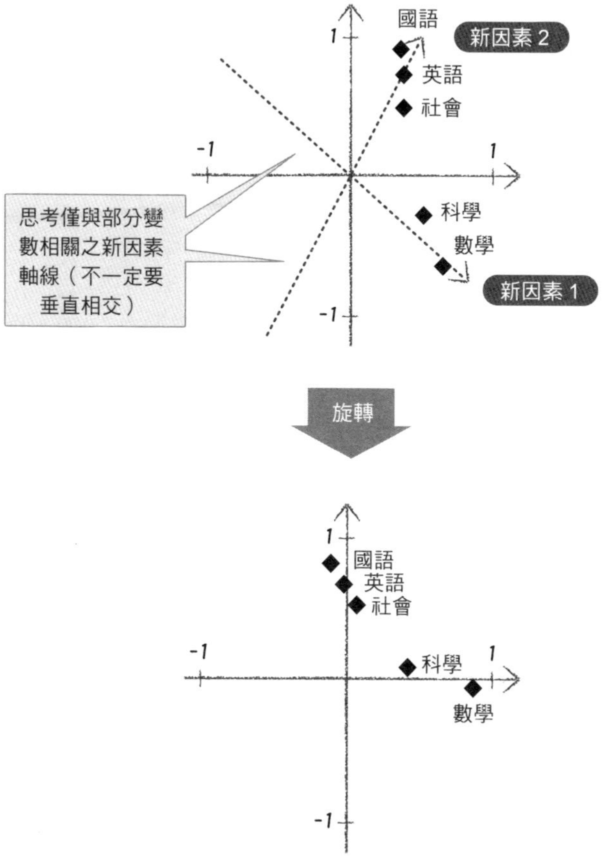

等讀過幾本因素分析的書之後，你應該就會注意到有直交與斜交兩派人馬的存在。直交派認為，採取直交轉軸可避免之後用於多元回歸分析時可能產生的多元共線性問題。而斜交派則認為，畢竟採用斜交轉軸可獲得清楚又容易解釋的結果，更何況，**「現實中的因素彼此絕不相關」這種假設實在是太不切實際了**。

因素分析有各式各樣的選擇，包括因素數量及轉軸方式，還有因素的推測方法（最小平方法、最大似然估計、主因素法、主成分法⋯）等。光是把這些全都介紹一遍就能寫成一本書了，若讀個兩本，還可能因建議的做法不同而感到困惑。不過，除了學術論文以外，在實務應用上「只要對自己和報告對象來說是適切的就行了」。

雖然因素分析源自看不見也摸不著的智力測驗，但其實人類是可以「感覺」到別人的智力的。而且不僅限於智力，舉凡顧客對品牌的印象、生活喜好、員工的技能及領導力⋯等等，也都如此。我認為因素分析並不是以這種「感覺」來自我滿足，而是以數據和數理邏輯來支撐這種「感覺」。只靠資料來測量看不見也摸不著的東西確實很難，但若能搭配人人都具備的「感覺」能力，就無所不能了。

各位日後若有機會分析項目數量眾多的問卷調查結果，請務必利用此手法，試著以看不見也摸不著的尺規來做測量吧。

22 聚類分析的基本觀念

難以用因素分析處理的情況

運用因素分析，我們就能縮減各種可假設背後存在有共通因素的變數，然後建立出新的尺規（判斷標準）。但所謂的建立尺規是採取量化的形式，亦即以有大、小之別的觀點來看待資料。此外，將因素分析所產生的新變數（也就是因素分數）做為回歸分析的解釋變數使用時，所著重的是「此因素分數越高，成果就越高／越低」這樣的關聯性。

而在此情況下，會產生問題的則是如圖表4-11的狀況。

假設某資訊企業針對應屆畢業的新進員工做了職業培訓，而這個圖表是依照培訓成績所做的因素分析結果。他們將各種培訓科目的成績妥善統整為兩個因素，以橫軸為資訊技能這個因素分數（例如，與程式設計及資料庫等知識相關），縱軸為業務技

圖表 4-11　因素分數與成果間之關聯性很複雜難解的情況

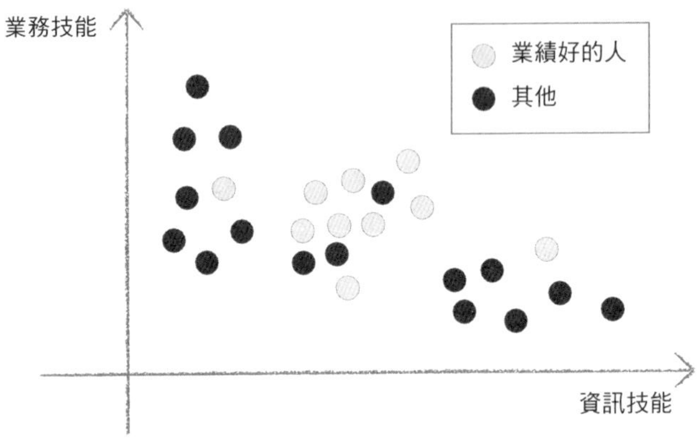

能這個因素分數（例如，與相關法規和管理會計等知識相關），畫出了每個點各代表一名受訓學員的散佈圖。也就是透過因素分析，以這兩個軸為重點，簡單清楚地掌握新進人員的各種能力。

而圓點的顏色有深有淺，代表的是該員之後的業績是否有進入前10名。淺色的是前10名，深色的則是在10名外的其他員工。該企業希望能參考此分析結果，來改善今後的聘雇方針及培訓內容。

從此圖表看不出資訊技能越高的人，業績是越好還是越差？雖然資訊技能高的群組聚集在右下角，但他們的圓點幾乎都屬於業績較差的深色種類。而資訊技能低的群組則聚集於左上角，這些也幾乎都是深色圓點。在業務技能方面也有類似現象。看來業績最好的，似乎是兩種技能都還可以的中間群組。

以這種不屬於「某因素分數越高，成果就越高／低」的狀況來說，就算以此因素分數做為解釋變數進行回歸分析，也只會得到「因素分數與成果間沒有難以視為偶然的關聯性」這樣的分析結果。

對於這種情況，第3章曾介紹過「將定量解釋變數適度分組，當成定性解釋變數來處理」的做法，不過，從本例的散佈圖看來，與其單獨以資訊技能或業務技能來「適度分組」，以兩者的組合來「適度分組」似乎更為妥當。

也就是說，觀察這張散佈圖的資料分佈可知，分成「業務技能在標準以上但資訊技能有待加強」、「業務技能與資訊技能很平均」和「資訊技能高但業務技能有帶加強」三個群組顯然比較合適，而比起各群組的因素分數高低，是否屬於中間的「平均型」這點，似乎才和進公司後的業績高低有關聯性。

很多時候，我們不只該注意多個解釋變數各自「越高／越低」時，成果就「越大或越小」的量化（定量）關聯性，更應該注意「在性質完全不同的群組之間」，成果有何差異這種質化（定性）的關聯性。雖然本例以兩個因素分數畫成散佈圖後，即可以視覺化方式分組；但倘若因素數量增加，就沒辦法這麼做了。如果因此就不論碰到什麼樣的資料都用兩個因素來分析，那也很奇怪。

對於這種若可視覺化，**便能以人眼與直覺來做的分組處理，其實是存在著能依據無法視覺化的多個變數來自動分組的方法，而這方法就是聚類分析**。

聚類分析是「分類」的科學化成果

因素分析是將多個變數統整起來，縮減為「因素分數的定量變數」。有些人則是將聚類分析形容為——**把變數縮減成「彼此性質完全不同的群組」這種定性變數**。這些性質不同的群組叫做「聚類（cluster）」，而將多個變數分成不同聚類就是聚類分析。

所謂的「聚類分析」，是比「回歸分析」等分析方法更廣義的一種概念。話雖如此，但這並不表示它有除了「將多個變數分組的方法」以外的意義，這意思是，不論基於什麼樣的計算方法及想法，只要是將多個變數分組的分析方法，全都總稱為聚類分析。

因此，關於聚類分析的發明者是誰這點則無定論。就我所知，以某種形式嘗試將資料分組的最早研究，是由波蘭的佛洛萊克（Florek）等人於一九五一年所發表的計算方法，但若以現代分析工具的方法而言，最早應該是一九五七年由馬奇帝（Makitti）所提出的研究。但不論是何者，都不是由一人單獨創造，似乎是從一九五〇年代左右開始由多位研究者所建構成形的。

人類自古以來就會依外觀特徵的相似性來做分類。例如，亞里斯多德在西元前四世紀寫了一本《動物志》，據說他在該書中將動物分成胎生四足類（即現代所謂的哺乳類）、鳥類、卵生四足類（即現代所謂的爬蟲類和兩棲類）、魚類、軟體類（烏賊和章魚等）、軟殼類（蝦、蟹等）、殼皮類（海膽及海鞘等）、有節類（昆蟲等）共八種。

而在亞里斯多德之後，也有觀察動植物及礦物之特徵並加以分類的博物學研究，堪稱自然科學的王道。到了十九世紀，達爾文提出進化論或孟德爾提倡遺傳法則為止，人類幾乎沒想過要找出某生物「為何會具有這樣的特徵」這種因果關係。在那之前的生物學，都只是觀察特徵並加以分類罷了。

但要使用數學，替對人類看來理所當然的分類提供客觀支持，可是一大難題。就像有些工作對人類來說簡單，對電腦來說卻很難一樣。不過，自從一九五〇年代左右起，應用數學家及生物學家、資訊科學家等開始著手解決此問題，並得到了一些成果，而這就是總稱為聚類分析的各種分析方法之來由。

聚類分析的具體計算方法

各種被稱做聚類分析的方法，可用「是否採取階層式分類」的觀點來大致區分。

所謂階層，就是指繪製樹狀圖，以分支的方式做分類。據說亞里斯多德的八種動物分類還分成胎生四足類、鳥類、卵生四足類、魚類這四種「有血動物」，以及軟體類、軟殼類、殼皮類、有節類等「無血動物」，這也算是階層式的分類（如圖表4-12）。此外，十八世紀的生物學家卡爾．林奈（Carl Linnaeus）則想出了以綱、目、屬等生物物種的上位概念（superordinate concept）構成之分類方法，因而被稱為分類學之父，而以此觀念為基礎的現代生物分類方法，當然也是以樹狀圖呈現階層式的分類。

階層式的聚類分析方法又可再進一步分為：從樹狀圖的分支「將類似項目聚集在一起」的**凝聚型**做法，以及反過來從主幹「找出差異最明確的區分方法並重覆分割」的**分離型**做法。

在動物的分類上，對於「類似性」和「差異」可能只需考慮骨骼、脊椎、鰓、蹄等特徵有幾項是一致或不一致的就行了，但若是要以「資訊技能」和「業務技能」這兩個軸來判斷員工是否類似時，該怎麼做呢？

讓我們回頭看看圖表4-11。什麼樣的情況會令我們認為這些圓點，也就是員工的能

圖表 4-12 亞里斯多德的動物分類

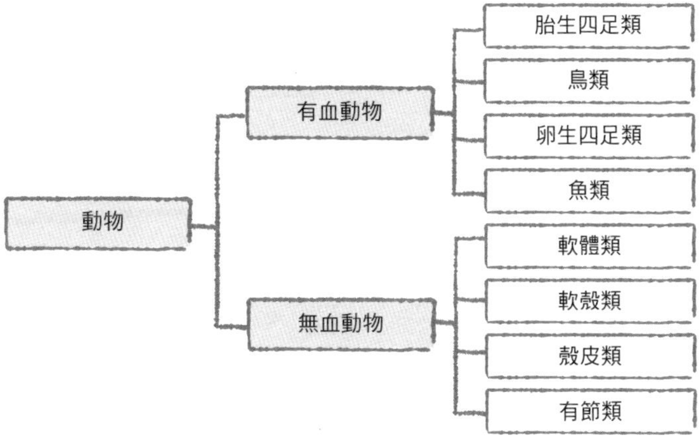

力類似？什麼樣的情況又會令我們認為不類似？應該大部分人都會認為圖表上距離近的圓點彼此「類似」，而距離遠的彼此「不類似」。那麼，在以X軸和Y軸表示的平面上，兩點間的距離要怎麼計算？

答案就是用國中學過的「畢氏定理」，如圖表4-13那樣計算即可。即使用於聚類處理的變數有3個，甚至是4個，只要將各變數之差的平方值全部相加再開根號，便能求出距離，也就是代表類似性的指標。

而實際上在計算距離之前，往往還會先進行一種名為**標準化**的計算處理。舉個例子，如圖表4-14是一張以橫軸為來店次數，以縱軸為消費金額的

圖表 4-13　平面上的「點與點之間的距離」①

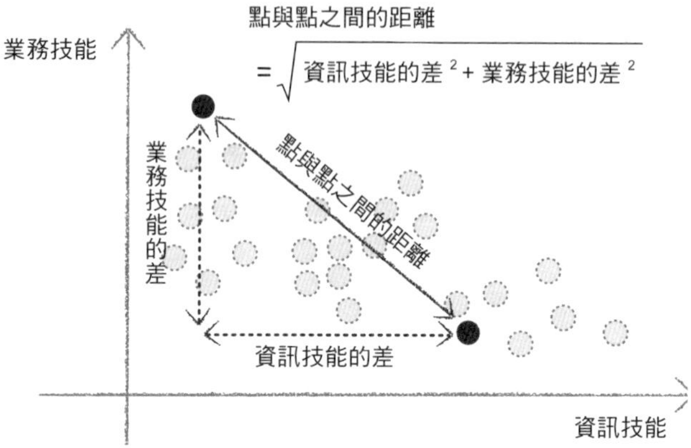

散佈圖，而我們要判斷圖中3人間的距離，亦即類似性。A的來店次數是3次，消費金額為1萬日圓。B的來店次數是6次，消費金額為7萬日圓。C的來店次數是9次，消費金額則為4萬日圓。那麼A和B、C中的何者「較類似」呢？

由圖看來，A沒有「較類似」於任一者，因為A和B的距離與A和C的距離看起來是一樣的。讓我們分別看看他們各自在來店次數和縱軸消費金額上的距離好了。在來店次數上，A與B的距離（差3次）剛好是A與C的距離（差6次）的一半。而消費金額則相反，A與C的距離（差3萬日圓）剛好是A與B的距離（差6萬日圓）的一半（如圖

圖表 4-14 A 和 B、C 中的何者較類似？

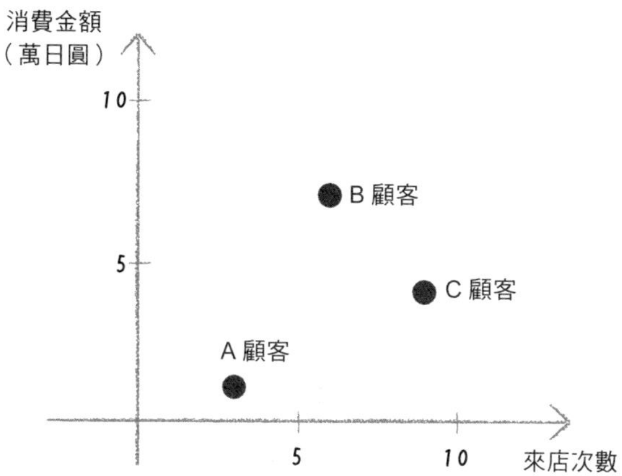

表4-15）。如此便是一勝一敗，而且連贏的方式都一樣，這樣還真是沒辦法說A離哪一方較近呢。

可是若用畢氏定理分別算出兩者距離，A和B的距離就是3的平方+6萬的平方再開根號，結果是「約6萬」。不相信的話，可以拿計算機來按按看，由於3的平方比6萬的平方小很多，故在此計算中幾乎可以忽略。而以同樣計算方式，會算出A與C的距離為「約3000」。亦即結果是A離C較近，離B較遠。

明明特地用了兩個軸，還用了畢氏定理計算，結果卻是只依消費金額來判斷類似性。之所以產生這種現象，是因為消費金額的計量單位，比來店次

圖表 4-15 平面上的「點與點之間的距離」②

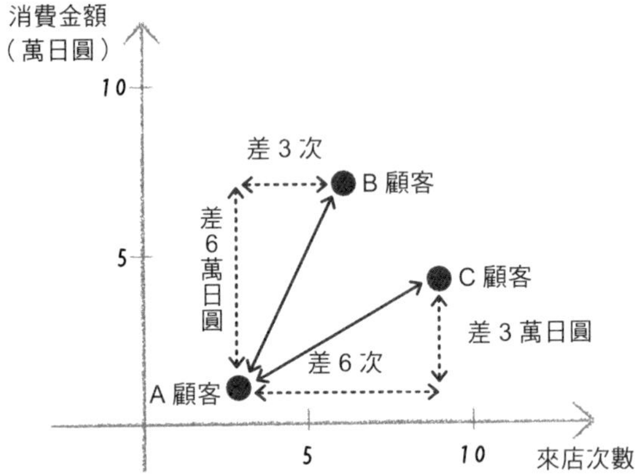

數的差的計量單位大了1萬倍的關係。

在前面的圖中，縱軸與橫軸的呈現比例已調整為大致相同的狀態，但若將縱軸和橫軸都以「1萬」為單位來標記，並以同樣尺寸來繪圖，畫出來的結果就會像圖表4-16那樣，呈現各點垂直排成一列的狀態。而剛剛以畢氏定理算出的，就是這張圖中的距離。

那麼，該怎麼調和縱軸與橫軸的計量單位呢？也就是說，該如何才能不受原始數值的影響，平等地看待「縱軸的差距」與「橫軸的差距」呢？

為了調和這兩個條件，首先要找出這兩個軸各自「平均可能產生多大的差距」，然後考量相對於該值的大小即可。例如，若消費金額這個軸「平均會

圖表 4-16 調和兩個軸的計量單位

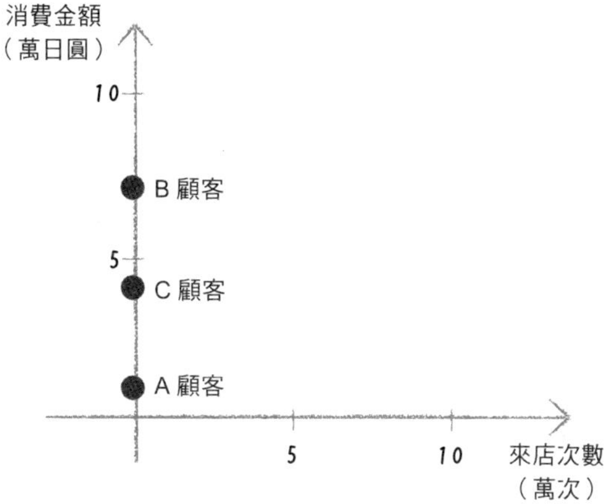

產生約1萬日圓的差」，那麼，3萬日圓的差就要視為是「它的3倍」。而來店次數的部分若是「平均會產生約1次的差」，那來店次數差了3次也同樣應視為「它的3倍」，如此便能將兩者的差距校正為意義相同的狀態。

至於代表「平均可能產生多大差距」之指標，其實已經知道一個相當好用的標的了，那就是標準差（SD）。就像不論是變動狀況如何的常態分佈，都能依據「有幾個標準差的距離」來推測順序，或者不論是變動狀況如何的常態分佈，只要進行「平均值為50，標準差為10」這樣的校正，便能以偏差值的形式來輕鬆解釋結果一樣。為了做聚類分析而計算距離時，只要以「相當於該

圖表 4-17 平面上的「點與點之間的距離」③

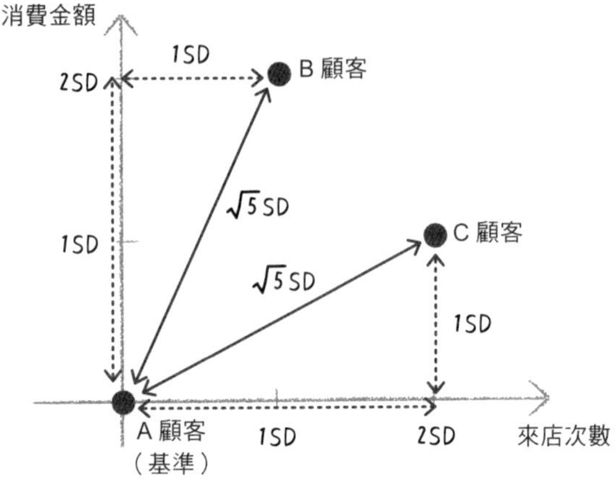

變數之標準差的幾倍」來評估各變數軸之差，就能校正各軸的計量單位。

而針對剛剛3名顧客間的距離，分別以來店次數和消費金額的標準差校正後，會得到如圖表4-17的結果。在橫軸的來店次數方面，A與B之間差了1個標準差，A與C之間差了2個標準差；在縱軸的消費金額方面，A與B之間差了2個標準差，A與C之間差了1個標準差。接著用畢氏定理求出斜邊距離，則雙方都是$\sqrt{1^2+2^2}=\sqrt{5}$，亦即為標準差的$\sqrt{5}$倍，就和一開始以目視判斷時一樣，結果兩個距離確實是相同的。

此外，先前我省略了沒講，這樣的標準化處理並不限於聚類分析，其實也可用於因素分析。

從階層式的聚類分析到非階層式的聚類分析

但無論是分離型也好，凝聚型也罷，階層式的聚類分析現在已很少使用了。因為當需要分類的資料筆數增加，其計算量就會隨之暴增。

就拿100筆資料的凝聚型聚類分析來說吧，為了找出這100筆資料之間「類似性」高的成對資料，總共必須計算100×99÷2=4950個距離，並將各距離依大小排序。而其中100×99÷2是在本書裡出現多次的「組合數」計算。要是必須分類的資料增加至100筆的100倍，亦即1萬筆，情況又會變得如何？10000×9999÷2約是5000萬，也就是必須計算5000萬個距離，並將各距離依大小排序才行。如果要「一一計算所有資料的距離（類似性）」，那麼，當必須分類的資料增加為100倍時，計算量增加的可不是100倍，而會是100的平方，約1萬倍。依此類推，資料筆數是1000倍時，計算量約是100萬倍，資料筆數是1萬倍時，計算量就約是1億倍，因此，越是大數據時代，「計算起來就越是辛苦」。

而採用分離型時若處理不當，其計算量可能還會更大。例如，若要考慮「將10人分成兩個聚類的所有組合」，首先就人數的分配方式來看，便有1人與9人、2人與8人、3人與7人、4人與6人，以及各5人等五種模式的組合。然後各模式還有「從

10人中選出1人的組合數（剩下的9人會自動產生）」、「從10人中選出2人的組合數（剩下的8人會自動產生）」…等等，也就是必須進行所有組合數全部相加次數的「聚類間距離」計算。分離型也一樣，當必須分類的資料增加，該考慮的組合數便會爆增，而計算量當然也會隨之增加。

基於此理由，現在非階層式的聚類分析才是主流，包含了許多細節部分的改善，至今已有各式各樣變化版本的非階層式聚類分析方法被提出，甚至還有「藉由重覆進行非階層式的聚類分析，來做階層式的聚類處理」這種讓人根本分不清到底是階層式還是非階層式的方法呢！

下一節，我便要為各位介紹影響深遠、同時是現代實際上最常用的代表性聚類分析手法——k－平均演算法（k-means）。若能理解這個方法，你應該就算是已大略掌握商業上常用的方法了。

23 k－平均演算法（k-means）的聚類分析

考量「中心」便能大幅減少計算量

現在就讓我們來了解，所謂非階層式聚類分析方法的代表——k－平均演算法，到底是什麼？

「k－平均（k-means）」是指「k個平均值」之意，而此演算法是一九六七年由UCLA的麥昆（J. B. MacQueen）所提出。據說，以前也不是沒人提出過類似的演算法，但至少最早採用「k－平均演算法」這個名稱的是他沒錯。比起原先的主流——階層式聚類分析，「k－平均演算法」因計算量少很多、速度快很多而獲得廣泛應用，為什麼能利用「k個平均值」來降低計算量呢？

若要了解箇中道理，只要想想平常是如何簡化當有很多人時，「所有人的組合關係」即可。

例如，找來１００個彼此素未謀面的人，並讓這１００個人都知道彼此的電話號碼，然後要求「每個人都要知道所有人的名字」。此時最沒效率的做法，就是讓這１００個人打或接除了自己以外的99個人的電話，並且彼此自我介紹。依據先前提過的「所有組合」算法，在這種情況下需要打４９５０（=100×99÷2）通電話，但一般而言，根本不會採取這麼蠢的做法。

比較有效率的做法是找一個人當代表打電話給所有人，先把所有人的姓名都問到，接著為了將包含此代表的１００個人的姓名清單分享給大家，再由這位代表打電話或留言給每個人。如此一來，只要打99×2，亦即１９８通電話就行了，通話次數降低為原來的25分之1。而當有1萬人的時候，「所有組合」與「以一人為聯絡代表」這兩種做法的差距又會拉得更大，前者約為５０００萬次，後者則約是2萬次，降低為２５００分之１。

就像這樣，對於「要與所有人溝通」的任務，若能以其中的某個人為中心，「由中心的一人負責與所有人溝通」的話，所需的組合便會大幅減少。將此道理對應到聚類分析，就是不要一一計算所分析資料之間的距離，而是要找個適當的「中心」，並計算該中心與所有資料的距離，如此應該就能減少相當多的計算量。

以圖表4-18為例，假設在所有資料點都已分為兩個聚類的情況下，又新增了一個資

圖表 4-18 新資料點與聚類的距離

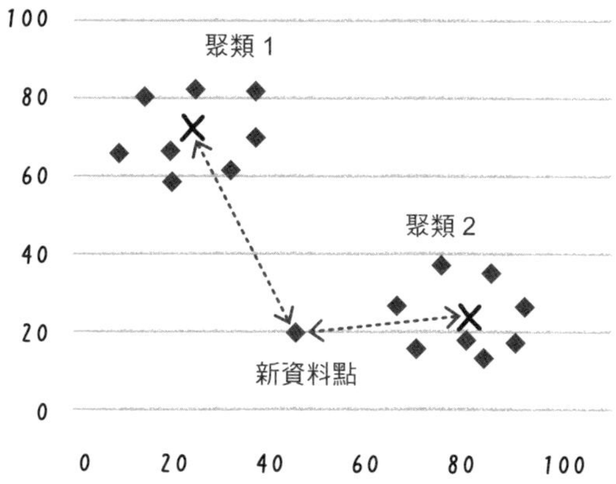

料點。要判斷這個新資料點應屬於哪個聚類時，我們並不需要一一計算該點與其他所有點的距離。只要找出該點與各聚類之中心的距離，然後將該點「歸類於中心距離較近的聚類」即可。

分成k個聚類，重覆進行分類與計算

那麼，資料的中心是指什麼？這當然可能有各式各樣的定義，不過，最單純的想法就是將之視為平均值。也就是說，所謂「使用k個平均值的聚類分析方法」的k－平均演算法，是依據與k

個代表資料中心點的平均值的距離，來判斷分類對象應屬於哪個聚類。此外，其中的「k」代表的是最終想要的聚類（分類）數量，而這和因素分析的因素數量一樣，必須由分析者決定。若想將資料分成3個聚類，就要計算與3個平均值的距離；若想分成4類，就要計算與4個平均值的距離。

以剛剛的圖表來說，左側聚類的中心點就是以屬於該聚類之所有資料點的「橫軸平均值」為橫軸座標，並以其「縱軸平均值」為縱軸座標的點。同樣地，右側聚類的中心點也是以各軸平均值為各軸座標的點（如圖表4-19）。我在第31頁曾說明過，在可忽略本身重量的棍子上增加數個同樣重量的重物時，其重心會落在平均值處。這是一維空間中的平均值與重心關係，而圖表4-19所呈現的平面（二維）中心（橫軸、縱軸都分別為各自的平均值），則是直接擴充至二維空間後的結果。也就是說，在可忽略本身重量的板子上增加數個同樣重量的重物時，其重心會落在此k－平均演算法所用的中心點。

不過，聰明的讀者此時可能會產生疑問。的確，只要已分好聚類就能知道中心點，且可利用各資料點與中心點的距離來決定該分類至哪一聚類。可是在還沒分好聚類的狀態下，就無法知道中心點在哪兒，當然也無法算出與中心點的距離。這樣不是永遠無法將聚類分好了嗎？

圖表 4-19 聚類的中心點就是重心（位於各軸的平均值的點）

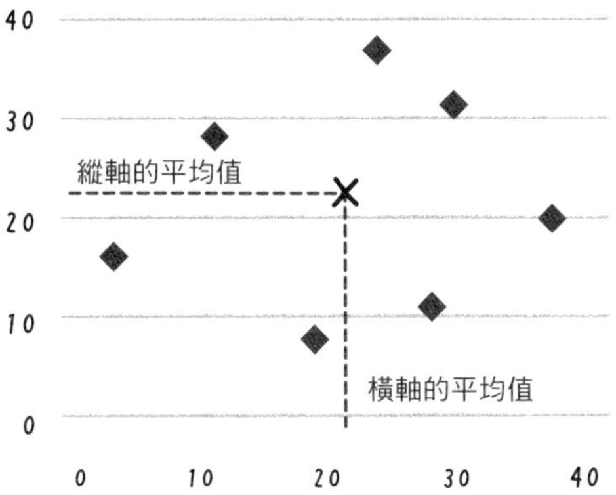

也就是說，聚類分好了，便能知道與中心點的距離並分好聚類這件事，就和先有雞還是先有蛋的道理一樣，屬於永無止盡的循環。有雞就能生蛋，有蛋便可能孵出雞來，但若目前蛋和雞都不存在的話，兩者便永遠都不會存在。同樣地，如果一開始還沒分出聚類，也不知中心點在哪兒的話，聚類分析不就永遠不會開始，也不會結束了嗎？

事實上，k－平均演算法是可以從還未分出聚類也不知道中心點的狀態開始的。其第一步，是從「將所有資料點隨機分成k個聚類」的處理著手。

隨機分類所有資料點終究不太可能成為有意義的聚類處理，不過，只要分出了聚類，我們便能藉由各聚類的平均值計算決定出k個中心點，然後就能算出所有點與各中心點的距離（如圖表4-20）。

接下來，依據與k個中心點中的哪個距離最短為判斷標準，來重新分類所有資料點（如圖表4-21）。這時候，由於所判斷的只是「與哪個隨機決定的點的重心較近」，因此，你可能還是不認為這算有意義的聚類處理。但就機率來說，這些重心不太可能完全一致，而在這不一致背後存在的是「偏向」。例如，圖表4-21中以黑色×表示的重心1的位置，比以白色×表示的重心2更偏左下。不過，這是因為隨機分類至聚類1的點「恰巧有較多位在左下方」，反之，也是因為分類至聚類2的點「恰巧有較多位在右上方」的關係。如此一來，依據較接近哪個重心來重新分類時，便可能分成「偏左下的點或偏右上的點」。雖然目前還不知道這樣的分類方式是否妥當，但至少比一開始的隨機分類要好。

到目前為止還不算完成，這時還要依據目前的聚類，再次計算其平均值以便找出中心點。當然，這時算出的中心點也會比一開始「隨機分類的點的中心點」更好才對（如圖表4-22）。之後就繼續重覆「依據與中心點的距離分類↓依據分類計算中心點」的處理。

以這樣兩個聚類分別位於左上和右下的例子來說，一開始隨機分類時偏左上的重心，會在一連串重新分類及重新計算重心的過程中，逐漸被吸至左上方，而一開始偏

圖表 4-20 首先隨機分類並算出重心

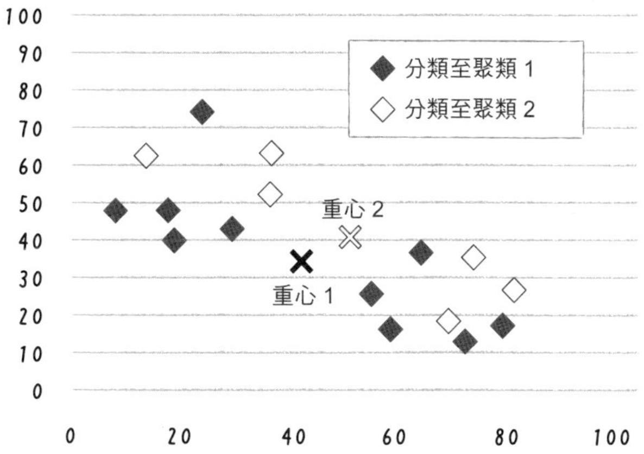

圖表 4-21 依據與哪個重心較近來重新分類資料點

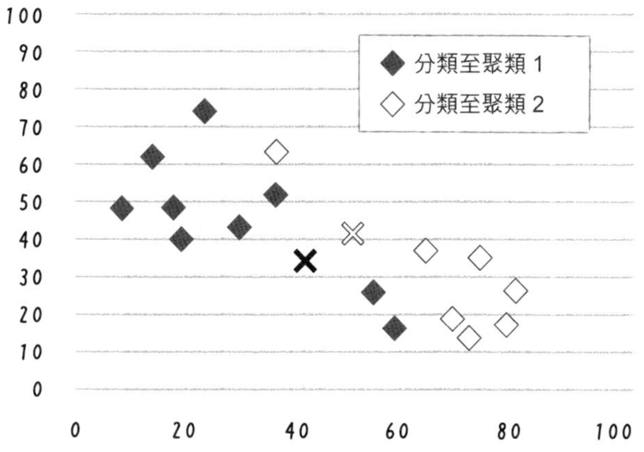

圖表 4-22 重新計算重心

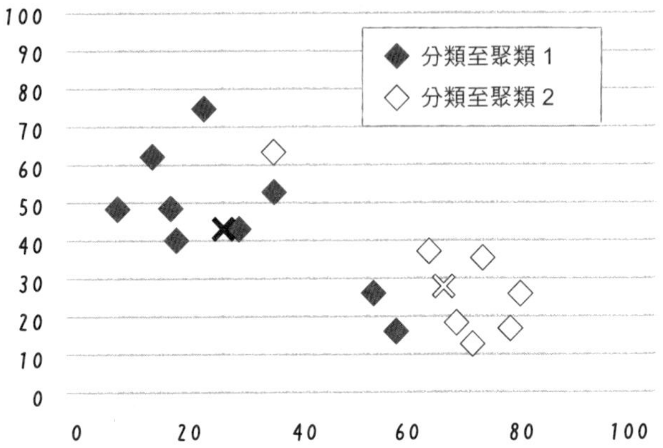

圖表 4-23 當分類與重心都不再改變時，就完成了

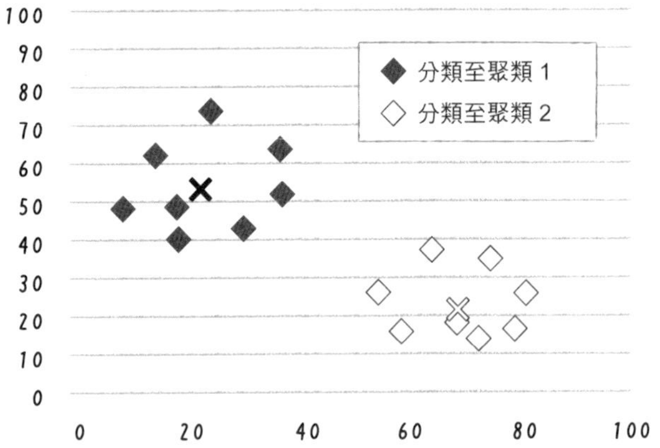

右下的則會逐漸被吸至右下方。最後，等到「中心點和分類都不再變化」，這時的分類便可算是「理想的聚類處理結果」了（如圖表4-23）。

分類完成後的聚類命名很重要

k－平均演算法就是像這樣，從最初的隨機聚類分類開始反覆計算，以逐漸改善分類狀況。實際試試便會發現，若能訂出合適的聚類數量「k」，往往就能將許多現實中的真正資料，區分成「確實應該如此」的聚類分類。

而為了了解「最後的聚類分類結果」，我們必須檢查分類至各聚類的資料點數及其中心點，亦即用於分析的變數平均值。

如圖表4-24所列的，便是應檢查的「聚類分析結果」。這是某電子商務網站針對抽樣出的使用者，以k－平均演算法分類出網站中各類型頁面之使用趨勢的結果。

將聚類數量（k）訂為4所做出來的結果是有1498人分至聚類1，而在這些人所有的頁面存取中，有31．4%的比例是存取首頁，有2．1%是存取站內搜尋相關頁面，商品目錄頁面佔10．9%，商品詳情頁面佔39．1%，特殊活動頁面（各季

圖表 4-24 命名前的聚類分析結果

聚類	人數	各類型頁面點閱次數佔總頁面點閱次數的比例平均值					
		首頁	站內搜尋	商品目錄	商品詳情	特殊活動	其他
1	1498	31.4%	2.1%	10.9%	39.1%	15.3%	1.2%
2	1360	19.6%	2.7%	9.0%	66.2%	1.3%	1.2%
3	3053	18.9%	14.6%	8.7%	54.3%	1.8%	1.7%
4	4089	26.3%	3.1%	19.2%	43.4%	6.9%	1.1%

節的特別活動或吸引顧客用的特輯等）佔15．3％，其他頁面（網站說明或線上支援等）則佔1．2％。

分析工具替我們做的「k－平均演算法聚類分析」到這裡便告結束，但實際上，若要充分利用此一結果，那就和因素分析一樣，**接下來的「替各個聚類命名」的工作可是相當重要**。也就是說，像「首頁31．4％、搜尋2．1％、商品目錄10．9％……其他1．2％的存取比例聚類」這樣，即使直接以表格明白呈現出數字，我們還是無法想像到底是什麼樣的聚類、什麼樣的群體。

既然無法想像，當然也就無法決定該對各個聚類祭出什麼樣的策略。如此一來，不論這聚類處理在數學上再怎麼精準，在實務應用上的意義都不大。

所以我們要為聚類命名。命名時重視的不是代表聚類中心點的平均值本身，**而是該平均值與其他聚類的平均值相比是大還是小的相對性比較**。

像本例聚類1的特徵是首頁存取比例約為聚類2及3的1.5倍，此外，活動頁面的存取比例約為聚類4的2倍，甚至高達聚類2及3的10倍左右。簡言之，就是「很愛看首頁和活動頁面的人」有不太看商品詳情頁面的傾向。由於比起一般電子商務網站從首頁找商品的路線，這些人更偏好「直接進入活動頁面或查看特輯」，故或許可命名為「偏好活動頁面的使用者」。

又或是若觀察聚類2，便可看出其特徵是除了很常點開商品詳情頁面來看之外，其他頁面的瀏覽比例與其他聚類相比都偏低。若採取「商品目錄頁面→商品詳情頁面→回到目錄→再進入商品詳情頁面」這樣的移動路線，其商品目錄頁面的存取比例應該也會很高才對，但數據並沒有如此呈現，這代表使用者是以瀏覽器直接一一開啟有興趣的商品詳情頁面來看的關係。那就將此聚類命名為「大量瀏覽商品詳情頁面的使用者」好了。

而聚類3的人顯然很常使用搜尋頁面，應可算是「偏好搜尋的使用者」。

最後是聚類4，此聚類只有商品目錄頁面的存取比例較高，而其他類型頁面的存取比例不算多也不算少。像這種「好像有特徵又好像沒特徵」的聚類，若是包含的人數很多，通常會命名為「一般」，反之，若包含的人數很少，則命名為「其他」。以此例來說，由於該聚類的人數是所有聚類中最多的，所以就命名為「一般使用者」吧。而將這些聚類名稱與其特徵一一列出，便如圖表4-25所示。

此外，在像這樣了解「聚類間的差異」時，有時也會用變異數分析或卡方檢定等來判斷「聚類間的平均值差距是否仍在偶然發生的範圍內」。

k－平均演算法的限制

在市場行銷上，有所謂「將市場分為幾個類似性高的群體，再分別針對各群體制訂策略」的**市場區隔**觀念存在，而在商業上最常使用聚類分析的調查，大概就是與市場區隔相關的調查了。

在行銷研究公司及廣告代理公司裡，都有針對各種項目找受訪者做問卷調查、進行聚類分析，再替聚類適切地命名後，做出報告的專家。即使是首都地區的家庭主婦族群，也能被這些人分成「花枝招展型」、「名媛貴婦型」和「賢妻良母型」這三種，並寫成報告，以提供給耐久財製造商。而這樣的公司在報告這種聚類分析的結果時，

圖表 4-25 依據特徵替聚類命名

聚類名稱	人數	特徵
偏好活動頁面	1498	首頁與活動頁面的存取比例高
大量瀏覽商品詳情頁面	1360	只有商品詳情頁面的存取比例高
偏好搜尋	3053	搜尋頁面的存取比例高
一般使用者	4089	全都在一般標準範圍內

往往會擺出一副「已從資料找出客觀事實」的態度，**但不論運用多少最新的方法，聚類分析的結果都不會是唯一、絕對的分類方法**。

例如，就算都使用k－平均演算法，光是改變所設定的聚類數量，得到的結果便會完全不同。又或者只是一開始的「隨機分類」改變一部分了，結果也可能會不同，因此，也可能發生「重做一次同樣的分析，結果卻得到完全不同的聚類分類」這種情形。一開始以10個變數嘗試聚類分析，但由於分析結果不太理想，所以就「將其中一個似乎不太相關的變數排除」，這樣也會讓結果不同。此外，是否有對變數進行標準化處理，以及用什麼方法標準化等部分，也都可能改變結果。

還有，k－平均演算法的「**分類至中心點距離最近的聚類」原則，隱含了所有聚類都為半徑相同之球形這一假設前提**，這是k－平均演算法的限

圖表 4-26 無法以 k- 平均演算法妥善分類的例子

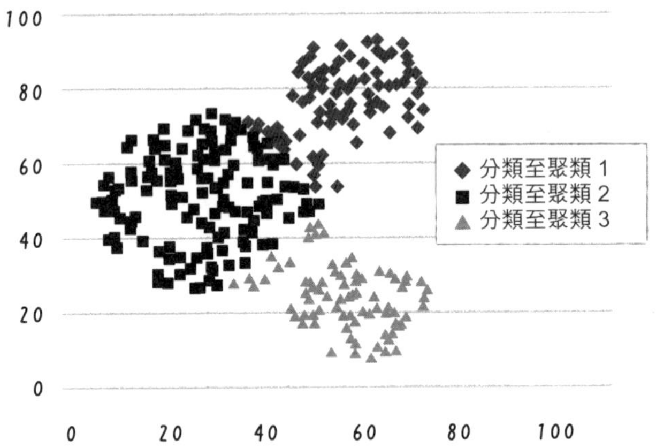

制，請各位務必注意。如圖表 4-26，就算是像這樣能以目視明顯看出三個不同大小的橢圓形聚類的情況，k －平均演算法仍無法正確區分出這三者。

雖然 k －平均演算法是聚類分析中最廣為運用的方法，不過，為了解決這項限制，也有不少人提出其他不同的新方法。由於聚類分析也是個能夠單獨寫成一本書的題目，因此，這部分的詳細說明就請各位參考專門介紹聚類分析的書籍，或包含相關內容的模式識別、機器學習等領域的專業書籍，而運用這些新方法，應該就能分別得到不太一樣的結果才是。

很多時候像這樣經過各種嘗試錯誤的過程後所提出的報告，就是「聚類分析的結果」。對於因素分析，較合理的解釋方式是「以三個因素來理解資料時，可用這樣的觀點來看」，而對於聚類分析也一樣，只要能達到「以此方法將資料分成三個聚類時，可用這樣的觀點來看」這種程度的理解就行了。

最重要的是，所謂聚類分析就是將「只要看得見，應該就會這樣分類的直覺」，以數學或資訊科學的方式模擬出來的方法。和因素分析一樣，與其因過度嚴謹而自縛手腳，更重要的是抱著反正都已分出適切的分類了，姑且就用這些來分析的心態。

即使是剛剛呈現出 k－平均演算法之限制的圖表4-26，其中雖有部分資料被不恰當地分到不同聚類，但就分類成「橫軸值較小（左側）的聚類」、「橫軸與縱軸的值都較大（右上）的聚類」，以及「橫軸的值較大，但縱軸的值較小（右下）的聚類」這點來說，是正確無誤的。

建議搭配多元回歸分析與邏輯回歸

若只是想「掌握市場」，像這樣進行聚類分析並妥善命名，或許便足以達成目的，但就此結束是很可惜的。

聚類分析的作用在於縮減彼此相關的多個變數，以求得簡單易懂的定性變數。不過，若能再進一步將求得的定性變數做為解釋變數，進行多元回歸、邏輯回歸等分析的話，其結果應該會比直接以聚類分析縮減前的所有（彼此相關）變數，全都做為解釋變數來分析的結果更簡單易懂。

例如，將前例的聚類分析結果做為解釋變數來進行分析，應該就能知道依據電子商務網站的使用模式不同，分別採取哪些策略，可以提高消費金額或網站來訪次數等成果。

或者，聚類分析結果所呈現的定性變數也有可能就是成果。例如，找出了顯然呈現出優良顧客特徵的聚類，那麼，這一類的顧客越多，應該獲利就越好。在這種情況下，只要以二值變數（0或1）來代表屬於此種優良顧客與否，然後進行邏輯回歸分析即可。這樣想必定就能知道「怎麼做可以增加優良顧客」。

不論是因素分析還是聚類分析，就商業應用而言，其本質都是「能將多個變數轉換為簡單易懂、方便處理的形式」。千萬別一完成了變數縮減便停手，也不要分類分好了或替聚類命名好了就結束，繼續利用多元回歸分析或邏輯回歸等方法，看看能夠發掘出什麼樣的成果與解釋變數關聯，這部分的重要性並不亞於縮減前的變數喔。

終章

統計方法總整理與使用順序介紹

「24」本書總結

最後，讓我們來個全書內容的總複習，並統整一下如何在商業實務上有效應用這些方法。

回顧各章內容

本書目標在於介紹對所有商務人士來說極為實用的做法，要讓各位能從資料分析出結果（可藉由其最大化或最小化而獲利的成果指標）與解釋變數（可能左右結果大小的因素）之間的關聯性。

所謂的結果有很多不同形式。對行銷部門來說，是銷售額及來店次數；對人事管理部門來說，是業績及勞動生產力；對經銷部門來說，則是庫存處分及配送錯誤的次數等。而解釋變數也有性別、年齡、心理特徵、廣告接觸率、品牌形象等各式各樣的因素。在許多企業中，與這類資訊有關的數據往往只用於單純的匯總，多半都只是堆著而沒有加以好好利用。

然而，若資料呈現出了以解釋變數為原因，以成果大小為結果的因果關係，那麼，從原因端來控制，應該就能大幅提升利潤才對。於是本書便針對這方面的實務應用，介紹了多種常用方法與應用的細節。

首先，**第1章**介紹了以平均值及比例、標準差來掌握群組並進行群組間的比較。基於所謂「將與真值之偏差的平方最小化」的最小平方方法，平均值適合用於掌握群組，可做為「真值」之代理指標，而要最小化的「偏差」標準則採取方便好用的標準差。另外，我們還學到了平均值和比例在本質上意義相同。

接著在**第2章**，我們學到了運用所謂的標準誤差（以標準差加上資料筆數考量所形成的指標）來做檢定（統計的假設檢定）的觀念。只要進行檢定，就能判斷兩個群組間的平均值或比例差距是否是偶然產生的誤差。換句話說，也就是能夠分析定性型、分類型的如性別等解釋變數與結果間的關聯性。

具體來說，就最基本的檢定方法而言，當用於比較的資料量在數百~數千以上時，不論是平均值之差距還是比例之差距，都使用以常態分佈為基礎的「z檢定」即可。

而當資料量少於數百～數千時，對於平均值，要用「t檢定」；對於比例，則使用費雪的「精確性檢定」。另外，比較三個以上的群組時，雖然也可用變異數分析及卡方檢定等方法，但實務上較推薦採用以一個群組為「標準類別」，然後進行多次二個群組間的比較。

第3章學的不再只是群組間的比較，而是所謂「某定量解釋變數每增加一單位，定量結果會增加或減少多少」的迴歸分析觀念。分析單一解釋變數與結果間之關聯性的回歸分析，名為簡單回歸分析。而我們也學到了可在運用多個解釋變數的同時，找出「當其他解釋變數的值相同時，此解釋變數每增加一單位，結果會增加或減少多少」這種關聯性的多元回歸分析。

此外，還有可用於「重度使用者還是輕度使用者」這類定性分類型結果的邏輯回歸分析。而透過邏輯回歸所得到的結果，代表了「當其他解釋變數的值相同時，此解釋變數每增加一單位，結果為其中一者（例如為重度使用者）的機率，以比值比來看是幾倍」。

另外我還解釋了，不論是多元回歸分析也好，邏輯回歸也罷，欲以定性解釋變數分析時，只要先將之轉換成虛擬變數即可。在尋找結果與解釋變數間之關聯性方面，這兩種方法是實務上最常使用的。

不過，若在多個解釋變數彼此強烈相關的情況下，以多元回歸或邏輯回歸分析出來的結果有時會很含糊難懂。因此，最後在**第4章**，我又介紹了可縮減（整合）彼此相關之多個解釋變數的因素分析和聚類分析方法。

「需縮減定量型的因素分數變數」時，就用「因素分析」；「需縮減定性型的聚類分類變數」時，則用「聚類分析」。而以這些方法縮減變數後，別忘了要再進一步將其結果做為解釋變數或結果，進行多元回歸或邏輯回歸分析。

「讓統計學變得更容易理解的一張表」變成了…

上述的各種分析方法經過整理後，便如圖表5-1所示。

在前著中，我也曾介紹過類似的表，當時我認為基於廣義線性模型，雖然依解釋變數與結果的類型不同，所對應的方法名稱也不同，但基本上出現在統計學入門書中的多種分析方法，其實在本質上都是相同的。

而此處的這張表還納入了不可視為普通廣義線性模型的方法，除了加上資料量的多寡條件之外，也整合了變數縮減方法。

圖表 5-1　「讓統計學變得更易理解的一張表」增補版

		解釋變數				
		定性（二個分類）		定性（三個以上的分類）	定量	多種（包含定量與定性）
		資料量多	資料量少			
結果	定量（數值型）	以 z 檢定來分析平均值之差距	以 t 檢定來分析平均值之差距	以變異數分析來檢驗平均值的差距	簡單回歸分析	多元回歸分析
	定性（分類型）	以 z 檢定來分析比例之差距	以費雪的精確性檢定來分析比例之差距	以卡方檢定來分析比例之差距	邏輯回歸	
變數縮減	定量（數值型）	因素分析				
	定性（分類型）	聚類分析				

雖說此表已是「本書所有分析方法的整理」，不過，若再進一步篩選出「實務上會用的方法」，則如圖表5-2。

簡言之，若解釋變數為定性型，那就在決定標準類別後，進行多次二個分類的比較。而實務上，當資料數量在數百筆以上時，或許使用z檢定也是可行的，但為了保險起見，對於平均值的差距最好使用t檢定。至於比例的差距，由於資料筆數較少也不成問題，故可採用z檢定或卡方檢定。

另外，關於這兩種方法的分析結果會完全一致這點，我

圖表 5-2 「讓統計學變得更易理解的一張表」實用版

		解釋變數	
		定性 （決定標準類別，用二個分類比較）	多種 （包含定量與定性）
成果	定量（數值型）	以 t 檢定來分析平均值之差距	多元回歸分析
	定性（分類型）	以 z 檢定（同卡方檢定）來分析比例之差距	邏輯回歸
變數縮減	定量（數值型）	因素分析	
	定性（分類型）	聚類分析	

已在附錄的【補充11】提出證明。

還有，簡單回歸分析就是「解釋變數只有一個的多元回歸分析」，屬於多元回歸分析的一種，故不需獨立列出。而若只是要找出結果與解釋變數間的關聯性，那就只需要此表的上半部，亦即只要記住廣義線性模型範圍內的方法及其應用條件就行了。

至於此表的下半部——如果解釋變數為定量型，那麼可直接使用；若為定性型，則需轉換為0或1的二值變數，接著將多個變數標準化處理後，進行因素分析便能縮減成定量變數，進行聚類分析則能縮減成定性變數。

再進一步看，**其實t檢定和「只用了一個二值解釋變數的多元回歸分析（這說**

法很迂迴，其實就是指簡單回歸分析）」是完全一樣的，而 z 檢定和卡方檢定也同樣都是「只用了一個二值解釋變數的邏輯回歸分析」，可得到相同的分析結果，但在此我並未整合到這種程度，其原因與「實際上是以什麼樣的順序運用這些方法」有關。

接著在下一節，我就要解釋「實際上是以什麼樣的順序運用」這部分。

25 商業應用時的分析順序

先用多元回歸分析或邏輯回歸

本書內容是以「先說明理解數學背景所需之必備知識」為順序，但在商業應用上則完全不同，就如圖表5-3所示。

商業應用時的基本順序是先將資料整理、檢查一遍，然後從中決定出要最大化或最小化的結果，再將所有其他項目都當成候選的解釋變數，並進行多元回歸分析或邏輯回歸（如圖表5-3的①）。而由於現在大多數公司都處於「解釋變數太多」的情況下，故多半還需要利用逐步排除法等方法來選擇變數。

接著，嘗試從分析結果看出點端倪來（如圖表5-3的②）。運氣好的話，或許一次就能找到「可提升利潤的點子」，但大部分情況下得到的結果都是「可看出各種解釋變數與結果間的關聯性，但是總覺得哪裡怪怪的」。不過不必擔心，此時只要進行解

圖表 5-3 在商業實務上的分析方法運用順序

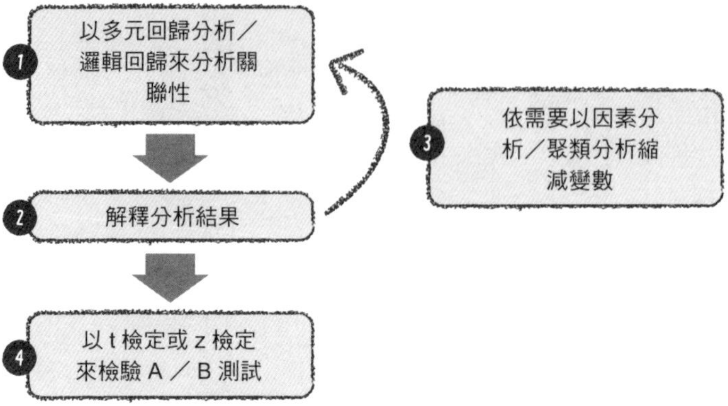

釋變數的取捨及選擇，多半就能解決這種問題。

舉個例子，像「已知所購買的商品數量每增加1個，消費金額便會多1000日圓」這樣與結果之關聯性太過理所當然的解釋變數，不論其p值有多小，都該排除較好。又或者你應該要透過納入所購買商品數量這種理所當然的解釋變數，來觀察其他解釋變數的回歸係數在「當所購買商品數量相同時」的調整下，與結果呈現出什麼樣的關聯性。

除此之外，如果某解釋變數的「當此解釋變數相同時」的調整效果會讓其他回歸係數的解釋變得複雜難懂的話，最好就去除該解釋變數，而你還可能需要把年齡之類的定量變數轉換為年齡層之類的定性變數，亦即先對解釋變數做一些轉換處理。反之，有些解釋變數是屬於「希望做為調整條件而納入的」，但卻在變數選擇過程中被自動刪除了，這時便要強制指定納入。而在這種解釋變數之取捨與分析結果之解釋的反覆試誤過程中，運用因素分析或聚類分析可說是相當方便有效的（如圖表5-3的③）。

依據分析結果來構思點子的三種方法

最後，若能得到在某個程度上與熟悉業務現況者之感覺一致的結果，便可由此開始構思獲利的好點子。而依據分析結果來構思點子的方法，可分為三種。

首先，若與成果有關聯性的解釋變數是可透過廣告或商品製作、培訓等來「操作」的，那麼，操作該解釋變數就是一種獲利點子。而這時，你最好能試著依據回歸係數，將「操作此解釋變數能賺取多少日圓」概算出來。

舉例來說，假設使用多元回歸來分析針對貴公司商品所做的品牌印象調查，在以其他各種解釋變數調整的狀態下，發現比起其他受訪者，回答「此品牌值得信賴」的受訪者花在該品牌商品上的年度消費金額高出了1萬日圓。

接著要考慮的是，目前認為「值得信賴」的目標市場顧客有多少人。例如，若隨機取樣調查中有90％的受訪者回答「不值得信賴」，而據估計全日本的顧客人數約有100萬人的話，就表示只要讓90萬人信賴此品牌，平均便能讓這些人各多買1萬日圓。因此，可簡單計算出有90億日圓（=900000人×10000日圓）左右的「營業額成長空間」。

當然，要讓所有日本人都覺得值得信賴是不可能的，但若全面強打到目前為止在廣告及產品製造方面都鮮少觸及的關鍵字——「信賴」，則即使只贏得90萬人中一成左右的信賴，也有可能因此多賺9億日圓左右。

不過有時候，你也可能發現「無法操作」的解釋變數與成果間的關聯性。例如，即使發現比起男性，從女性身上獲得的消費金額或獲利率較高，我們也不可能讓顧客變性。像年齡、家戶年收入、居住地區⋯等等屬性，也都是如此。

而我們雖然無法「操作」這類解釋變數，卻可以「替換」它們。也就是說，即使無法改變來店消費的每位顧客的性別，但假設目前來店消費的顧客為男女各半，那麼，我們可努力將門市經營成「女性顧客比例達到八成」的狀態。這樣一來，就算來店消費的顧客人數不變，應該也能得到較高的銷售額或利潤。只要重新檢討門市內的裝潢及招牌、門市的開設地點、在哪些媒體上刊登廣告，還有行銷活動的舉辦⋯等等，便可能達到這樣的「替換」目標。此外，和「操作」的狀況一樣，這時你也能將「替換成多少比例可獲得多少利益」這點概算出來。

最後則是無法操作也無法替換的解釋變數，這類解釋變數該如何運用呢？假設已知依季節及天候不同，商品的銷售狀況會有所變動。但實際上既不能把季節改成夏天、把天氣改成雨天，也不能「增加夏季的營業日數比例」或「增加雨天的營業日數比例」。這類解釋變數雖然在「增加銷售額」方面沒什麼作用，但仍能從別的觀點、以不同方式帶來利益。例如，可配合季節及天候來進行一些需提前處理的採購及生產、預測庫存狀況等，亦即以「雖不能改變銷售額，但可以降低成本」的方式來運用這些解釋變數。

而上述的三種「從分析結果構思點子的方向」，可整理成如圖表5-4。

最後以隨機對照實驗或A／B測試來驗證

不過當然，此階段所產生的點子和業務影響概算都只是預估而已。一旦加入其他解釋變數或交互作用項來調整，它們便可能消失無蹤，甚至還可能出現「倒果為因」

圖表 5-4 從分析結果構思點子的方向

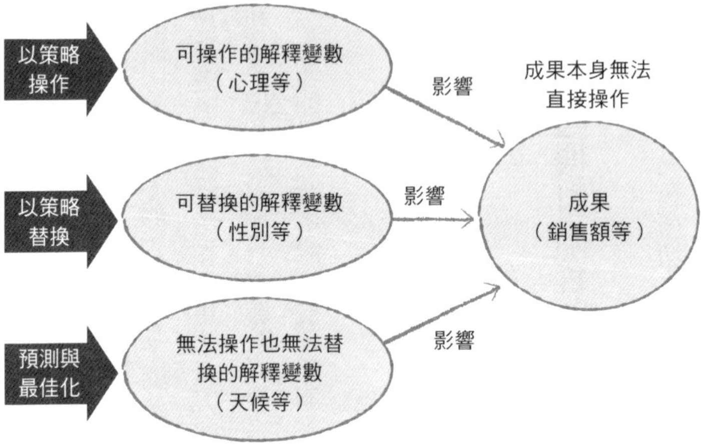

的問題。

就以剛剛那個「值得信賴」的品牌印象例子來說，到底是「因為值得信賴所以買很多」，還是「因為買很多，所以產生信賴感」？這是不論你怎麼檢查回歸係數及p值都無法徹底判別的。而且倘若正確的是後者，那麼，即使再怎麼用廣告贏得顧客信賴，可能也無法預期銷售額會增加。

這是統計學的困難之處，也是許多教科書裡總會寫著「務必謹慎思考，不可將相關與因果混為一談」的原因，不過，本書完全不打算用這種模稜兩可的說法做總結。本書主張「找到看似能賺錢的點子後，請以適當的隨機對照實驗或A／B測試來驗證」。令經濟學家頭疼的金融政策或許很難，但商業上的策略是可輕易以隨機對照實驗來驗證因果關係的。

例如，聚集一定的人數並隨機分成兩組。將嘗試新策略的群組稱為A群組，而採取既有做法、不做任何動作或只收集資料的群組則稱為B組。將足夠數量的受測者隨機分組，就和丟擲硬幣時只要丟擲次數夠多，出現正反面的次數就不會有明顯偏頗的道理是一樣的。不論是否實際測量資料，平均來說，這兩個群組間的各項條件都會幾乎相等。

在這種情況下，如果與B群組相比，嘗試新策略的A群組的結果（銷售額或生產力等）出現了難以視為偶然產生的誤差這樣的結果，便可算是以統計的假設檢定證實了因果關係。而這時使用的是t檢定或z檢定（如圖表5-3的④）。

即使是醫學最前線等人命關天的決策工作，也都是用這種方法來處理，因此，商業上的決策也該採用此種已經證實有效的方法，別再以「讓我們再仔細討論看看」這種話含糊其詞下去了。

隨機化所需的「一定數量」該如何估算？

最後，隨機分組所需的「一定數量」到底是幾人以上可能會是個問題。接著，就讓我來補充說明一下這部分。

不論是平均值的差距也好，比例的差距也罷，這個人數都能依據檢定力（power），從「預計會有標準誤差的幾倍的差距」這樣的觀點來估算。例如，將檢定力訂為85%，亦即要在真的發生非偶然的差距時，讓p值低於0.05的機率為85%的話，那麼，平均值也好比例也罷，依據策略的實施與否，標準誤差必須小於預估差距的3分之1才行。例如，若某策略預估會產生平均1萬日圓的差距，那麼，其標準誤差就必須被控制在3333日圓（=10000÷3）以內。不管是平均值的差距還是比例的差距，標準誤差都是由標準差和資料筆數來決定的，這點各位應該都已知道（第105頁），而從目前結果的標準差來算出「必須要有多少筆資料（亦即樣本數）」的動作，其實就是隨機對照實驗裡的樣本數規劃。

依據樣本數規劃的觀念來實際計算看看，要使標準誤差為預估差距的3分之1時，就用原資料的標準差除以預估差距後，取其平方值，再乘以36倍，便能算出分成兩組前的整體資料筆數。例如，若想針對某個預估可使客單價提高1000日圓的策略進行隨機對照實驗，而原本客單價的標準差為5000日圓，那麼，以「（5000÷1000）2×36」，就能算出整體資料筆數要有900人，再對半分組便是各組要有450人。

此外，雖然只能算出近似值，不過，**「能將標準誤差控制在預估差距的幾分之1內」的「幾分之1」的計算，確實可透過「在常態分佈中，從平均值往右X個標準差處為止的面積與檢定力一致」的X值加上1．96的方式算出**。

例如，剛剛的85％檢定力與常態分佈面積一致的點位於「從平均值往右1．04個標準差處」，故以1.04+1.96，便能算出3這個值。於是便可得到只要將標準誤差控制在預估差距的3分之1內即可的結果。而檢定力是95％的話，1.64+1.96，約為3．6分之1；檢定力是97．5％的話，1.96+1.96，約為3．9分之1。

另外請注意，所加上的「1．96」這個值，在p值不是以5％為門檻來判定的時候，亦即在改變了「急驚風風險」（請參考第2章）的情況下，是必須隨之更改的。關於這部分的近似值計算方法，我已在附錄的【補充17】提出證明，而樣本數規劃這個主題本身就足以統整成一本書，有興趣的讀者們，請務必參考其他相關的專門書籍。

就像這樣，只要實際依序執行「以多元回歸分析和邏輯回歸來尋找點子，並依需求以因素分析或聚類分析來縮減變數，最後再用隨機對照實驗和t檢定或z檢定來檢驗該點子是否有效」這些步驟，你一定也能為貴公司找到全新的「賺錢好點子」！

「26」

無法透過本書獲得的三種知識

不過，就算已徹底了解本書內容，仍算不上是精通統計學。應該說，學會本書到目前為止所介紹的內容，才算是站上了統計學的起跑線。因此最後，我還想談一談關於各位該如何從這個起跑線跨出下一步。

現在各位應該已理解商業上最常用的統計方法，已經知道各方法的意義、使之成立的數學知識，以及運用方法等。而透過本書「仍無法習得」的知識可大略分為三種。

第一種是**運用工具及真實資料的實作**，第二種是**在數理層面上對分析方法的深入理解**，最後則是本書完全未提及的、**最近這50年所出現的更先進的統計方法**。

SAS及R、SQL與統計方法

首先是關於運用工具及真實資料的實作部分。雖然本書內容是採取透過手工計算數筆～數十筆資料來了解統計觀念的形式，但現代幾乎沒有人會用徒手計算的方式做統計分析。在實務上，舉凡p值及回歸係數、因素分數等各式各樣的計算，都是用SAS或R等工具來進行（也有一些只用Excel就能做到）。就是為了讓各位能看懂這些工具瞬間算好並立即顯示出來的數字，所以本書才花了這麼多篇幅解說。

在使用SAS、R、Excel等工具實踐本書所介紹的各種分析方法時，你可利用如圖表5-5所列的功能。即使是因長期授權費用過高而讓絕大多數人都買不下手的分析工具SAS，也已推出所謂的University Edition（不限於大學生），亦即提供免費的學習版供大家使用，而R則本來就是免費的開源工具，此外，商務人士的電腦應該也都已安裝了Excel才對。故請各位務必參考圖表5-5，利用手邊的真實數據來實際嘗試本書所介紹的分析方法。

但所謂的「以工具和真實資料實作」，可不是知道工具的操作方法，並輸出p值及回歸係數就算完成了。若不具備從真實資料找出「應最大化／最小化之成果」的思考能力，那麼，不論再怎麼會使用工具，大概也不會有任何發現。

圖表 5-5 各統計分析方法所對應的 SAS、R、Excel 功能

分析方法	使用 SAS 時	使用 R 時	使用 Excel 時
針對平均值之差距進行 t 檢定	ttest 程序	t.test 函數	t.test 函數
針對比例之差距進行 z 檢定／卡方檢定	freq 程序	xtabs 函數與 prop.test 函數	樞紐分析表與 chitest 函數
多元回歸分析	reg 程序	lm 函數	資料分析裡的「迴歸」
邏輯回歸	logistic 程序	glm 函數	無此功能
因素分析	factor 程序	factanal 函數	無此功能
聚類分析（k- 平均演算法）	fastclus 程序	kmeans 函數	與 sql server 協作的「資料採礦」

此外，當資料分佈於多個表格時，例如，在資料橫跨「顧客的屬性資訊」表與「顧客過去的消費紀錄」表等情況下，你必須先加工處理、結合資料，否則不管是SAS還是R，仍然無法分析。還有，關於一批資料「可能存在哪些解釋變數」這部分，也不是分析工具的使用手冊裡會載明的。

而在「分析前，如何累積及加工資料」這方面，學一點資料庫及其操作語言SQL的基礎知識也相當有用。

至於R，許多數據科學家雖然很熟悉其操作，但在商業上卻

難以發揮作用，背後原因就在於他們缺乏這種「找出成果及解釋變數的思考能力」以及「加工既有資料的處理能力」，這種情況可謂屢見不鮮呢。

統計學與數學的正確關係

若能弄懂本書至此為止所解說的，應該就能完成基本的統計分析，但正如本書不斷重覆強調的「由此分析結果可做出什麼結論？又無法做出什麼結論？」或者「以這種方式解釋結果時，必須注意哪些部分？」如果要深入了解這些問題，第二種「在數理層面上對分析方法的深入理解」就變得相當重要。

在現實中，我們會遇到各式各樣「難以判斷的狀況」，這些不可能全都寫進書裡。例如，資料的形式可能和教科書裡寫的不一樣，或者你可能必須以不同於教科書的方式來運用分析結果。雖然本書希望盡可能涵蓋所有「常見問題」，但仍無法面面俱到。不過，只要能從數理層面掌握分析方法及指標的本質，這些便會成為你解決那些「難以判斷的狀況」的依據。

數學家亞瑟．班傑明（Arthur Benjamin）持續在 TED talk 等場合中主張，比起微積分及線性代數，高中以下的數學教育應該要教統計學才對，不過，我個人認為這樣的理念只對了一半。

「絕大多數的社會人士都用不到微積分及線性代數，但對所有社會人士來說，統計學卻是絕對必要的」——他的說法完全正確。但已將本書閱讀至此的各位一定了解，若要徹底理解統計學的觀念，就必須具備微積分及線性代數的概念。或者，即使不打算徹底理解統計學，若能擁有微積分及線性代數這些共同語言，那麼，不僅寫書的人輕鬆，看書的人也能懂得比較快。

本書已盡量都以言語描述的方式解說與數學有關的部分，不過，數學程度好的人應該會覺得「明明用一行算式就能解釋的東西，竟然囉囉嗦嗦地寫了這麼一大段！」除了微積分和線性代數之外，像線性函數的圖、對數等學生時代認為「這將來到底在哪裡用得上？」的數學概念，在統計學裡都是方便好用的觀念。而我在大學以後的階段學習統計學時，之所以都還跟得上，也是因為有高中及大學教育的數學基礎。

因此，與其說高中以下的數學課程應該「教統計學而非微積分與線性代數」，我認為應該「以最終能學會統計學為前提，並在符合實務應用的條件下，教授微積分與線性代數」才對。

即使是本書所介紹的、早在50幾年前就發明了的基本方法，也很難在不用微積分與線性代數的情況下，解說到能讓你自行計算簡單資料的程度。各位若是想「多多少少」理解一些更進階的分析方法，數學素養很有可能成為你的瓶頸。因此，若今後你認真地學起統計學，結果遇到了難以突破的瓶頸，這時若比起持續鑽研統計學本身，不如複習國中及高中甚至是大學教育的基礎數學，或許更能避免「欲速則不達」的問題，讓你穩健地達成目標。

「進階」的統計方法①——點子搜尋法

那麼，統計學早在50年前便已完成現在通用的基本方法了，在這之後又有何進展？雖然不太可能把所有進展都一一介紹，不過在此，我要針對「以多元回歸分析或邏輯回歸尋找點子」、「以因素分析／聚類分析縮減變數」和「以隨機對照實驗進行驗證」這三個階段，介紹更進階的統計觀念。

首先，在以回歸模型尋找點子的這個階段有個重大發現，那就是——可以分析「時間因素」這點。例如，我們可用邏輯回歸來分析一整年的資料，以找出「在此期間退會的顧客與未退會的顧客，其差異為何？」但除了「在這一年內是否退會」外，若還能知道「同樣是退會，時間點早了多久」這種資訊，應該會更棒。這時，就要利用稱為「**存活分析**（survival analysis）」的各種方法了。不過是分析顧客的退會問題，竟然會出現「存活」這麼誇張名稱？這其實是因為此類方法原本來自醫學領域，是為了分析病患的存活時間而發明的。

其中較具代表性的方法取其發明者的名字，稱為Cox**回歸**，屬於回歸分析的一種。Cox回歸用的不是比值比，而是用所謂的風險比（hazard ratio）指標來獲得「在一定的時間內，有幾倍的機率容易發生／難以發生」這樣的分析結果。

另外，以相同的人或物為對象，經多次調查而得到的資料稱為**時間序列**資料，而針對這種資料也發展出了一種名為**時間序列分析**的方法。例如，若目前已取得多家分店的每週問卷調查匯總結果，也就是累積了分店數×52週的銷售額及問卷資料。則用來從這種資料找出「過去的資訊與未來一週的銷售額有何關聯？」的方法，就是所謂的時間序列分析。

基本上，時間序列分析重視的是**自我相關**。以剛剛的例子來說，就是「即使是同一分店的不同時間點資料，也會彼此相關」這點。有可能上一週的銷售額高，隨著這股氣勢，使得下一週的銷售額也提高，亦即呈現正相關；反之，也可能因上一週的銷售額高，吃掉了下一週的銷售額，於是呈現出下一週的銷售額減少的負相關狀態。

就像這樣，不論是多久前之值的大小與後來值的關聯性，又或是背後存在具有不分時間的共通「平均值與變異數」的變動因素等，我們可找出各式各樣「時間性的變化」。

而由喬治・波克斯（George Box）和格威靈・詹金斯（Gwilym Jenkins）這兩位統計學家於一九七〇年起發表的一連串時間序列分析方法，以ARIMA（Autoregressive, Integrated and Moving Average，整合移動平均自回歸）**模型**為名被整合後，又再納入季節性變動等多種因素，一直持續不斷地發展並進化。

雖然這種時間序列分析較常用於預測股價及景氣狀況，但其實也可應用在本書的主要目標——洞悉。例如，可找出大幅影響銷售旺季之銷售額的是幾個月前的廣告品質，或者銷售旺季的幾個月前的銷售額增長會「先吃掉」後來的銷售額，而對整體銷售帶來負面影響等。

另外補充一下，「以時間點在前的值來解釋時間點在後的值的變化」這種想法屬於時間序列分析，不過，若是將多個時間點（而非先後時間點）的資料視為用來掌握「個別差異」的資訊，然後分析與其他解釋變數間的關聯性，則稱為**多時期資料分析**（time-course data analysis），是完全不同的另一種分析。像這種「各個不同」的因素，若要以一般的回歸係數來呈現，就會變成必須以某一者為基準建立「個數-1」個虛擬變數的愚蠢情形，因此，為了能妥善處理這類狀況，便發展出了一些模型，例如，在多時期資料分析方面可利用的**混合模型**（mixed model）。而且這種混合模型在考量的不是個體的時間性差異，而是居住地區及所屬機構等空間資訊的情況下，也很有用呢。

「進階」的統計方法②——新的變數縮減手法

接著是變數縮減的部分。因素分析是以多個解釋變數背後存在有「左右了觀測值的潛在因素」為基本概念，而各因素被視為是平行並列的（如圖表5-6）。

但有時潛在因素彼此間的關聯性也很重要。例如，假設針對問卷調查中各項目的回答做縮減處理，結果以「斜交轉軸」方式可縮減成「購買意願」、「對品質的信賴」、「商品認知」和「對設計的偏好」這4個因素。接著以這4個因素的分數為解釋變數；以此商品的消費金額為結果，進行多元回歸分析。結果依p值判斷，只有購買意願這一因素呈現出難以視為偶然的關聯性，其他因素都在誤差範圍內（如圖表5-7）。

但就算「對品質的信賴」和「對設計的偏好」與此結果（即消費金額）無直接關聯，還是可能會與「購買意願」有所關聯。而「商品認知」即使與「購買意願」無直接關聯，

圖表 5-6 因素分析示意圖

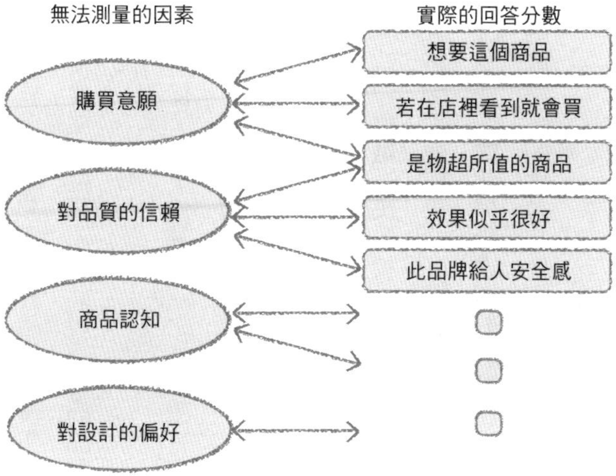

圖表 5-7 使用因素分數的多元回歸分析

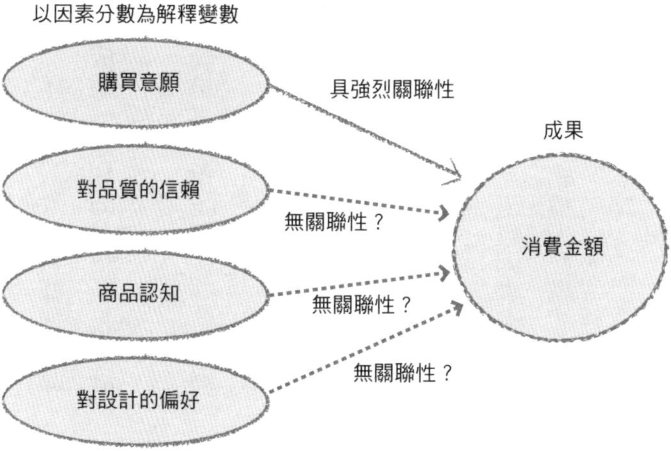

仍可能與「對品質的信賴」及「對設計的偏好」有所關聯。若是如此，那麼，呈現「當購買意願的因素分數相同時，其他因素分數的大小與消費金額間的關聯性」的多元回歸分析結果就會造成誤導。在這種情況下，「商品認知提高了，對設計的偏好與對品質的信賴便會隨之提高。由此可證，商品認知會間接影響成果」這樣的分析結果或許更值得重視。

就像這樣，除了變數縮減之外，還有可找出變數間不論是直接還是間接的各種關聯性的方法，名為**結構方程模式**（structural equation modeling）。若用結構方程模式來分析剛剛的例子，便如圖表5-8所示，其結果呈現出較複雜的關聯性，而這是只做多元回歸分析時無法辦到的。雖然本書一直告訴各位在實務上「可直接以因素分數做為回歸模型的解釋變數」來分析，但其實也有不少人認為，就許多方面而言，以結構方程模式來分析因素與成果的關聯性更為理想。而理由之一就是——與其承受因素分析時（來自因素與所觀測變數之間的關聯性）的誤差再加上回歸分析時（來自因素與結果之間的關聯性）的誤差這樣的雙重誤差影響，還不如一開始就只用結構方程模式分析就好。

另外，在因素分析的應用方面，還有一種叫**試題反應理論**（item response theory）的方法，藉由正確解答某測驗中的題目與否，來推測受試者的潛在能力，主要是用

圖表 5-8 以結構方程模式來分析的結果示意圖

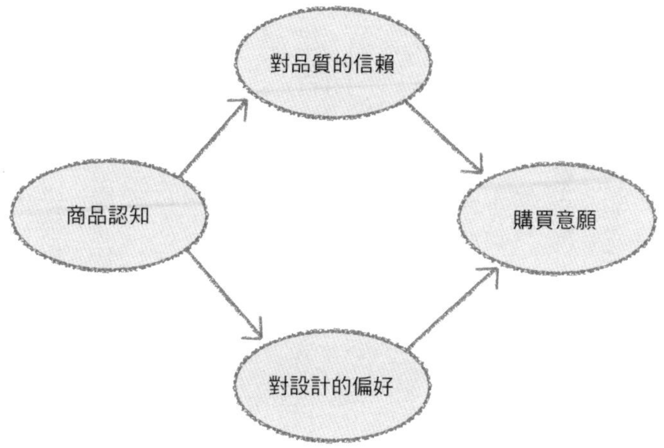

來確認各題目是如何識別「潛在能力」。試題反應理論被應用於多益（TOEIC）及托福（TOEFL）等現代測驗，藉此確保測驗的品質並保障對考生的公平性。這便是為何我會在第80頁說「美國的入學考根本不用什麼偏差值！」這種說法是錯的，他們的方向與偏差值一致，只是用了更進階的方法罷了。

聚類分析也出現了各式各樣的改良。例如，**k－平均演算法**（k-means）是以完全隨機的方式進行一開始的分類，但後來又發展出改變了該分類方式、能更有效率並達成穩定分類的kmeans++演算法。

另外還有利用名為核心函數

（kernel function）的函數來考量不屬於單純畢氏定理之「距離」的 kernel k-means 演算法，即使是k－平均演算法無法判別的聚類形狀（如第321頁所述，k－平均演算法是將所有聚類都視為半徑相同之球形），這種方法也能夠順利加以分類。而遵循一定標準重覆進行k－平均演算法，以「分割出數量最適當的聚類」則是所謂的 x-means 演算法。

「進階」的統計方法③——隨機對照實驗的新驗證手法

最後是以隨機對照實驗來驗證的部分。隨機對照實驗這種方法已相當完整，而「在無法進行隨機對照實驗的情況下，該如何正確檢驗」這類研究則發展出了所謂**統計的因果推論**。

假設某分析結果發現，「寄送了廣告郵件的顧客群體與未寄送的群體之間，有5000日圓的消費額差距」，若寄送廣告郵件與否是隨機決定的，這兩個群體的各種條件便都均等，亦即可視為兩者之間僅有收到廣告郵件與否的差異，於是便能推論出「消費額的差距是由廣告郵件造成的」這種因果關係。這是隨機對照實驗的思考方式，但實際上往往會有「寄送廣告郵件時，選擇寄給了消費額似乎較高的顧客」的偏向。如此便無法判別「是因為寄了廣告郵件，所以造成其消費額增加，還是只是因為寄了廣告郵件給消費額較高的人」。所以在使用多元回歸分析等方法時，往往會進行「當其他解釋變數的條件相同時」的調整。

我在前著的第217頁也曾介紹過，八〇年代之後的統計因果推論開始採取一種與傳統的多元回歸分析等方法不同的、運用了所謂**傾向分數**（propensity score）的做法。這個傾向分數可用邏輯回歸來推估。而以剛剛的例子來說，其傾向分數便是「從其他解釋變數推估出的廣告郵件寄送機率」。也就是利用這個傾向分數，便能從既有資料盡可能無偏頗地推估出寄送廣告郵件的效果。而在多種運用傾向分數的手法中，最具代表性的，是一種叫**邊緣性結構模型**（marginal structural model）的分析方法。

以上便是我大略想到的幾個「進階」的統計方法。這些雖然不必全部弄懂，不過，一旦遇上無法只用本書說明過的方法來解決的問題時，你便可依據這裡的描述，到書店或圖書館、網路上搜尋該領域的入門書或相關的解說文章、大學的講義資料等。

即使到了此時此刻，全世界的統計學家仍在努力思考該怎麼處理資料，以解決現實生活中的問題，仍在持續挑戰新發現及理論的精緻化。而其中一定會有能夠解決你今後將遭遇之疑問的寶貴知識。

謝辭

艾薩克・牛頓（Isaac Newton）將偉大的前人們所累積的智慧比喻為「巨人的肩膀」。也就是說，因為有了這些基礎，我們才得以爬上高處、看見遠方。

而我想透過本書來傳達的，正是統計學上的巨人肩膀。書中介紹的所有統計方法都並非創新，全都是由過去的偉大數學家及統計學家們所孕育而出，並持續不斷地整理其意義與本質，最終得到的結果。對於替我們建構了這些知識的偉大先賢，滿腔的感激之情豈是能用三言兩語就能表達。

此外，對於傳授統計知識給我的恩師們，以及所有我曾拜讀過的書籍作者們，我也深表感謝之意。光是能以參考書目之名向各位讀者介紹他們的著作，寫這本書就算是值得了。

在此還要感謝於百忙之中協助審校本書內容的友人——田栗正隆先生與岡田謙介先生。不過，若不幸本書內容有所錯誤，仍應由我擔負全部責任。

另外更要感謝讀完了這麼厚厚一本書的讀者。如果本書對於豐富各位的人生能有些許幫助，那便是我最大的快樂。

最後，再讓我藉此機會，向我的妻子與孩子們表達感謝之意，他們在任何時刻都給予我極大的支持與鼓勵。

西内 啓

參考文獻

第 1 章

清水良一 . 中心極限定理 . 教育出版 ;1976.

Quetelet LA. Sur l'homme et le développement de ses facultés ou essai de physique sociale. Bachelier;1835.

Quetelet LA. Letters on the theory of probabilities (OG Downes, Trans.) . Layton; 1849.

Gauss CF. Theoria motus corporum coelestium in sectionibus conicis solem ambientium. 1809.

学生の健康白書に関する特別委員会（編）. 学生の健康白書 2005. 国立大学法人保健管理施設協議会 ;2008.

第 2 章

Salsburg D. The Lady Tasting Tea: How Statistics Revolutionized Science in the Twentieth Century. Holt Paperbacks;2002.

芝村良 . R.A フィッシャーの統計理論—推測統計学の形成とその社会的背景 . 九州大学出版会 ;2004.

日本野球機構 . 年度別成績 [2014/9/27 引用]. Available from: http://bis.npb.or.jp/yearly/

Helmer t FR. Die Genauigkeit der Formel von Peters zur Berechnung des wahrscheinlichen Beobachtungsfehlers directer Beobachtungen gleicher Genauigkeit [in German]. Astronomische Nachrichten. 1876;88:113 132.

Pearson K. On the criterion that a given system of deviations from the probable in the case of a correlated system of variables is such that it can be reasonably supposed to have arisen from random sampling. Phil Mag Ser. 1900;50:157 175.

Fisher RA. Statistical Methods for Research Workers. Cosmo Publications;1925.

Holm S. A simple sequentially rejective multiple test procedure. Scand J Stat. 1979;6:65-70.

Benjamini Y, Hochberg Y. Controlling the false discovery rate: a practical and powerful approach to multiple testing. Journal of the Royal Statistical Society, Series B. 1995;57:289-300.

第 3 章

Galton F. Regression Towards Mediocrity in Hereditary Stature. Journal of the Anthropological Institute of Great Britain and Ireland. 1886;15:246-263.

Pearson K. Mathematical Contributions to the Theory of Evolution. III. Regression, Heredity and Panmixia. Philosophical Transactions of the Royal Society of London. 1896;187:253-318.

Fisher RA. Statistical Methods for Research Workers. Cosmo Publications;1925.

Pearson K. Notes on the history of correlation. Biometrika. 1920:25-45.

Rothman K J. Epidemiology: An Introduction. 2nd ed. Oxford University Press;2012.

嶋康晃 . 世界の心臟を救った町—フラミンガム研究の 55 年 . ライフサイエンス出版 ;2011.

Truett J, Cornfield J, Kannel W. A multivariate analysis of the risk of coronary heart disease in Framingham. J Chronic Dis. 1967;20（7）:511 524.

Nelder JA, Wedderburn RWM. Generalizedlinear models. Journal of the Royal Statistical Society, Series A. 1972;125:370-384.

丹後俊郎 , 高木晴良 , 山岡和枝 . ロジスティック回 分析—SAS を利用した統計解析の実際 . 朝倉書店 ;1996.

Burnham KP, Anderson DR. Model Selection and Multimodel Inference. 2nd ed. Springer-Verlag;2002.

第 4 章

Spearman C. "General intelligence" objectively determined and measured. Am J Psychol 1904;15:201 292.

Thurstone LL. The vectors of mind. Psychological Review. 1934;41:1-32.

Thurstone LL. A new conception of intelligence. Educational Record. 1936;17:441-450.

Flanagan DP, Genshaft JL, Harrison PL, editors. Contemporary intellectual assessment: Theories, tests and issues. Guilford;1997.

豊田英樹 . 因子分析入門—R で学ぶ最新データ解析 . 東京図書 ;2012.

Robbins SP. Essentials of Organizational Behavior. 8th ed. Prentice Hall; 2005.

前川真一 , 竹内啓 . SAS による多変量データの解析 . 東京大学出版会 ;1997.

Sibson R. SLINK: an optimally efficient algorithm for the single-link cluster method. The Computer Journal;1973:16:30-34.

Hartigan JA. Clustering Algorithms. John Wiley & Sons Inc;1975.

Brito P, Bertrand P, Cucumel G, Carvalho FD, editors. Selected contributions in data analysis and classification. Springer;2007.

終章

Benjamin A. Teach statistics before calculus! TED2009. Available from: http://www.ted.com/talks/arthur_benjamin_s_formula_for_changing_math_education?language=ja

大橋靖雄，浜田知久馬．生存時間解析―SAS による生物統計．東京大学出版会;1995.

Box GEP, Jenkins GM. Time Series Analysis: Forecasting and Control. 1st ed. Holden Day;1970.

藤越康祝．経時データ解析の数理．朝倉書店 2009.

甘利俊一，佐藤俊哉，竹内啓，狩野裕，松山裕，石黒真木夫．多変量解析の展開―隠れた構造と因果を推理する．岩波書店;2002.

豊田秀樹．項目反応理論 [入門編]（第 2 版）．朝倉書店;2012.

Arthur D, Vassilvitskii S. K-means++: the advantages of careful seeding. Proceedings of the eighteenth annual ACM-SIAM symposium on Discrete algorithms. 2007;1027 1035.

Girolami M. Mercer kernel-based clustering in feature space. Neural Networks, IEEE Transactions on. 2002;13:780-784.

Pelleg D, Moore A. X-means: Extending K-means with Effi cient Estimation of the Number of Clusters. 2000. Available from: www.cs.cmu.edu/~dpelleg/download/xmeans.pdf

APPENDIX

數學的補充說明

【補充 1】
偏差的絕對值與中位數

就如正文中所述，中位數的定義，會依據資料數量為奇數或偶數而有不同，以下便分別加以證明。

（i）資料數量為奇數時

以 n 為自然數，奇數的資料數量可用 2n–1 個來代表。而資料值由小到大以 $x_1 \leqq x_2 \leqq \cdots \leqq x_{2n-1}$ 表示，中位數便是 X_n。

接著以 t 為真值（你可想成是 true 這個字的第一個字母，但就如後面補充 3 所述，這並非一般常見的代表符號），假設 t 在 $x_k \leqq t \leqq x_{k+1}$ 的區間內（k=1,2,3,⋯2n–2），則「與真值之偏差的絕對值的總和」f(t) 就是：

$$f(t) = \sum_{i=1}^{2n-1} |x_i - t| = \sum_{i=1}^{k} (t - x_i) + \sum_{i=k+1}^{2n-1} (x_i - t) = kt - \sum_{i=1}^{k} x_i - (2n-1-k)t + \sum_{i=k+1}^{2n-1} x_i$$

$$= (2k - 2n + 1)t - \sum_{i=1}^{k} x_i + \sum_{i=k+1}^{2n-1} x_i$$

這個 f(t) 代表的是會依據 t 改變其值的函數（function）。

在 $k \leqq n-1$ 的範圍內，係數 2k–2n+1 為負值，故 t 越大，f(t) 會越小，在 $x_k \leqq t \leqq x_{k+1}$ 此區間的 f(t) 最小值為：

$$f(t)_{min} = f(x_{k+1}) = (2k - 2n + 1)x_{k+1} - \sum_{i=1}^{k} x_i + \sum_{i=k+1}^{2n-1} x_i$$

反之，f(t) 的最大值則為：

$$f(t)_{max} = f(x_k) = (2k - 2n + 1)x_k - \sum_{i=1}^{k} x_i + \sum_{i=k+1}^{2n-1} x_i$$

而「左側區間」，亦即在 $x_{k-1} \leqq t \leqq x_k$ 的情況下，f(t) 的最小值為：

$$\begin{aligned} f(t)_{min} = f(x_k) &= (2(k-1) - 2n + 1)x_k - \sum_{i=1}^{k-1} x_i + \sum_{i=k}^{2n-1} x_i \\ &= (2k - 2n + 1)x_k - 2x_k - \sum_{i=1}^{k-1} x_i + \sum_{i=k}^{2n-1} x_i \\ &= (2k - 2n + 1)x_k - \sum_{i=1}^{k-1} x_i - x_k + \sum_{i=k}^{2n-1} x_i - x_k \\ &= (2k - 2n + 1)x_k - \sum_{i=1}^{k} x_i + \sum_{i=k+1}^{2n-1} x_i \end{aligned}$$

這與剛剛 $x_k \leqq t \leqq x_{k+1}$ 區間的 $f(t)_{max}$ 一致。因此，以符合 $k \leqq n-1$ 條件的所有 k 值來說，在各 $x_k \leqq t \leqq x_{k+1}$ 區間的右端，f(t) 皆為最小值，且這個最小值會隨著 t 或 k 越大而單調遞減。另外 $-\infty < t \leqq x_1$ 區間的最小值也在其右端 f(x1)，且同時亦為其右側區間 $x_1 \leqq t \leqq x_2$ 的最大值。

所以在 $k \leqq n-1$ 的範圍內，當 k=n−1 時，於區間右端 $f(x_{k+1})$，f(t) 為最小值：

$$f(t)_{min} = f(x_{n-1+1}) = f(x_n) \cdots\cdots ①$$

而在符合 $k \geqq n$ 條件的範圍內，f(t) 也可用如下算式表示：

$$f(t)=\sum_{i=1}^{2n-1}|x_i-t|=(2k-2n+1)t-\sum_{i=1}^{k}x_i+\sum_{i=k+1}^{2n-1}x_i$$

這時 t 的係數 2k–2n+1 為正值，故各區間除了有 t 越大；f(t) 就越大的現象外，各區間的右端（區間的最大值）與其右側區間的左端（右側區間的最小值）會一致，且隨著 t 或 k 越大而單調遞增。因此，以所有滿足 $k \geqq n$ 條件的 k 來說，k=n 時的 $x_k \leqq t \leqq x_{k+1}$ 區間左端 $f(x_k)$，f(t) 為最小值：

$$f(t)_{min}=f(x_n)\cdots\cdots ②$$

而由於 n 和 k 都是自然數，n–1<k<n 不成立，故由① = ② $=f(x_n)$ 可得知，當 t 與中位數一致時，f(t) 便是整個區間中的最小值。

（ii）資料數量為偶數時

以 n 為自然數，偶數的資料數量可用 2n 個來代表。而資料值由小到大以 $x_1 \leqq x_2 \leqq \cdots \leqq x_{2n}$ 表示。

同樣以 t 為真值，當 t 在 $x_k \leqq t \leqq x_{k+1}$ 的區間內（k=1,2,3,⋯,2n–1），「與真值之偏差的絕對值的總和」f(t) 就是：

$$f(t)=\sum_{i=1}^{2n}|x_i-t|=\sum_{i=1}^{k}(t-x_i)+\sum_{i=k+1}^{2n}(x_i-t)=kt-\sum_{i=1}^{k}x_i-(2n-k)t+\sum_{i=k+1}^{2n}x_i$$

$$=2(k-n)t-\sum_{i=1}^{k}x_i+\sum_{i=k+1}^{2n}x_i$$

在 $k<n$ 的範圍內，t 的係數 $2(k-n)$ 為負值，和（i）一樣，當 k 或 t 越大，f(t) 會單調遞減，當 $k=n-1$ 時，於區間右端 $f(x_{k+1})$，f(t) 為最小值，亦即：

$$f(t)_{min} = -2x_n - \sum_{i=1}^{n-1} x_i + \sum_{i=n}^{2n} x_i = -\sum_{i=1}^{n} x_i + \sum_{i=n+1}^{2n} x_i \cdots\cdots ③$$

而在 $k>n$ 的範圍內，t 的係數 $2(k-n)$ 為正值，k 或 t 越大，f(t) 便會單調遞增，當 $k=n+1$ 時，於區間左端 $f(x_k)$，f(t) 為最小值：

$$f(t)_{min} = 2x_{n+1} - \sum_{i=1}^{n+1} x_i + \sum_{i=n+2}^{2n} x_i = -\sum_{i=1}^{n} x_i + \sum_{i=n+1}^{2n} x_i \cdots\cdots ④$$

最後是關於在 $k=n$ 的情況下，$x_n \leqq t \leqq x_{n+1}$ 區間的 f(t) 最小值。由於 t 的係數為 0，故不論 t 值為何，此最小值都是：

$$f(t)_{min} = -\sum_{i=1}^{n} x_i + \sum_{i=k+1}^{2n} x_i \cdots\cdots ⑤$$

也就是③ = ④ = ⑤，t 在 $x_n \leqq t \leqq x_{n+1}$ 的範圍內時，不論 t 的值為多少，f(t) 都是整個區間中的最小值。當資料數量為偶數，亦即以 2n 個（n 為自然數）表示，其中位數便是以 $(x_n+x_{n+1})\div 2$ 表示，而這個中位數當然也包含在這個 f(t) 為最小的區間內。

如上，絕對值的算式需分成兩種情況來推導，相當麻煩。

【補充 2】

偏差的平方與平均值

接著是基於最小平方法，最好將真值想成是平均值的相關算式。
當有 n 筆（n 為自然數）資料 $x_1, x_2, \cdots, x_n$ 時，以 t 為真值，則「與真值之偏差的平方和」f(t) 為：

$$f(t)=\sum_{i=1}^{n}(x_i-t)^2=\sum_{i=1}^{n}(x_i^2-2tx_i+t^2)=\sum_{i=1}^{n}x_i^2-2t\sum_{i=1}^{n}x_i\ +nt^2=nt^2-2n\bar{x}t+\sum_{i=1}^{n}x_i^2$$

而其中：

$$\bar{x}=\frac{1}{n}\sum_{i=1}^{n}x_i$$

亦即 $\bar{x}$ 就是所謂「將 n 筆資料 $x_1, x_2, \cdots, x_n$ 加總後除以 n」的 x 的平均值。這個 $\bar{x}$ 唸成「x–bar」，在統計學上，只要加上了這樣的橫線（bar），通常就是代表由資料算出的平均值。
至於 t 是多少時 f(t) 為最小這個問題，只要用國中學過的完全平方式便能算出來。所謂完全平方式就是：

$$f(t)=n(t^2-2\bar{x}t)+\sum_{i=1}^{n}x_i^2=n(t^2-2\bar{x}t+\bar{x}^2-\bar{x}^2)+\sum_{i=1}^{n}x_i^2=n(t-\bar{x})^2-n\bar{x}^2+\sum_{i=1}^{n}x_i^2$$

由此可知當 $t=\bar{x}$ 時，f(t) 會最小。
如果用高中學的微分來算，又更簡單：

$$f'(t)=2nt-2n\bar{x}=2n(t-\bar{x})$$

所以當 $f'(t)=0$，$t=\bar{x}$ 時，f(t) 會是最小的。這正是本書正文中所說的「若以微分或積分來處理平方的計算，會比用絕對值更方便」。

【補充 3】
平均值與比例的標準誤差

在此為了方便做數學上的解釋，將以和正文部分稍微不同的順序－「平均值與比例的標準誤差」→「變異數與無偏變異數」→「中央極限定理」來逐一解說。即使你想早點看到中央極限定理的解說，至少要讀完到第 110 頁為止的正文，先了解一下什麼是標準誤差會比較好。

剛剛在【補充 2】已談過「與真值之偏差的平方和」f(t)，而我在正文裡說過，變異數就是將這個值再除以資料筆數 n。由於 x 的變異數經常利用 variance（變異）這個英文字的第一個字母，也就是以 V(x) 來表示，故變異數的算式可寫成：

$$V(x) = \frac{1}{n}\sum_{i=1}^{n}(x_i - t)^2$$

而將此值開根號便會得到標準差。

另外，這種加總後除以 n 的結果，有時也可稱為「期望值」。期望值的英文是 expectation，故 x 的期望值可用 E(x) 表示，而若採用此寫法，變異數便為：

$$V(x) = E((x - t)^2)$$

因此，這也可說成是「與真值之偏差的平方期望值」。

基於【補充 2】的觀念，t 不該是含糊不明的「真值」，而應視為平均值才對。而 x 的平均值應是收集了無限多筆資料便能求出的「x 的

期望值」，亦即 E(x)。於是可得到：

$$V(x) = E((x-t)^2) = E\left(\left(x - E(x)\right)^2\right)$$

不過這樣有點難看出 E 所代表的範圍。所以在習慣上，統計學是根據收集無限多筆資料應該就能求出的「真正平均值（mean）」這樣的意義，以對應英文字母 m 的希臘字母 μ（唸做 miu）來表示，於是多半會寫成：

$$V(x) = E((x-t)^2) = E\left(\left(x - E(x)\right)^2\right) = E((x-\mu)^2)$$

在此再確認一下期望值的定義，期望值就是指「（可能得到的值 × 得到該值的機率）的總和」。例如，依據「丟骰子時，出現 1 ～ 6 各數字的機率都一樣是 1/6」這樣的資訊，以 p(x) 來表示 x 為某值的機率的話，那就是：

$$p(1) = p(2) = p(3) = p(4) = p(5) = p(6) = \frac{1}{6}$$

而利用此 p(x) 來表示平均值，亦即 x 的期望值，則是：

$$\mu = E(x) = \sum_{x=1}^{6} x \cdot p(x)$$

此例實際計算出來的結果應為 μ=3.5。而依據同樣道理，變異數（亦即 $(x-\mu)^2$）的期望值就會是：

$$V(x) = E((x-\mu)^2) = \sum_{x=1}^{6} (x-\mu)^2 \cdot p(x)$$

像這樣以期望值來定義的理論上的變異數，就和剛剛以 μ 來代表平均值一樣，習慣上會以 σ^2 來表示。σ 唸做「sigma」，是一個希臘字母，相當於英文字母中的 s。可能是源自標準差 SD 的平方為變異數這點，且為了代替 s 才用這個符號的。此外，我先前將 μ 描述為「收集無限多筆資料就能求出的真正平均值」，但這和「以實際資料求得之平均值（稱為樣本平均值）」是兩回事。同樣地，以 σ^2 表示的變異數所指的也是「收集無限多筆資料應該就能求出的真正變異數」，與從實際資料算出之變異數（稱為樣本變異數）是有所區別的。

另外補充一下，用來表示 $x_1+x_2+\cdots+x_n$ 這種加總之意的 Σ 符號，其實就是此「sigma」的大寫，其來由為英文中代表總和的 sum 的開頭字母。

而由於這種期望值很常用於統計學的初階證明，故在此先介紹 3 種後續計算會用到的公式。

第 1 個公式是指在各自獨立的狀態下（某方的大小，不受另一方大小的影響），總和的期望值會等於各期望值的總和。以算式表示就是：

$$E(x+y) = E(x) + E(y)$$ **〈期望值的公式 1〉**

例如在剛剛丟 1 ～ 6 點的骰子的同時，多丟擲 1 枚硬幣。則骰子所出現的點數與硬幣的正反面之間是毫無關聯性的。而骰子點數與硬幣出現正面的總和期望值，會等於各期望值的總和，所以就是 3.5+0.5=4。

接下來，第 2 個公式是指無變動性的固定值（即常數）乘以 x 的期望值，會是 x 的期望值的此常數倍。例如，若以 a 代表這個常數，公式便如下：

$$E(ax) = aE(x)$$ 〈**期望值的公式 2**〉

假設骰子的點數不是 1,2,3,4,5,6，而是各多了一倍的 2,4,6,8,10,12，那麼，其期望值就會是 3.5 的 2 倍，亦即 7。
最後的第 3 個公式，則是指各自獨立者相乘之值的期望值，也會等於各期望值相乘的結果。以算式表示就是：

$$E(x \times y) = E(x) \times E(y)$$ 〈**期望值的公式 3**〉

以剛剛骰子和硬幣的例子來說，「兩者相乘之值的期望值」就相當於只在硬幣出現正面時計算骰子點數，當硬幣出現反面時則強制設骰子點數為 0，於是其期望值便是 3.5×0.5=1.75。
另外，還有一點算不上是公式，那就是沒有機率變動性的「常數的期望值」，就是「常數本身」。亦即 E(a)=a。
運用上述這些公式，便能證明正文第 131 頁所說的「變異數的可加性」，也就是各自獨立者加總後的變異數，會與原本各自的變異數加總的結果一致。寫成數學算式就是：

$$V(x+y)=V(x)+V(y) \cdots\cdots ①$$

而此算式之所以成立，是因為：

$$\begin{aligned}
V(x+y) &= E\left(\left(x+y-E(x+y)\right)^2\right) = E\left(\left(x+y-E(x)-E(y)\right)^2\right) \\
&= E\left(\left(x-E(x)\right)^2 - 2\left(x-E(x)\right)\left(y-E(y)\right) + \left(y-E(y)\right)^2\right) \\
&= E\left(\left(x-E(x)\right)^2\right) - 2E\left(\left(x-E(x)\right)\left(y-E(y)\right)\right) + E\left(\left(y-E(y)\right)^2\right) \\
&= V(x) - 2E\left(xy - E(x)y - E(y)x - E(x)E(y)\right) + V(y) \\
&= V(x) + V(y) - 2\left(E(x)E(y) - E(x)E(y) - E(y)E(x) + E(x)E(y)\right) \\
&= V(x) + V(y)
\end{aligned}$$

此外，由於變異數是基於資料之平方值的指標，因此，原始資料 x 乘以 a 倍的 ax 的變異數便存在有如下的等式關係：

$$V(ax) = a^2V(x) \cdots\cdots ②$$

這也可用期望值的公式來證明：

$$V(ax) = E\left(\left(ax - E(ax)\right)^2\right) = E\left(\left(ax - aE(x)\right)^2\right) = E\left(a^2\left(x - E(x)\right)^2\right) = a^2E\left(\left(x - E(x)\right)^2\right)$$
$$= a^2V(x)$$

以上述原理為基礎，接著再來說明平均值或比例的標準誤差為什麼等於標準差除以 $\sqrt{n}$。

所謂平均值的標準誤差，是指「在相同條件下，進行多次調查並重覆計算平均值時的平均值標準差」。所以：

$$SE = \sqrt{V(\bar{x})} = \sqrt{V(\frac{x_1 + x_2 + \cdots + x_n}{n})}$$

這時，利用剛剛的算式②便可修改成：

$$SE = \sqrt{\frac{1}{n^2}V(x_1 + x_2 + \cdots + x_n)} = \frac{1}{n}\sqrt{V(x_1 + x_2 + \cdots + x_n)}$$

而由於 x_1 和 x_2 等都是各自獨立的，故再加入算式①之變異數的可加性觀念，就變成：

$$SE = \frac{1}{n}\sqrt{V(x_1) + V(x_2) + \cdots + V(x_n)}$$

又由於 x_1 也好，x_2 也好，變異數都同樣為 $V(x)=\sigma^2$，亦即 $V(x)=V(x_1)=V(x_2)=\cdots=V(x_n)=\sigma^2$，所以：

$$SE=\frac{1}{n}\sqrt{\sigma^2+\sigma^2+\cdots+\sigma^2}=\frac{1}{n}\sqrt{n\sigma^2}=\sqrt{\frac{\sigma^2}{n}}=\frac{\sigma}{\sqrt{n}}\ \cdots\cdots ③$$

（其中 σ 就是$\sqrt{\sigma^2}$，即標準差）。

同樣地，繼續來看看比例的標準誤差。所謂比例，就是當 x 之值為 0 或 1 這種值時的平均值。基於先前關於銅板的期望值的觀念，比例的標準誤差可寫成：

$$V(x)=E((x-\mu)^2)=\sum_{x=0}^{1}(x-\mu)^2p(x)$$

這裡的 μ 代表「為 1 的機率」，就等於 p(1)。反之，$p(0)=1-p(1)=1-\mu$，故 $\mu=p(1)=p$，於是可推導出：

$$V(x)=(0-p)^2(1-p)+(1-p)^2p=p^2(1-p)+(1-p)^2p=p(1-p)(p+1-p)$$
$$=p(1-p)$$

將此結果代入算式③，即可得到以下的比例之標準誤差公式：

$$SE=\sqrt{\frac{V(x)}{n}}=\sqrt{\frac{p(1-p)}{n}}$$

【補充 4】

變異數與無偏變異數

要從 n 筆資料 $x_1, x_2, \cdots, x_n$ 求出資料的變異數，亦即樣本變異數 v 的話，用如下的公式來計算即可：

$$v = \frac{1}{n}\sum_{i=1}^{n}(x_i - \mu)^2 \cdots\cdots ①$$

不過，對於無法觀測的「真正平均值」μ，我們只能以實際取得之資料的平均值 $\bar{x}$ 來計算變異數，而在資料數量少的情況下，這樣的差異多少會產生偏差。

用 x 的平均值而非真正的平均值 μ 來計算「偏差的平方和」時，可寫成：

$$\sum_{i=1}^{n}(x_i - \bar{x})^2 = \sum_{i=1}^{n}(x_i - \mu + \mu - \bar{x})^2 = \sum_{i=1}^{n}\{(x_i - \mu)^2 + 2(x_i - \mu)(\mu - \bar{x}) + (\mu - \bar{x})^2\}$$

$$= \sum_{i=1}^{n}(x_i - \mu)^2 + \sum_{i=1}^{n}\{2(x_i - \mu)(\mu - \bar{x}) + (\mu - \bar{x})^2\}$$

接著根據算式①：

$$\sum_{i=1}^{n}(x_i - \mu)^2 = nv$$

$$\sum_{i=1}^{n}(x_i - \bar{x})^2 = nv + \sum_{i=1}^{n}\{2(x_i - \mu)(\mu - \bar{x}) + (\mu - \bar{x})^2\}$$

$$= nv + \sum_{i=1}^{n}(2\mu x_i - 2\bar{x}x_i - 2\mu^2 + 2\mu\bar{x} + \mu^2 - 2\mu\bar{x} + \bar{x}^2)$$

$$= nv + \sum_{i=1}^{n}(2\mu x_i - 2\bar{x}x_i - \mu^2 + \bar{x}^2)$$

$$= nv + n\bar{x}^2 - n\mu^2 + 2(\mu - \bar{x})\sum_{i=1}^{n}x_i$$

$$= nv + n\bar{x}^2 - n\mu^2 + 2(\mu - \bar{x})n\bar{x}$$
$$= nv + n\bar{x}^2 - n\mu^2 + 2n\mu\bar{x} - 2n\bar{x}^2$$
$$= nv - n\bar{x}^2 + 2n\mu\bar{x} - n\mu^2$$
$$= nv - n(\bar{x}^2 - 2\mu\bar{x} + \mu^2)$$
$$= nv - n(\bar{x} - \mu)^2$$

便能求得：

$$\frac{1}{n}\sum_{i=1}^{n}(x_i - \bar{x})^2 = v - (\bar{x} - \mu)^2$$

一旦使用 $\bar{x}$ 而非 μ 來計算偏差的平方平均值，所得到的變異數會比實際變異數小 $(\bar{x} - \mu)^2$。當資料數量 n 夠大時，$\bar{x} \fallingdotseq \mu$，故這點不構成問題，但在資料數量不夠多的情況下就必須注意了。

因此，我們得考慮 $(\bar{x} - \mu)^2$ 大約是什麼程度的值，將等號兩側都以期望值來想便是：

$$E((x_i - \bar{x})^2) = E((x_i - \mu)^2) - E((\bar{x} - \mu)^2)$$

其中右邊的第一項就是 x 的變異數 $V(x)=\sigma^2$，第二項 $E((\bar{x} - \mu)^2)$ 則是「$\bar{x}$ 的變異數」，亦即「$\bar{x}$ 的標準誤差的平方」。此外，正如【補充 3】說過的，平均值之標準誤差的平方值，就等於變異數除以資料筆數，即 $\frac{\sigma^2}{n}$。由此可得：

$$E((x_i - \bar{x})^2) = \sigma^2 - \frac{\sigma^2}{n} = \frac{(n-1)\sigma^2}{n}$$
$$\Leftrightarrow \sigma^2 = \frac{n}{n-1}E((x_i - \bar{x})^2)$$

也就是說，以 $\bar{x}$ 而非 μ 的偏差來計算時，若 $(\bar{x} - \mu)^2$ 是無法忽略的，那麼，用 n–1 除以「偏差的平方和」會比用 n 更為精準。基於此觀念，以 n–1 而非 n 來除以資料平均值之偏差平方和所得到的值，便叫做無偏變異數。

【補充 5】

常態分佈的數學特性

前面已看過代表資料特徵之指標的平均值與變異數。x 變數的「收集無限多資料應該就能求出的」平均值 μ 與變異數 σ^2，可用如下算式表示：

$$\mu = E(x) \text{ ， } \sigma^2 = E((x-\mu)^2)$$

就如擲骰子的例子所說的，期望值是指 x 的值與為該值之機率相乘後加總的結果，因此，若以 p(x) 表示 x 為某值的機率，便可寫成：

$$\mu = E(x) = \sum x \cdot p(x)$$

而依據同樣道理，變異數，亦即 $(x-\mu)^2$ 的期望值就會是：

$$\sigma^2 = E((x-\mu)^2) = \sum (x-\mu)^2 \cdot p(x)$$

不過，現實中有許多資料並不像骰子的點數那樣能明確判定「為此值的機率 p(x) 是多少」。例如，針對「隨機抽測日本男性的身高，測到身高 170 公分者的機率為多少？」這種問題，依據對此問題的認知不同，答案可能會有無數多種。

將身高 170 公分的定義認知為「169.5 公分以上，不到 170.5 公分，四捨五入成 170 公分」，或認知為「169.95 公分以上，不到 170.05 公分，便視為 170.0 公分」，又或是更粗略地認知為「165 公分以上，不到 175 公分，就算是大約 170 公分」等，這些不同的認知方式會產生不同的答案。若採取更嚴格的認定，要剛剛好 170 公分，也就

是達到原子程度的「170.0000…公分」的話，這機率則會是無限小。像這樣，值要細分至小數點以下幾位就能有幾位的，稱為**連續變數**，而像骰子的點數那樣只會出現自然數的，值是不連續的，則稱為**離散變數**。只有當 x 為離散變數時，才能將 x 為某值之機率定義為 p(x)；若為連續變數，就不能以「為某值的機率」來想，必須改採「169.5 公分以上，不到 170.5 公分」這種「值在某範圍內的機率」。而在統計學上，是以所謂的**機率密度函數**來處理這種機率。

例如正文中多次提到的常態分佈所呈現的便是類似下圖的圖形。其縱軸為「機率密度」，也就是以「x 是從哪裡到哪裡」的範圍做為計算機率的基礎，用機率密度函數來表示機率密度的值取決於 x 的關聯性。而機率密度函數通常以 f(x) 表示，正如我已提過的，這是源自函數的英文 function。此圖中的機率密度函數為：

$$f(x) = \frac{1}{\sqrt{2\pi}}\exp(-\frac{x^2}{2})$$

其中的 $\exp\left(-\frac{x^2}{2}\right)$ 代表了自然對數的底數或納皮爾常數 e 的 $(-x^2/2)$ 次方，可改寫成：

$$\exp\left(-\frac{x^2}{2}\right) = e^{-\frac{x^2}{2}} = \frac{1}{e^{\frac{x^2}{2}}} \cdots\cdots ①$$

這樣寫的話，意思仍是相同的。

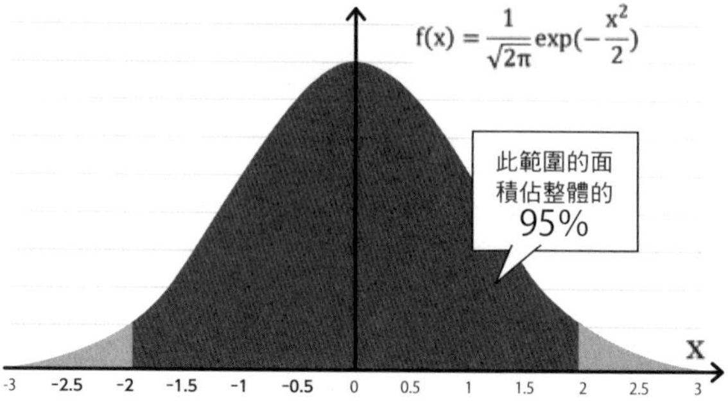

這是變異數為 1（亦即標準差也是 1），平均值為 0，算起來最輕鬆的一種常態分佈，名為**標準常態分佈**，只要是遵循常態分佈的資料，即使平均值及變異數不同，也可經由「減去平均值，除以標準差」，轉換成遵循此標準常態分佈的值。也就是說，針對遵循平均值為 μ、變異數為 σ^2 之常態分佈的 x，進行如下的轉換處理：

$$z=\frac{x-\mu}{\sigma}$$

則這個 z 便會遵循如下的標準常態分佈：

$$f(z)=\frac{1}{\sqrt{2\pi}}\exp(-\frac{z^2}{2})$$

這個轉換處理被稱做**標準化**或 **z 轉換**，亦是正文中所介紹的 z 檢定的由來。不論是什麼樣的資料，所謂「以該標準誤差除以平均值或比例的差距，所得之值是否超過 1.96 來判斷」，就是將平均值或比例的差距處理成遵循此平均值為 0、變異數為 1 的標準常態分佈後，再以這個機率密度函數求出「超出該值的機率是多少」。

此外，求出「值在某範圍內的機率」，其實就是針對此機率密度函數計算定積分，亦即「求出 x 為某值到某值之範圍內，在曲線 f(x) 下的面積」。例如我在正文中曾多次提到，在標準常態分佈裡「值在 –2 至 2 之間的機率」，也就是以此 f(x) 求取值在平均值 ±2SD 範圍內的機率，結果可知約有 95% 的機率能得到這樣的值，而這可用如下的算式表示：

$$\int_{-2}^{2} f(x)\,dx = \int_{-2}^{2} \frac{1}{\sqrt{2\pi}} \exp(-\frac{x^2}{2})\,dx \cong 0.95$$

其中的 符號與≒的符號相同，代表「大約相等」。此外，由於理論上 x 的值有可能是 – ∞至∞之間的任意實數，所以「其值大於平均值 +2SD 的機率約為 2.5%」這點可寫成如下方式：

$$\int_{2}^{\infty} f(x)\,dx = \int_{2}^{\infty} \frac{1}{\sqrt{2\pi}} \exp(-\frac{x^2}{2})\,dx \cong 0.025$$

先前我曾用期望值，亦即以「可能得到的值 × 得到該值之機率的總和」這個觀念來整理平均值及變異數，不過，若以機率密度函數 f(x) 代替 p(x)，以積分符號 $\int$（唸做 integral）代替 Σ，則可將平均值及變異數用如下的算式表示：

$$\mu = \int_{-\infty}^{\infty} x \cdot f(x)dx \quad , \quad \sigma^2 = \int_{-\infty}^{\infty} (x-\mu)^2 \cdot f(x)dx$$

另外再補充一下，在掌握資料分佈的特徵方面，除了平均值和變異數外，還有**偏度**和**峰度**這兩個比較次要的指標存在。

$$偏度 = \int_{-\infty}^{\infty} (x-\mu)^3 \cdot f(x)dx$$
$$峰度 = \int_{-\infty}^{\infty} (x-\mu)^4 \cdot f(x)dx$$

簡言之就是，變異數為 (x–μ) 的平方期望值，而立方（三次方）的期望值為資料分佈的不對稱性基準，即代表「偏斜程度」的偏度；四次方期望值則是資料分佈在平均值附近的集中程度，即表示「尖銳程度」的峰度。此外，這些表示資料分佈特徵的指標總稱為**矩（又稱動差**，moment），故平均值也稱為「一階原點矩」，變異數稱為「二階中心矩」，偏度為「三階中心矩」，峰度則是「四階中心矩」。接著讓我們以標準常態分佈的機率密度函數來實際算算看這些值。但即使是最單純的一階原點矩，也就是平均值的算式，也一點兒都不簡單：

$$\mu = \int_{-\infty}^{\infty} x \cdot f(x)dx = \int_{-\infty}^{\infty} x \cdot \frac{1}{\sqrt{2\pi}} \exp\left(-\frac{x^2}{2}\right)dx$$

這時你可能會煩惱著該用年輕時學過的分部積分法（integration by parts）還是代換積分法（integration by substitution）等積分技巧來解，但欲速則不達，還不如從 f(x) 的微分來思考，就能找出單純的關聯性：

$$f'(x) = \left(\frac{1}{\sqrt{2\pi}}\exp\left(-\frac{x^2}{2}\right)\right)' = \frac{1}{\sqrt{2\pi}}\exp\left(-\frac{x^2}{2}\right) \cdot \left(-\frac{2x}{2}\right) = \frac{1}{\sqrt{2\pi}}\exp\left(-\frac{x^2}{2}\right)(-x) = -x \cdot f(x)$$

說個題外話，高斯在彙編為《誤差論》一書的論文中，在一開始導出常態分佈之機率密度函數時，便依據（1）小誤差比大誤差容易發生（2）非常大的誤差很罕見（3）同樣大小的正負誤差的發生機率相等…等等這些條件，想出如下的關聯性：

$$\frac{f'(x)}{f(x)} = ax \text{（a：常數）}$$

然後再由此導出常態分佈的 $\exp(-x^2)$ 的常數倍部分（會解微分方程式的人請務必挑戰看看）。

現在言歸正傳，依據剛剛的算式：

$$f'(x) = -x \cdot f(x)$$

若將兩邊都做不定積分的計算：

$$\int f'(x)\,dx = -\int x \cdot f(x)\,dx$$

則左邊的「經微分後的積分」就是原本的 f(x)，故可改寫成：

$$-f(x) = \int x \cdot f(x)\,dx \quad \cdots\cdots \text{②}$$

於是可求得：

$$\mu = \int_{-\infty}^{\infty} x \cdot f(x)dx = -[f(x)]_{-\infty}^{\infty} = -(\lim_{x\to\infty}(f(x) - f(-x))) = 0$$

這是因為從 f(x) 的內容來看，不論 x 為正還是負，x^2 的值都會一樣，於是：

$$f(x) = f(-x) \quad \cdots\cdots \text{③}$$

（若以視覺化的方式來解釋，就是 f(x) 是以 x=0 為軸左右對稱）。

接著順便思考一下二階中心矩，亦即變異數的部分。就如剛剛的計算，標準常態分佈的 μ 為 0，所以：

$$\sigma^2 = \int_{-\infty}^{\infty}(x-\mu)^2 \cdot f(x)dx = \int_{-\infty}^{\infty} x^2 \cdot f(x)dx \quad \cdots\cdots \text{④}$$

這時，利用高中學過的分部積分法觀念，依據分部積分法可知：

$$\int_a^b u(x)v'(x)dx = [u(x)v(x)]_a^b - \int_a^b u'(x)v(x)dx$$

若 $u(x)=x$, $v'(x)=x \cdot f(x)$ 的話，由於 $u'(x)=1$，且 $v(x)=-f(x)$（依據算式②），看來似乎是算得出來的，於是可得到：

$$\sigma^2 = \int_{-\infty}^{\infty} x^2 \cdot f(x)dx = \left[-x \cdot f(x)\right]_{-\infty}^{\infty} + \int_{-\infty}^{\infty} f(x)dx = \lim_{x\to\infty}(-x \cdot f(x) - (x \cdot f(-x)) + \int_{-\infty}^{\infty} f(x)dx$$

接著依據算式③，$f(x)=f(-x)$，故以下算式便成立：

$$\sigma^2 = \lim_{x\to\infty}(-2x \cdot f(x)) + \int_{-\infty}^{\infty} f(x)dx = \lim_{x\to\infty}\left(-2x \cdot \frac{1}{\sqrt{2\pi}}\exp\left(-\frac{x^2}{2}\right)\right) + \int_{-\infty}^{\infty} f(x)dx$$

$$= \lim_{x\to\infty}\left(-\sqrt{\frac{2}{\pi}}\frac{x}{e^{\frac{x^2}{2}}}\right) + \int_{-\infty}^{\infty} f(x)dx \text{（根據算式①）}$$

如此一來 $x \to \infty$ 時，$x << e^{\frac{x^2}{2}}$，所以變成：

$$\lim_{x\to\infty}\left(-\sqrt{\frac{2}{\pi}}\frac{x}{e^{\frac{x^2}{2}}}\right) = 0 \quad \text{於是可得：} \sigma^2 = \int_{-\infty}^{\infty} f(x)dx$$

算式的右邊其實就是「針對從 $-\infty$ 到 ∞ 的所有實數，將機率密度函數做積分計算的結果是多少？」再說得更白話點便是「將所有可能發生的機率都加總的話，是多少？」而依據機率的定義，其答案為 100%，也就是「1」。由此可得：

$$\sigma^2 = \int_{-\infty}^{\infty} f(x)dx = 1$$

由此看來，標準常態分佈的平均值和變異數確實就是 0 與 1。

以上都了解後，所謂三階中心矩——偏度也同樣能計算出來。若和剛剛一樣利用分部積分法，這次是 $u(x)=x^2$, $v'(x)=x \cdot f(x)$，所以：

$$偏度=\int_{-\infty}^{\infty}(x-\mu)^3 \cdot f(x)dx=\int_{-\infty}^{\infty}x^3 \cdot f(x)dx=\left[-x^2 \cdot f(x)\right]_{-\infty}^{\infty}+2\int_{-\infty}^{\infty}x \cdot f(x)dx$$

其中等號右邊的第一項與算式③一樣，x 的正負會被平方抵消，變成零，而第二項就是 μ 的定義的 2 倍，但這也是 0。因此，標準常態分佈的三階中心矩——偏度，就是 0。

最後，四階中心矩——峰度又是如何呢？同樣利用分部積分法，依據 u(x)=x3, $v'(x)=x \cdot f(x)$ 可得：

$$\begin{aligned}峰度&=\int_{-\infty}^{\infty}x^4 \cdot f(x)dx=\left[-x^3 \cdot f(x)\right]_{-\infty}^{\infty}+3\int_{-\infty}^{\infty}x^2 \cdot f(x)dx\\&=\lim_{x\to\infty}(-x^3 \cdot f(x)-(x^3 \cdot f(-x))+3\int_{-\infty}^{\infty}x^2 \cdot f(x)dx\\&=\lim_{x\to\infty}\left(-\sqrt{\frac{2}{\pi}}\frac{x^3}{e^{\frac{x^2}{2}}}\right)+3\int_{-\infty}^{\infty}x^2 \cdot f(x)dx\end{aligned}$$

這裡右邊的第一項是 $x\to\infty$時 $x^3 << e^{\frac{x^2}{2}}$，故為 0，接著第二項為算式④所代表之變異數定義的 3 倍，故可知峰度 =3（不過請注意，有些教科書採用的峰度定義不同，亦即為了使標準常態分佈的峰度為 0，有些書是採取「三階中心矩 –3」的定義）。

至此，我們似乎已能推算出不限於三階或四階的、通用化的 n 階中心矩了。假設將 n 階中心矩定義為如下：

$$M_{n(x)} = \int_{-\infty}^{\infty} x^n \cdot f(x)dx$$

和前面的做法一樣，透過 $u(x)=x^{n-1}$, $v'(x)=x \cdot f(x)$ 的分部積分處理應該就能解決問題。如此一來，當 n 為 3 以上的奇數時（2k+1：k 為自然數），便是：

$$M_{2k+1(x)} = \int_{-\infty}^{\infty} x^{2k+1} \cdot f(x)dx = \left[-x^{2k} \cdot f(x)\right]_{-\infty}^{\infty} + 2k \cdot \int_{-\infty}^{\infty} x^{2k-1} \cdot f(x)dx$$

其中，右邊的第一項「± 被 2 次方抵消，變成 0」，而第二項為 $M_{2k-1(x)}$，也就是「小一個的奇數階中心矩」的 2k 倍。由此可得：

$$M_{2k+1(x)} = 2k \cdot M_{2k-1(x)}$$

而由於這個遞迴關係式是以 $M_{1(x)}=\mu=0$ 開始，因此，之後乘以任何自然數，奇數階中心矩 $M_{2k-1(x)}$ 都會是 0。

至於偶數階中心矩的部分，當 n 為 4 以上的偶數 (2k+2) 時，便為：

$$M_{2k+2(x)} = \int_{-\infty}^{\infty} x^{2k+3} \cdot f(x)dx = \left[-x^{2k+1} \cdot f(x)\right]_{-\infty}^{\infty} + (2k+1) \cdot \int_{-\infty}^{\infty} x^{2k} \cdot f(x)dx$$

其中右邊第一項為 $x \to \infty$ 時 $x^{2k+1} << e^{\frac{x^2}{2}}$，因此：

$$\lim_{x\to\infty}\left(-\sqrt{\frac{2}{\pi}}\frac{x^{2k+1}}{e^{\frac{x^2}{2}}}\right) = 0$$

第二項則為 $M_{2k(x)}$，也就是「小一個的偶數階中心矩」的 (2k+1) 倍。於是偶數階中心矩的遞迴關係式便寫成：

$$M_{2k+2(x)} = (2k+1) \cdot M_{2k(x)}$$

這個遞迴關係式是以 $M_{2(x)}=\sigma^2=1$ 做為開始。由於 $M_{4(x)}=3\times 1=3$, $M_{6(x)}=5\times 3\times 1=15$，故可知從 1 開始由小而大將 k 個奇數相乘的結果，就是 2k 階中心矩。另外，直接將代表「連續相加」的 Σ，改成圓周率符號的大寫 Π 這個希臘字母，即可表示「連續相乘」之意（「相乘、乘積」的英文為 product，其開頭字母 p 所對應的希臘字母正是 Π）。
若使用這個符號，便可將偶數階中心矩寫成如下的通用算式：

$$M_{2k(x)} = \prod_{i=1}^{k}(2i-1)$$

而將上述這些統整起來便是：

$$M_{n(x)} = \begin{cases} 0 & （n\text{ 為奇數時}） \\ \prod_{i=1}^{n/2}(2i-1) & （n\text{ 為偶數時}） \end{cases}$$

在討論資料所遵循的分佈性質時，這種矩的觀念非常重要，但像本附錄這樣只以高中程度的數學知識來一一處理是相當累人的，一般統計學家通常是使用動差生成函數（moment–generating function）及特徵函數（characteristic function）等方便的工具來處理。
若要解說這部分，無論如何都必須用到大學以上程度的數學知識，故本書選擇略過不談，建議有興趣的讀者務必參考相關專業書籍，嘗試接觸一下這些數理統計學的觀念。

【補充 6】

中央極限定理

依據【補充 5】的說明，我們已知平均值 0、變異數 1 的標準常態分佈的 n 階中心矩可用如下的算式表示：

$$M_{n(x)} = \begin{cases} 0 & \text{（n 為奇數時）} \\ \prod_{i=1}^{n/2}(2i-1) & \text{（n 為偶數時）} \end{cases} \cdots ①$$

若要證明中央極限定理，亦即要證明「不論原始資料是否遵循常態分佈，絕大多數值只要加總足夠數量，便會遵循常態分佈」這一定律的話，就證明「加總值的分佈」是否具有這樣的矩即可。雖然像數理統計學教科書裡寫的那種嚴謹證明一定要有大學程度的數學知識才能看懂，但若不那麼嚴謹，只是想體驗一下「似乎真是如此！」的感覺，只要用高中程度的數學知識也可能辦到。接著就讓我們參考切比雪夫及馬可夫等十九世紀俄國數學家最早採行的初階證明方法，以如下的步驟來思考。

首先從完全不知遵循什麼分佈的連續變數著手。

由於不知遵循什麼樣的分佈，故也不知道 x 的機率密度函數 f(x) 是以什麼樣的算式來表示。雖然我們無法知道該值，但可假設以某有限值來說，像平均值 μ_x 及變異數 σ_x^2 等 n 階中心矩都全部存在。有限值不存在變異數，就是不處於「變異數為∞」（其實理論上這種分佈也是存在的）的狀態。當然變異數也不會是 0。變異數為 0 代表了為某一值的機率是 100%，在這種情況下，不論怎麼加總都不會成為常態

分佈。不過在嚴謹的證明中，是不需要假設「以有限值來說，n 階中心矩全都存在」的。

接著假設從這個機率密度函數取得了 k 筆資料 $x_1,x_2,\cdots,x_k$。原本想知道的是這個 $X=x_1+x_2+\cdots+x_k$ 合計在 k 值夠大的情況下，是否會遵循常態分佈，但這樣算起來實在太辛苦，因此，改從事先已標準化或已完成 z 轉換的值著手。所以：

$$z_i = \frac{x_i - \mu_x}{\sigma_x}$$

這樣一來，轉換後的 z 所遵循的分佈是否為 $\mu_z=0$, $\sigma_z=1$，就等同於 x 所遵循的分佈是否為常態分佈了。不考慮 X，改為考慮 $Z=(z_1+z_2+\cdots+z_k)\div\sqrt{k}$ 的話，就是：

$$Z = \frac{1}{\sqrt{k}}\sum_{i=1}^{k} z_i = \frac{1}{\sqrt{k}}\sum_{i=1}^{k}\frac{x_i - \mu_x}{\sigma_x} = \frac{1}{\sqrt{k}\sigma_x}\sum_{i=1}^{k}(x_i - \mu_x) = \frac{1}{\sqrt{k}\sigma_x}\sum_{i=1}^{k}x_i - \frac{\sqrt{k}\mu_x}{\sigma_x} = \frac{X}{\sqrt{k}\sigma_x} - \frac{\sqrt{k}\mu_x}{\sigma_x}$$

$$\Leftrightarrow X = \sqrt{k}\sigma_x Z + k\mu_x$$

因此若 Z 遵循常態分佈，那麼「為 Z 的幾倍再加上特定值」的 X 應該也會遵循常態分佈。接著就該考慮 Z 的矩這部分了。首先從一階原點矩——平均值開始：

$$E(Z) = E\left(\frac{(z_1 + z_2 + \cdots + z_k)}{\sqrt{k}}\right) = \frac{1}{\sqrt{k}}\big(E(z_1) + E(z_2) + \cdots + E(z_k)\big) = \frac{kE(z)}{\sqrt{k}} = \sqrt{k}\mu_z = 0$$

而二階中心矩——變異數則是：

$$E((Z-\mu)^2) = E(Z^2) = E\left(\frac{(z_1 + z_2 + \cdots + z_k)^2}{k}\right)$$

$$= \frac{1}{k}\big(E(z_1^2 + z_2^2 + \cdots + z_n^2 + 2z_1z_2 + 2z_1z_3 + \cdots + 2z_{k-1}z_k)\big)$$

$$=\frac{1}{k}(E(z_1^2)+E(z_2^2)+\cdots+E(z_k^2)+2E(z_1)E(z_2)+2E(z_1)E(z_3)$$
$$+\cdots+2E(z_{k-1})E(z_k)$$

這些看起來都很複雜，不過不用害怕。

$E(z_1^2)$ 也好，$E(z_2^2)$ 也罷，全都是 $E(z^2)$，$E(z_1)E(z_2)$ 和 $E(z_1)E(z_3)$ 也都是 $E(z)^2$，接下來只要考慮這些到底有多少個就行了。在全部共 $k \times k$ 個的組合中，只有彼此為同值相乘的 k 個是 $E(z^2)$，其餘的 k^2-k 個都是 $E(z)^2$，故可知：

$$=\frac{1}{k}(kE(z^2)+(k^2-k)E(z)^2)=E(z^2)+(k-1)E(z)^2$$

再加上 $E(z)=\mu_z=0$，所以 Z 的二階中心矩便是：

$$E(Z^2)=E(z^2)=1$$

再來看三階中心矩：

$$E(Z^3)=E\left(\frac{(z_1+z_2+\cdots+z_k)^3}{k\sqrt{k}}\right)$$

分子的「3 次方」算起來實在很麻煩。

不過，若暫且將展開就能求出的部分以 z_i、z_j、z_k（但 $i \neq j \neq k$）來代表，就會發現只有 $z_i^3 z_j^0 z_k^0$、$z_i^2 z_j^1 z_k^0$、$z_i^1 z_j^1 z_k^1$ 這 3 種模式：

$$E(z_i^3 z_j^0 z_k^0)=E(z^3)$$
$$E\left(z_i^2 z_j^1 z_k^0\right)=E(z^2)E(z)=E(z^2)\cdot 0=0$$
$$E\left(z_i^1 z_j^1 z_k^1\right)=E(z)^3=0^3=0$$

由於只要包含一個 1 次方，便會全部變成 0。於是就只剩下 k 個全都是同值相乘的 $E(z^3)$ 要考慮了。於是可得到：

$$E(Z^3)=E\left(\frac{(z_1+z_2+\cdots+z_k)^3}{k\sqrt{k}}\right)=\frac{1}{k\sqrt{k}}\cdot kE(z^3)=\frac{E(z^3)}{\sqrt{k}}$$

依據我們原先的假設，x 以及 z 中「存在著某種有限的矩」。而 $E(z^3)=E((z-0)^3)=E((z-\mu_z)^3)$，也就是雖然不知道實際值，但 $E(z^3)$ 確實是以某種有限的值的形式存在。如此一來，當相較於此 z 的三階中心矩，k 夠大時，便可視為：

$$E(Z^3)=\frac{E(z^3)}{\sqrt{k}}\cong 0$$

這就表示「當加總的資料數量夠多時，Z 的偏度便可視為和標準常態分佈一樣的 0」。

那麼，四階中心矩又是如何呢？四階中心矩若也同樣針對展開就能求出的部分，去掉包含 1 次方的，就只剩下 $E(z_i^4)=E(z^4)$ 和 $E(z_i^2z_j^2)=E(z^2)^2$ 這兩種模式要考慮。先不論前者，後者雖然有點麻煩，但或許用高中學過的多項式定理來想會比較容易。以常見的學習形式來介紹的話，所謂的多項式定理就是，展開 $(a+b+c)^n$ 時，$a^pb^qc^r$ 這些指數項目的係數會是 $\frac{n!}{p!q!r!}$。而括弧內不一定要是 a,b,c 三個項目，也可以是我們在此要計算的 $(z_1+z_2+\cdots+z_k)^4$。

例如，$z_i^2z_j^2$ 這個展開後的項目係數便是 4!÷2!÷2!=6。而這個 i 與 j 的組合是從 k 個中選出 2 個，共有 k(k–1)÷2 種模式。因此：

$$E(Z^4) = E\left(\frac{(z_1 + z_2 + \cdots + z_k)^4}{k^2}\right) = \frac{1}{k^2}\left(kE(z^4) + \frac{6k(k-1)}{2}E(z^2)^2\right)$$

$$= \frac{1}{k}(E(z^4) + 3(k-1)E(z^2)^2) = \frac{E(z^4)}{k} - \frac{1}{k}E(z^2)^2 + 3E(z^2)^2 = \frac{E(z^4)}{k} - \frac{1}{k} + 3$$

（因為 $E(z^2)=\sigma_z^2$）。

於是和剛剛一樣，當 k 夠大的時候：

$$E(Z^4) \cong 3$$

這也與標準常態分佈的四階中心矩一致。

若各位有興趣，也可以再嘗試計算五階以上的中心矩，但一定都會得到「若為奇數階，k 就都在分母部分，故當 k 夠大時，便可視為 0」、「若為偶數階，分母與分子會留下 k 可以整除的項目，不論 z 的多次方的矩值為多少，都會與標準常態分佈的矩一致」這樣的結果就是了。

以初階數學（但也包含棘手的展開處理）將這種關聯性通用化的是馬可夫與切比雪夫，而站在他們的成就上，以特徵函數賦予通用至今的中央極限定理基礎的則是李亞普諾夫。

若各位想進一步了解關於常態分佈與中央極限定理的發展歷史及現代的證明方法等，請務必參考相關的專業書籍。

【補充 7】
切比雪夫不等式

我在正文中介紹過，切比雪夫不等式證明了不論資料的分佈如何，平均值 ±2SD 的範圍內都至少包含全體 3/4 的資料，若再以更通用的方式表達，就是不論資料的分佈如何，超出平均值 ±k×SD 範圍的機率會在 $1/k^2$ 以下。當 k=2 時，此機率的上限為 1/4，故剩下的 3/4 便是「在平均值 ±2SD 範圍內的機率」的下限。

將這個規則以平均值為 μ、變異數為 $\sigma^2(>0)$ 的連續變數 x 之機率密度函數 f(x) 來表示，就是：

$$\int_{\mu-k\sigma}^{\mu+k\sigma} f(x) \geqq 1-\frac{1}{k^2}$$

之所以能寫成這樣，是因為其變異數 σ^2 為：

$$\sigma^2 = E((x-\mu)^2) = \int_{-\infty}^{\infty}(x-\mu)^2 f(x)dx$$

$$= \int_{-\infty}^{\mu-k\sigma}(x-\mu)^2 f(x)dx + \int_{\mu-k\sigma}^{\mu+k\sigma}(x-\mu)^2 f(x)dx + \int_{\mu+k\sigma}^{\infty}(x-\mu)^2 f(x)dx$$

$$\geqq \int_{-\infty}^{\mu-k\sigma}(x-\mu)^2 f(x)dx + \int_{\mu+k\sigma}^{\infty}(x-\mu)^2 f(x)dx$$

（只是將積分分成 3 個領域，然後去掉中間的領域而已。）

在這裡，由於第一項和第二項所考慮的都是超出 μ 的 ±kσ 範圍的地方，$|x-\mu| \geqq k\sigma>0$，因此 $(x-\mu)^2 \geqq k^2\sigma^2>0$。

由此可得：

$$\sigma^2 \geqq \int_{-\infty}^{\mu-k\sigma}(x-\mu)^2 f(x)dx + \int_{\mu+k\sigma}^{\infty}(x-\mu)^2 f(x)dx$$

$$\geqq \int_{-\infty}^{\mu-k\sigma}k^2\sigma^2 f(x)dx + \int_{\mu+k\sigma}^{\infty}k^2\sigma^2 f(x)dx$$

$$= k^2\sigma^2\left(\int_{-\infty}^{\mu-k\sigma}f(x)dx + \int_{\mu+k\sigma}^{\infty}f(x)dx\right)$$

$$= k^2\sigma^2(1 - \int_{\mu-k\sigma}^{\mu+k\sigma}f(x)dx)$$

$$\Leftrightarrow \frac{1}{k^2} \geqq 1 - \int_{\mu-k\sigma}^{\mu+k\sigma}f(x)dx$$

$$\Leftrightarrow \int_{\mu-k\sigma}^{\mu+k\sigma}f(x)dx \geqq 1 - \frac{1}{k^2}$$

這樣便能證明這個切比雪夫不等式。

【補充 8】

針對平均值與比例之差距的 z 檢定

所謂針對比例之差距做 z 檢定，就像在正文中，我以「曾隸屬於體育類社團群組」和「出身自其他社團群組」為例，以 n_1, n_2 為兩個群組各自的人數，以 p_1, p_2 為符合某條件者的比例，然後將這兩個群組的比例之差距 (p_1-p_2)「有多麼不可能」這件事視為遵循常態分佈來考慮。而可視為呈常態分佈的理由是來自中央極限定理。

要用常態分佈來計算機率，就必須懂得「平均值與變異數」。根據零假設「兩個群組應無差異」的說法，比例之差距的平均值應該是 0。此外，在變異數的部分，就如【補充 3】所說的，各群組的標準誤差 SE 為：

$$SE_i = \sqrt{\frac{p(1-p)}{n_i}}$$

其中的 p 不是直接使用 p_1, p_2，這也是基於零假設的「兩群組共通的比例」。由於兩群組「符合條件者」的人數總計為 $n_1p_1+n_2p_2$，全體人數為 n_1+n_2，故可求得：

$$p = \frac{n_1p_1 + n_2p_2}{n_1 + n_2}$$

而標準差是「原始值的變異數的平方根」，比例的標準誤差則是「比例的變異數的平方根」。所以：

$$V(p_i) = SE_i^2 = \frac{p(1-p)}{n_i}$$

我們想知道的變異數是 $V(p_1-p_2)$，因此，利用【補充 3】所證明的變異數之可加性與 $V(ax)=a^2V(x)$ 可得：

$$V(p_1 - p_2) = V(p_1 + (-p_2)) = V(p_1) + V(-p_2) = V(p_1) + (-1)^2V(p_2) = V(p_1) + V(p_2)$$

於是可求得：

$$V(p_1 - p_2) = \frac{p(1-p)}{n_1} + \frac{p(1-p)}{n_2} = p(1-p)(\frac{1}{n_1} + \frac{1}{n_2})$$

再針對 (p_1-p_2) 進行「將原始值減去平均值再除以標準差」的 z 轉換：

$$z = \frac{p_1 - p_2}{\sqrt{p(1-p)(\frac{1}{n_1} + \frac{1}{n_2})}} \quad 然而：p = \frac{n_1p_1 + n_2p_2}{n_1 + n_2}$$

這就遵循標準常態分佈。

同樣再來看看平均值之差距 ($\overline{x_1} - \overline{x_2}$)。先說明一下，在此之前，$\overline{x_1}$ 這樣的寫法是代表「n 筆資料中的第 1 筆」，不過這裡的 $\overline{x_1}$ 則是代表「第 1 個群組的平均值」。

基於零假設，($\overline{x_1} - \overline{x_2}$) 的平均值應是 0，而變異數一樣使用【補充 3】的結果，如此可得到：

$$V(\overline{x_1} - \overline{x_2}) = V(\overline{x_1}) + V(\overline{x_2}) = \frac{\sigma_1^2}{n_1} + \frac{\sigma_2^2}{n_2}$$

（不用我多說，其中的 σ_1^2,σ_2^2 當然就是各群組的變異數。）

$$z = \frac{\overline{x_1} - \overline{x_2}}{\sqrt{\frac{\sigma_1^2}{n_1} + \frac{\sigma_2^2}{n_2}}}$$

運用以上算式，便能由標準常態分佈算出根據零假設的 p 值。此外，在正文中我沒有說得很清楚，其實由於 σ_1^2, σ_2^2 是「收集無限多資料就能求出的值」，所以依據【補充 4】的觀念，一般都會改用由資料算出來的無偏變異數。

【補充 9】
χ^2（卡方）分佈與 t 分佈的關係

在正文裡，我是以「卡方分佈」來指稱這種分佈，但為了方便解說，在此改用「χ^2 分佈」。

首先，所謂遵循 t 分佈的 t 值（用比較酷的詞來說，就是「檢定統計量 t」），到底是什麼樣的值呢？它可用如下的公式表示：

$$t = \text{遵循標準常態分佈之值} \times \frac{\sqrt{\text{自由度}}}{\sqrt{\text{遵循}\chi^2\text{分佈之值}}}$$

而為了進行 z 檢定，必須做以下這樣的轉換：

$$z = \frac{x - \mu}{\sigma}$$

但在這裡，分母 σ 並非「有無限多資料時就能求得的真值」，而是「由有限的資料所推估出的、且具一定變動性的值」，在這種情況下，應使用 t 檢定而不用 z 檢定是有其原因的。若 σ 是收集了足夠數量（數百～數千以上－這是本書正文裡所指出的標準）的資料所求得的、且可視為真值的值的話，那就不成問題，但若是「只用 4 筆資料來分析」的情況，便無法忽略此差異。

就像正文中也有提到的，所謂的 χ^2 分佈是指，遵循平均值為 0、變異數為 1 之標準常態分佈的多個獨立變數 x 的平方值加總所遵循的一種分佈。而 x 遵循平均值 μ、變異數 σ^2 之常態分佈可用 $x \sim N(\mu, \sigma^2)$ 來表示，這種 χ_n^2 所遵循的分佈則可用如下的算式表示：

$$\chi_n^2 = \sum_{i=1}^{n} x_i^2 \quad (x_i \sim N(0,1))$$

依據此遵循標準常態分佈之 x^2 的加總數量不同，分佈也會有所不同，而這個「加總數量」就稱為 χ^2 分佈的自由度。例如加總 3 個 x^2 的 χ^2 分佈，其自由度便是 3。

那麼，由少量資料求得的變異數又是怎樣的值呢？以如下算式就能從 n 筆資料求出其無偏變異數 v：

$$v = \frac{1}{n-1}\sum_{i=1}^{n}(x_i - \bar{x})^2$$

這是我們先前學過的做法，而這和剛剛的 χ^2 分佈有所關聯。在此 x 遵循常態分佈的情況下，由於利用 x 的平均值 μ 與變異數 σ^2，將 x 減去平均值再除以標準差所得的值會遵循標準常態分佈，所以：

$$C = \sum_{i=1}^{n}\left(\frac{x_i - \mu}{\sigma}\right)^2$$

這個平方的合計值 C 會遵循自由度為 n 的 χ^2 分佈。此時的 σ^2，亦即真正的變異數是常數，故：

$$\Leftrightarrow \sigma^2 C = \sum_{i=1}^{n}(x_i - \mu)^2$$

若 $\bar{x} = \mu$ 的話，右邊就等同於剛剛出現在 v 的算式中的 Σ 計算部分，於是可得：

$$v = \frac{1}{n-1}\sigma^2 C$$

結果等於是把原本的變異數 σ^2 乘上遵循 χ^2 分佈的機率變動性。將 x 的平均值除以由此無偏變異數 v 算出的標準誤差，亦即 $\sqrt{\frac{v}{n}}$，便能得到最基本的 t 檢定統計量，而其零假設就是「x 之平均值是否為 0」。

另外，為了替部分讀者解決「為何要特地檢驗平均值是否為 0 啊？」這個疑問，讓我們也來了解一下它的實際應用方法。假設計算某公司中多位員工的「本年度銷售額－前一年度銷售額」之差距，結果發現有人是正值有人是負值，但整體來說似乎是銷售額增加的人偏多。此時，若想知道這算是在偶然的誤差範圍內，還是確實有增加的話，只要檢驗「與前一年度的銷售額差距之平均值是否為 0 ？」即可。

以此例來說，其檢定統計量 t 為：

$$t = \frac{\bar{x}}{\sqrt{v/n}} = \frac{\bar{x}}{\sqrt{\frac{1}{n(n-1)}\sum_{i=1}^{n}(x_i - \bar{x})^2}} = \frac{\bar{x}}{\sqrt{\frac{1}{n(n-1)}\sigma^2 C}} = \frac{\bar{x}}{\sigma/\sqrt{n}}\frac{\sqrt{n-1}}{\sqrt{C}}$$

這與以下的 t 定義形式一致：

$$t = \text{遵循標準常態分佈之值} \times \frac{\sqrt{\text{自由度}}}{\sqrt{\text{遵循}\,\chi^2\,\text{分佈之值}}}$$

由此可知，z 檢定之標準常態分佈所無法考慮到的標準誤差變動性，在這裡則能考慮到。只不過要理解這部分，終究還是得接觸正文中一直避開的「自由度為何？」以及「為什麼不是 n 而是 n–1 ？」等問題。

而「為什麼不是 n 而是 n–1 ？」這個問題和在【補充 4】的無偏變異數學到的一樣，是來自 $\bar{x}$ 還是 μ 的問題。剛剛我厚著臉皮直接寫了「若 $\bar{x}=\mu$ 的話」，但要是這點成立，也不必用什麼 t 分佈了。

無偏變異數是用 (n–1) 而非 n 除出來的這點，源自下面這個算式：

$$E((x_i-\bar{x})^2)=\frac{n-1}{n}\sigma^2$$

考量其左邊的部分，由於：

$$\bar{x}=\frac{1}{n}\sum_{j=1}^{n}x_j$$

於是可得：

$$E((x_i-\bar{x})^2)=E\left(\left(x_i-\frac{1}{n}\sum_{j}^{n}x_j\right)^2\right)=E\left(\left(x_i-\frac{x_i}{n}-\frac{1}{n}\sum_{i\neq j}x_i\right)^2\right)$$
$$=E\left(\left(\frac{n-1}{n}x_i-\frac{1}{n}\sum_{i\neq j}x_i\right)^2\right)$$

簡言之就是將 $\bar{x}$ 分解成「包含相同的 x_i 的部分」與「包含其他的 x_i 的部分」。

然後再特別從第 n 筆資料 x_n 來看，由於：

$$\bar{x}=\frac{1}{n}\sum_{i=1}^{n}x_i=\frac{1}{n}\left(x_n+\sum_{i=1}^{n-1}x_i\right)\Leftrightarrow x_n=n\bar{x}-\sum_{i=1}^{n-1}x_i$$

所以：

$$x_n - \bar{x} = n\bar{x} - \sum_{i=1}^{n-1} x_i - \bar{x} = (n-1)\bar{x} - \sum_{i=1}^{n-1} x_i = -\sum_{i=1}^{n-1}(x_i - \bar{x})$$

這就相當於把到第 n–1 筆資料為止的 $x_i - \bar{x}$ 合計值乘以 –1 的結果。那具體來說，這到底代表了什麼意義呢？例如 n=3 的時候：

$$\bar{x} = \frac{x_1 + x_2 + x_3}{3}$$

所以：

$$x_1 - \bar{x} = x_1 - \frac{x_1 + x_2 + x_3}{3} = \frac{3x_1 - x_1 - x_2 - x_3}{3} = \frac{2x_1 - x_2 - x_3}{3}$$

同樣地：

$$x_2 - \bar{x} = \frac{-x_1 + 2x_2 - x_3}{3}, x_3 - \bar{x} = \frac{-x_1 - x_2 + 2x_3}{3}$$

而如下這樣的關係：

$$(x_1 - \bar{x}) + (x_2 - \bar{x}) = \frac{2x_1 - x_2 - x_3 - x_1 + 2x_2 - x_3}{3} = \frac{x_1 + x_2 - 2x_3}{3} = -(x_3 - \bar{x})$$

在 n 為 3 以外之值時也是成立的。於是可得到：

$$E((x_i - \bar{x})^2) = \frac{1}{n}\sum_{i=1}^{n-1}\left(\frac{n-1}{n}x_i - \frac{1}{n}\sum_{i \neq j} x_i\right)^2 + \frac{1}{n}\left(-\sum_{i=1}^{n-1}\left(\frac{n-1}{n}x_i - \frac{1}{n}\sum_{i \neq j} x_i\right)\right)^2$$

接著來看右邊第一項（為 x_1 到 x_{n-1} 的部分）與右邊第二項（為 x_n 的部分）的共通部分：

$$\frac{n-1}{n}x_i - \frac{1}{n}\sum_{i \neq j} x_i = y_i$$

讓我們來仔細思考一下這部分。這與剛剛 n=3 的例子裡的 $(2x_1-x_2-x_3)/3$ 一樣，就是「n−1 倍的 x_i 減去 n−1 個『x_i 以外的 x』後除以 n 的值」。只要 x 遵循同樣的分佈，那麼，n−1 個 x 減去 n−1 個 x 的這個 y 的平均值便會是 0。於是可得到：

$$E((x_i-\bar{x})^2)=\frac{1}{n}\sum_{i=1}^{n-1}y_i^2+\frac{1}{n}\left(-\sum_{i=1}^{n-1}y_i\right)^2=\frac{1}{n}\sum_{i=1}^{n-1}y_i^2+\frac{1}{n}\left(\sum_{i=1}^{n-1}y_i\right)^2$$

若要進一步轉換為遵循 χ^2 分佈，還得再多花點功夫，不過重點在於原本的問題是「平均值為 0 的 n 個獨立的 $(x_i-\bar{x})^2$ 之合計值為？」但卻在不知不覺中被替換成「平均值為 0 的 (n−1) 個獨立的 y_i^2 之合計值為？」。

之所以會這樣的原因在於，$\bar{x}$ 並非「n 個 x_i」這種獨立值，$\bar{x}$ 出現在算式中就和我們在這裡用的 x_n 一樣（可以是 x_1 或 x_2 等任一個），任何一個 x_i 的值，都會被平均值 $\bar{x}$ 與 x_i 其他值所固定。而這種被其他值固定成單一值的狀態，在統計學裡說成「自由度減 1」。當有遵循平均值 0、變異數 1 之常態分佈的 n 個獨立資料時，其平方的合計值應會遵循自由度 n 的 χ^2 分佈。但若在計算過程中，使用由這 n 個資料所求出之平均值，其自由度便會減 1，故變成遵循自由度 n−1 的 χ^2 分佈。

不僅是 t 檢定，t 分佈對於之後的回歸分析也具重要意義，雖然就正確分析數十～數百筆左右的少量資料而言，t 分佈十分重要，但我想這自由度的概念恐怕是統計學中，或者說是費雪的發明中最令初學者困惑的部分了。不過，只要知道「自由度會隨著用於計算變異數的資料數量不同而改變，該變異數背後的 χ^2 分佈形狀會因此有所不

同」和「若將 n 筆資料的平均值用於變異數的計算，則其自由度便是 n–1」的觀念，後續的學習狀況應該就會改善很多。

在資料數量有限的情況下，由於 χ^2 分佈的形狀差異，「平均值 ÷ 由資料求得之標準誤差」這種統計假設檢定必做的計算結果，多少會與常態分佈有所偏差。為了精確掌握該偏差，而必須考量其標準誤差所遵循之 χ^2 分佈的自由度－這就是所謂的 t 分佈。當然，實際使用此 t 分佈時，就必須考慮「是自由度多少的 t 分佈」。例如，考慮 2 個各有 n 個人的群組間的平均值差距時，所用的 t 分佈自由度是以全部 2n 的自由度減去 2 個平均值份的自由度，也就是使用自由度 2n–2 的 t 分佈。

只要弄懂了上述內容，應該就能大幅降低今後閱讀統計學相關入門書時，受挫的風險囉。

【補充 10】
費雪的精確性檢定

針對正文中出現過的這個匯總資料表所做的費雪精確性檢定，在此也要補充說明一下其計算過程。

	主任以上	非管理職	合計
曾隸屬於體育類社團	4 人（66.7%）	2 人（33.3%）	6 人
其他	1 人（25%）	3 人（75%）	4 人
合計	5 人（50%）	5 人（50%）	10 人

首先，從全部 10 人中選出 5 位出人頭地者的組合共有 $\frac{10!}{5!(10-5)!}$ =252 種，這是高中學過的「組合數」。若想檢查這數字是否正確，可在 Excel 的儲存格中輸入 =combin(10, 5)。

接著在這總共 252 種的組合中，有幾種組合是「有 4 人以上曾隸屬於體育類社團」的呢？由於出人頭地者總共只有 5 人，故所謂「有 4 人以上曾隸屬於體育類社團」，就包括這 5 人中有 4 人曾隸屬於體育類社團或 5 人全都曾隸屬於體育類社團這兩種情況。

先考慮有 4 人曾隸屬於體育類社團的情況，在曾隸屬於體育類社團者的部分，是從 6 人中選 4 人的組合，算法和剛剛一樣，可知有 $\frac{6!}{4!(6-4)!}$ =15 種組合存在。而出身其他社團者的部分則是 4 人中選 1 人，故有 4 種組合存在。將這兩個數字相乘，15 種 ×4 種 =60 種，便能求得「5 位出人頭地者中有 4 人曾隸屬於體育類社團」的組合數。而在 252 種中有 60 種，就是約有 23.8% 的機率會產生這種結果。

再來考慮 5 人全都曾隸屬於體育類社團的情況，只算曾隸屬於體育類社團者的部分的話，共有 $\frac{6!}{5!(6-5)!}$ =6 種組合，而其他出身者的部分只考慮「沒任何人出人頭地」這 1 種組合，然後將兩者相乘即可。這部分的機率為 2.38%(=6/252)。

把兩種情況加起來是 252 種組合中有 66 種，約為 26.2%，這就是「曾隸屬於體育類社團者之出人頭地率較高的機率，在實際資料以上之單側檢定 p 值」。

而若是算兩側 p 值，則實際資料的「6 位出人頭地者中 5 人曾隸屬於體育類社團」的機率是在 23.8% 以下（亦即很少見），但這實際資料，是必須把曾隸屬於體育類社團者之出人頭地率反而較低的情況的機率也全都加總才行。

曾隸屬於體育類社團的 6 人中有 1 人，而其他出身的 4 個人全都出人頭地這種狀況的機率是 $\frac{6!}{1!(6-1)!} \times \frac{4!}{4!(4-4)!} \div 252=6 \div 252=2.38\%$；曾隸屬於體育類社團的 6 人中有 2 人，其他出身的 4 人中有 3 人出人頭地的機率則是 $\frac{6!}{2!(6-2)!} \times \frac{4!}{3!(4-3)!} \div 252=60 \div 252=23.8\%$。

將這些組合都加起來，就是在 252 種組合中有 132 種組合，亦即可求得有 52.4% 的機率「違反零假設的機率在實際資料以上」。這便是此資料的兩側 p 值。

另外補充一下，如果再處理成更通用的形式，那麼在零假設成立的情況下，從下表資料求出機率 p 的公式便可寫成：

	符合條件者	不符合條件者	合計
群組 1	a	b	a+b
群組 2	c	d	c+d
合計	a+c	b+d	a+b+c+d

$$p=\frac{(a+b)!\,(c+d)!\,(a+c)!\,(b+d)!}{(a+b+c+d)!\,a!\,b!\,c!\,d!}$$

而前面解說的計算順序是：

$$p=\frac{\text{從群組 1 選 a 個符合條件者的組合}\times\text{從群組 2 選 c 個符合條件者的組合}}{\text{從全體選 (a+c) 個符合條件者的組合}}$$

這就相當於：

$$p=\frac{(a+b)!}{a!\,b!}\times\frac{(c+d)!}{c!\,d!}\div\frac{(a+b+c+d)!}{(a+c)!\,(b+d)!}$$

這與剛剛的公式是完全一致的。

此外，即使稍微改變思考方式，從「選不符合條件者幾人」而非「選符合條件者幾人」的角度出發，結果應該還是會與剛剛的公式一致才對。

【補充 11】
z 檢定與 χ^2（卡方）檢定

依據下表，在此要證明 2×2 的交叉表列的「比例之差距的 z 檢定和 χ^2 檢定完全相同」。

	符合條件者	不符合條件者	合計
群組 1	a	b	a+b
群組 2	c	d	c+d
合計	a+c	b+d	a+b+c+d

首先用 z 檢定來檢驗群組間的「符合條件之比例」的差距。在零假設（亦即「群組之間沒有符合條件與否的關聯性」）成立的情況下，兩群組共通的比例 p 為：

$$p = \frac{a+c}{(a+b+c+d)}$$

而群組 1 與群組 2 各自的人數 n_1, n_2 與比例 p_1, p_2 分別如下：

$$n_1 = a+b \quad , \quad n_2 = c+d \quad , \quad p_1 = \frac{a}{a+b} \quad , \quad p_2 = \frac{c}{c+d}$$

將這些代入【補充 8】的公式，就會得到：

$$z = \frac{p_1 - p_2}{\sqrt{p(1-p)(\frac{1}{n_1}+\frac{1}{n_2})}} = \frac{\frac{a}{a+b} - \frac{c}{c+d}}{\sqrt{\frac{a+c}{a+b+c+d} \cdot (1 - \frac{a+c}{a+b+c+d})(\frac{1}{a+b}+\frac{1}{c+d})}}$$

$$= \frac{\frac{ac + ad - ac - bc}{(a + b)(c + d)}}{\sqrt{\frac{(a + c)(b + d)}{(a + b + c + d)^2} \cdot \frac{(c + d + a + b)}{(a + b)(c + d)}}}$$

$$= \frac{ad - bc}{(a + b)(c + d)\sqrt{\frac{(a + c)(b + d)}{(a + b + c + d)(a + b)(c + d)}}}$$

$$= \frac{ad - bc}{\sqrt{\frac{(a + c)(b + d)(a + b)^2(c + d)^2}{(a + b + c + d)(a + b)(c + d)}}}$$

$$= (ad - bc)\sqrt{\frac{a + b + c + d}{(a + b)(a + c)(b + c)(b + d)}}$$

由此可得：

$$z = (ad - bc)\sqrt{\frac{a + b + c + d}{(a + b)(a + c)(b + c)(b + d)}} \quad \cdots\cdots ①$$

至於 χ^2 檢定，則是針對交叉表列裡的每一格評估「在零假設下的期望頻率（人數）E」，再考量與各個格子中的實際頻率（人數）之差距。例如，值為 a 的那一格的期望頻率，應該是用剛剛的「在零假設下，兩個群組共通的符合條件比例」p 乘以群組 1 的人數：

$$E_a = (a + b)p = \frac{(a + b)(a + c)}{a + b + c + d}$$

依同樣觀念，值為 b 的那格便可用兩個群組共通的「不符合條件比例」1–p 來計算：

$$E_b = (a+b)(1-p) = \frac{(a+b)(b+d)}{a+b+c+d}$$

然後 c、d 也可依樣畫葫蘆：

$$E_c = (c+d)p = \frac{(c+d)(a+c)}{a+b+c+d}$$

$$E_d = (c+d)(1-p) = \frac{(c+d)(b+d)}{a+b+c+d}$$

而 χ^2 檢定為：

$$\chi^2 = \sum \frac{(\text{實際頻率} - \text{期望頻率})^2}{\text{期望頻率}}$$

這個 χ^2 值在交叉表列為 n×m 的情況下，是依據遵循自由度為 (n–1)×(m–1) 的 χ^2 分佈來算出 p 值。而遵循 χ^2 分佈，意思就是這個 Σ 的內容為「遵循標準常態分佈之值的平方」，不過這部分我只針對其概念稍微說明。

剛剛提到的格子的頻率的期望值（期望頻率），也可想成是「全體人數 × 群組佔全體的比例 × 全部符合條件者 / 不符合條件者的比例」，而就是這個「與橫列有關的比例」×「與直欄有關的比例」連結到了「常態分佈的平方」。和在 z 檢定中，比例被認為可近似常態分佈一樣，「比例 × 比例」也能近似常態分佈的平方。另外在此計算中，分子的「實際頻率－期待頻率」部分已標準化成「平均值為 0」，除以分母的期望頻率部分也已標準化成「變異數為 1」。

然後，此例的交叉表列為 2×2，故自由度是 1（=1 × 1）。而在這樣各橫列的群組 1、2 之人數合計，與直欄的符合條件者及不符合條件者之人數合計都「固定」的情況下，只要確定了其中 1 格的值，其他格的值便能由「橫列之合計－該格之值」或「直欄之合計－該格之值」的方式求出，因此，雖說是加總了 4 個值，結果還是只有 1 個的自由度。

接下來讓我們實際算算看，首先從 a 開始：

$$\frac{(\text{實際頻率}-\text{期望頻率})^2}{\text{期望頻率}} = \frac{\left(a-\frac{(a+b)(a+c)}{a+b+c+d}\right)^2}{\frac{(a+b)(a+c)}{a+b+c+d}}$$

$$= \frac{\left(\frac{a^2+ab+ac+ad-a^2-ab-ac-bc}{a+b+c+d}\right)^2}{\frac{(a+b)(a+c)}{a+b+c+d}}$$

$$= \frac{(ad-bc)^2}{(a+b)(a+c)(a+b+c+d)}$$

再以同樣方式計算 b：

$$\frac{\left(b-\frac{(a+b)(b+d)}{a+b+c+d}\right)^2}{\frac{(a+b)(b+d)}{a+b+c+d}} = \frac{ab+b^2+bc+bd-ab-b^2-ad-bd}{(a+b)(b+d)(a+b+c+d)}$$

$$= \frac{(bc-ad)^2}{(a+b)(b+d)(a+b+c+d)}$$

$$= \frac{(ad-bc)^2}{(a+b)(b+d)(a+b+c+d)}$$

接著算 c：

$$\frac{\left(c-\frac{(c+d)(a+c)}{a+b+c+d}\right)^2}{\frac{(c+d)(a+c)}{a+b+c+d}}=\frac{ac+bc+c^2+cd-ac-c^2-ad-cd}{(c+d)(a+c)(a+b+c+d)}$$

$$=\frac{(bc-ad)^2}{(c+d)(a+c)(a+b+c+d)}$$

$$=\frac{(ad-bc)^2}{(c+d)(a+c)(a+b+c+d)}$$

然後 d：

$$\frac{\left(d-\frac{(c+d)(b+d)}{a+b+c+d}\right)^2}{\frac{(c+d)(b+d)}{a+b+c+d}}=\frac{ad+bc+cd+d^2-bc-cd-bd-d^2}{(c+d)(b+d)(a+b+c+d)}$$

$$=\frac{(ad-bc)^2}{(c+d)(b+d)(a+b+c+d)}$$

最後全部合併：

$$\chi^2=\frac{(ad-bc)^2}{a+b+c+d}\left(\frac{1}{(a+b)(a+c)}+\frac{1}{(a+b)(b+d)}+\frac{1}{(c+d)(a+c)}+\frac{1}{(c+d)(b+d)}\right)$$

$$=\frac{(ad-bc)^2}{a+b+c+d}\left(\frac{b+d+a+c}{(a+b)(a+c)(b+d)}+\frac{b+d+a+c}{(c+d)(a+c)(b+d)}\right)$$

$$=\frac{(ad-bc)^2}{a+b+c+d}(a+b+c+d)\left(\frac{1}{(a+b)(a+c)(b+d)}+\frac{1}{(c+d)(a+c)(b+d)}\right)$$

$$=\frac{(ad-bc)^2}{a+b+c+d}(a+b+c+d)\left(\frac{c+d+a+b}{(a+b)(a+c)(b+d)(c+d)}\right)$$

$$=\frac{(ad-bc)^2(a+b+c+d)}{(a+b)(a+c)(b+d)(c+d)}$$

由此可得：

$$\chi^2 = \frac{(ad - bc)^2(a + b + c + d)}{(a + b)(a + c)(b + d)(c + d)} \quad \cdots\cdots ②$$

由①、②可知 $\chi^2=z^2$，而所謂自由度 1 的 χ^2 分佈就是「遵循標準常態分佈之 z 的平方只有 1 個」時的分佈，故兩者不僅值相同，所遵循的分佈也是一模一樣。因此，針對 2×2 交叉表列做的比例之差距的 z 檢定和 χ^2 檢定，是完全相同的。

最後再補充一下，為了幫助你理解剛剛說的 2×2 交叉表列的 χ^2 分佈之自由度為 1 這件事，讓我們來想想若只有群組 1 的符合條件者 a 是自由變數，在「群組 1 的人數 B」、「所有符合條件者的人數 C」、「全體人數 N」為固定值的情況下，以 a、B、C、N 來改寫原本的算式②的話，χ^2 的值應如何表示？

	符合條件者	不符合條件者	合計
群組 1	a	B–a	B
群組 2	C–a	N–B–C+a	N–B
合計	C	N–C	N

於是可得到：

$$\chi^2 = \frac{(a(N - B - C + a) - (B - a)(C - a))^2 N}{BC(N - B)(N - C)}$$

$$= \frac{(aN - aB - aC + a^2 - BC + aB + aC - a^2)^2 N}{BC(N - B)(N - C)}$$

$$=\frac{(aN-BC)^2N}{BC(N-B)(N-C)}$$

$$=\frac{\left(a-B\frac{C}{N}\right)^2N^3}{BC(N-B)(N-C)}$$

$$=\frac{\left(a-B\frac{C}{N}\right)^2}{N\cdot\frac{B}{N}\cdot\frac{C}{N}\cdot\frac{N-B}{N}\cdot\frac{N-C}{N}}$$

$$=\frac{\left(a-N\frac{B}{N}\frac{C}{N}\right)^2}{N\cdot\frac{B}{N}(1-\frac{B}{N})\cdot\frac{C}{N}\left(1-\frac{C}{N}\right)}$$

其中，分子的 $N\frac{B}{N}\frac{C}{N}$ 就是剛剛說的「全體人數 × 群組 1 佔全體的比例 × 全部符合條件者佔全體的比例」這個 a 所在格子的期望值。而分母的 $\frac{B}{N}(1-\frac{B}{N})$ 則和已在本書中出現多次的 p(1–p) 一樣，為比例的變異數，也就是「群組 1 佔全體的比例的變異數」，同樣地，$\frac{C}{N}(1-\frac{C}{N})$ 便是「符合條件者佔全體的比例的變異數」。因此這 χ^2 的值就是：

$$\chi^2=\left(\frac{\text{a 之值}-\text{a 之期望值}}{\text{a 之標準差}}\right)^2$$

如此一來，你應該就能理解，即使用了 4 個格子的資料，「遵循標準常態分佈的變數平方仍只有 1 個」這樣的所謂遵循自由度 1 之 χ^2 分佈的狀況。

【補充 12】
邦弗朗尼校正

以 p 是否低於 0.05 來判斷假設時，犯下急驚風之過的風險為 0.05，也就是在 1 次的假設檢定中，將其實毫無差距的偶然誤差判斷為「有意義之差距」的風險有 5%。

那麼，針對同一批資料進行 n 次假設檢定的話，此風險會增加多少？若以初階的機率計算來求取「針對 1 次有 5% 誤判風險的檢定，獨立地反覆進行 n 次時，完全不誤判的機率是？」便是：

$$完全不誤判的機率 = (1-0.05)^n$$

反之，若要計算至少錯一次（誤判一次以上）的機率，則是：

$$誤判一次以上的機率 = 1-(完全不誤判的機率) = 1-(1-0.05)^n$$

但由於這個 0.05 有時會依情況不同改變，故以 α 來代表它，可改寫成：

$$誤判一次以上的機率 = 1-(1-\alpha)^n$$

接著再進一步計算 $(1-\alpha)^n$ 的部分：

$$誤判一次以上的機率 = 1-(1^n - n\alpha + \frac{n!}{2!\,(n-2)!}\alpha^2 + \cdots + \frac{(-1)^k n!}{k!\,(n-k)!}\alpha + \cdots)$$

如上，n 越大，這算式就必須寫得越長，不過幸好其中的 α 值一般都是 0.05，依情況不同有時會是 0.01，基本上都是「比 1 小的值」。如此一來，即使是 0.05^2，也不過只有 0.0025，亦即「400 分之 1」，小到差不多可以忽略。於是可得到：

$$誤判一次以上的機率 \cong 1-(1-n\alpha) = n\alpha$$

亦即以顯著水準 α 反覆進行 n 次假設檢定時，發生「急驚風之過」的機率約是原 α 值的 n 倍。

而所謂的邦弗朗尼校正，是由此倒算回去，其想法是要將「急驚風之過」的機率維持在 α 以內的話，就在每一次的假設檢定中都用 α/n 來判斷即可。例如在進行 10 次假設檢定的情況下，若想將「犯下一次以上急驚風之過的機率」保持在 5% 以內，便要以每次的假設檢定是否低於 0.005，亦即 0.5% 的標準來討論是否在偶然的誤差範圍內。

雖然邦弗朗尼校正確實可將「急驚風之過」的機率保持在一定範圍內，不過，在檢定次數增加時卻會難以找出顯著性差異，是屬於檢定力較弱的一種方法。理由在於，例如以 n=100 的情況來看：

$$
\begin{aligned}
\text{誤判一次以上的機率} &= 1-\left(1^{100}-100\alpha+\frac{100\cdot 99}{2\cdot 1}\alpha^2+\cdots\right)\\
&\cong 1-(1-100\alpha+4950\alpha^2)\\
&= 100\alpha-4950\alpha^2
\end{aligned}
$$

看到 α 的平方項應該就能理解了。α^2 本身是很小的值，但 n 很大時，其係數就會變得很大，故會形成難以忽略的值。這時若要將誤判一次以上的機率控制在 0.05 以內，那麼便要寫成：

$$100\alpha-4950\alpha^2=0.05$$

亦即：

$$\Leftrightarrow 4950\alpha^2-100\alpha+0.05=0$$

這時利用國中學過的解二次函數用的公式，即可求得：

$$\alpha = \frac{50 \pm \sqrt{50^2 - 4950 \cdot 0.05}}{4950} = \frac{50 \pm \sqrt{2500 - 247.5}}{4950} = \frac{50 \pm 47.46}{4950} \cong 0.0197, 0.0005$$

每次的顯著水準應該是大一點較好，而看來在有用到平方項的近似值時，就算採用 0.0197 的顯著水準反覆進行 100 次檢定，整體的第一型錯誤似乎還是可控制在 5% 內。但邦弗朗尼校是在僅考量一次項的狀況下，若要將 100 次檢定的第一型錯誤控制在 5% 內，其標準就會變成 0.0005（即 0.05%）這麼嚴格，因此，它只適合在 n 不那麼大的時候，或如正文所說的當成判斷標準來運用。

此外，還有**名為** Holm **檢定程序及班傑明霍赫貝格程序**（Benjamini–Hochberg procedure，都是以發明者的名字命名）等方法，是以比邦弗朗尼校正更棘手一點的機率計算來處理多重比較，可讓檢定力較不易降低，有興趣的讀者們請自行查查看。

【補充 13】

簡單回歸分析

嘗試針對以下 3 人的資料，以最小平方法求出簡單回歸方程式。

	拜訪次數	簽到的合約數
A 業務員	0 次	0 份
B 業務員	2 次	3 份
C 業務員	4 次	3 份

這時候，基本的思考方式是拜訪次數 x 與簽到的合約數 y 之間的關係可用 y=ax+b 表示，且由回歸方程式求出之 y 推估值與實際 y 值之偏差的平方和（亦即殘差平方和）要達到最小。

由此可得：

$$\text{殘差平方和} = \sum_{i=1}^{n}\left(y-(ax+b)\right)^2$$

若將這 3 位業務員的資料代入，便會得到：

$$\begin{aligned}\text{殘差平方和} &= (0-a\cdot 0-b)^2+(3-a\cdot 2-b)^2+(3-a\cdot 4-b)^2\\ &= b^2+9+4a^2+b^2-12a-6b+4ab+9+16a^2+b^2-24a-6b+8ab\\ &= 20a^2+12ab-36a+3b^2-12b+18\end{aligned}$$

我們想知道此為最小值時的 a、b 組合，若你懂微積分，便可針對 a、b 做微分計算，而不懂微積分的人只要好好利用國中學過的完全平方式，也能找出答案。因此：

$$殘差平方和 = 20a^2 + 12(b-3)a + 3b^2 - 12b + 18$$

$$= 20(a^2 + \frac{12}{20}(b-3)) + 3b^2 - 12b + 18$$

$$= 20(a^2 + \frac{6}{10}(b-3)a + \left(\frac{3}{10}(b-3)\right)^2 - \left(\frac{3}{10}(b-3)\right)^2) + 3b^2 - 12b + 18$$

$$= 20\left(a + \frac{3}{10}(b-3)\right)^2 - 20\left(\frac{3}{10}(b-3)\right)^2 + 3b^2 - 12b + 18$$

$$= 20\left(a + \frac{3}{10}(b-3)\right)^2 - \frac{20 \cdot 9}{100}(b^2 - 6b + 9) + 3b^2 - 12b + 18$$

$$= 20\left(a + \frac{3}{10}(b-3)\right)^2 - \frac{9}{5}b^2 + \frac{54}{5}b - \frac{81}{5} + 3b^2 - 12b + 18$$

$$= 20\left(a + \frac{3}{10}(b-3)\right)^2 + \frac{(-9+15)b^2 + (54-60)b + (-81+90)}{5}$$

$$= 20\left(a + \frac{3}{10}(b-3)\right)^2 + \frac{1}{5}(6b^2 - 6b + 9)$$

$$= 20\left(a + \frac{3}{10}(b-3)\right)^2 + \frac{6}{5}\left(b^2 - b + \frac{1}{4} - \frac{1}{4}\right) + \frac{9}{5}$$

$$= 20\left(a + \frac{3}{10}(b-3)\right)^2 + \frac{6}{5}\left(b - \frac{1}{2}\right)^2 - \frac{6}{5} \cdot \frac{1}{4} + \frac{9}{5}$$

$$= 20\left(a + \frac{3}{10}(b-3)\right)^2 + \frac{6}{5}\left(b - \frac{1}{2}\right)^2 + \frac{3}{2}$$

於是求得：

$$b = \frac{1}{2} \quad , \quad a = -\frac{3}{10}(b-3) = -\frac{3}{10}\left(\frac{1}{2} - 3\right) = \frac{3}{10} \cdot \frac{6-1}{2} = \frac{3}{4}$$

這就是殘差平方和最小時的 a、b 值組合。

由此可知，能使殘差平方和最小的回歸直線 y=ax+b，應為 y=0.75x+0.5。

以上是用具體數值來算，接著讓我們來導出代入任何其他資料也都能成立的通用公式。針對 x_i, y_i 共 n 組資料求取最符合的回歸直線 $y=ax+b$ 時，由於殘差平方和（residual sum of squares）可視為被 a、b 之值左右的函數，故以 R(a, b) 代表：

$$R(a,b)=\sum_{i=1}^{n}(y_i-ax_i-b)^2$$

而若要找出此 R(a, b) 為最小時的 a、b 組合，分別以 a、b 做微分處理以便讓它 =0 是最標準的做法。首先針對 b 做微分，依據括號右上角的次方數 2 以及 b 的係數 –1，可得到如下算式：

$$-2\sum_{i=1}^{n}(y_i-ax_i-b)=0$$

$$\Leftrightarrow \sum_{i=1}^{n}y_i=a\sum_{i=1}^{n}x_i+nb \quad \cdots\cdots \text{①}$$

然後把算式①的兩邊都除以 n，可得到：

$$\bar{y}=a\bar{x}+b \quad \cdots\cdots \text{①}'$$

這表示回歸直線通過了 x 和 y 各自的平均值。

接著也對 a 進行微分，同樣依據括號右上角的次方數 2 以及 a 的係數 $-x_i$，可得到如下算式：

$$-2\sum_{i=1}^{n}(y_i-ax_i-b)x_i=0$$

$$\Leftrightarrow \sum_{i=1}^{n}x_iy_i=a\sum_{i=1}^{n}x_i^2+b\sum_{i=1}^{n}x_i \quad \cdots\cdots \text{②}$$

雖然算式①和②都因包含 Σ 而顯得複雜難懂，但實際上，與 a、b 相關的算式有 2 個，這就相當於國中時學過的方程組。於是利用算式①′，我們便能消去算式②中的 b，將 a 求出來：

$$\sum_{i=1}^{n} x_i y_i = a\sum_{i=1}^{n} x_i^2 + (\bar{y} - a\bar{x})\sum_{i=1}^{n} x_i = a\sum_{i=1}^{n} x_i^2 + (\bar{y} - a\bar{x})\, n\bar{x} = a\sum_{i=1}^{n} x_i^2 + n\bar{x}\,\bar{y} - an\bar{x}^2$$

$$= a\left(\sum_{i=1}^{n} x_i^2 - n\bar{x}^2\right) + n\bar{x}\,\bar{y}$$

由此可得：

$$a = \left(\sum_{i=1}^{n} x_i y_i - n\bar{x}\,\bar{y}\right) \div \left(\sum_{i=1}^{n} x_i^2 - n\bar{x}^2\right) \cdots\cdots ③$$

再進一步研究右邊的第二項，會發現其實：

$$\sum_{i=1}^{n} (x_i - \bar{x})^2 = \sum_{i=1}^{n} (x_i^2 - 2\bar{x}x_i + \bar{x}^2) = \sum_{i=1}^{n} x_i^2 - 2\bar{x}\sum_{i=1}^{n} x_i + n\bar{x}^2 = \sum_{i=1}^{n} x_i^2 - 2\bar{x}n\bar{x} + n\bar{x}^2$$

$$= \sum_{i=1}^{n} x_i^2 - n\bar{x}^2$$

看來這似乎就是除以 n 或 n–1 便能求出變異數的「與 x 平均值之偏差的平方和」。

而同樣再進一步研究右邊的第一項：

$$\sum_{i=1}^{n} (x_i - \bar{x})(y_i - \bar{y}) = \sum_{i=1}^{n} x_i y_i - \bar{y}\sum_{i=1}^{n} x_i - \bar{x}\sum_{i=1}^{n} y_i + n\bar{x}\bar{y} = \sum_{i=1}^{n} x_i y_i - \bar{y}n\bar{x} - \bar{x}n\bar{y} + n\bar{x}\bar{y}$$

$$= \sum_{i=1}^{n} x_i y_i - n\bar{x}\bar{y}$$

可知這第一項代表了「與 x 平均值之偏差 × 與 y 平均值之偏差」之意。另外，此值除以 n 的結果有個專門名稱，這我之前並未提到，當 x 和 y 各自獨立時應為 0 的這個值叫做共變異數，是代表彼此間之相關程度的指標。雖然在這裡不會實際以手工方式算給你看，不過，要計算簡單回歸分析的回歸係數（斜率）時，只要分別求出「各組 x 與 y 相乘值的總和」、「資料筆數 ×x 的平均值 ×y 的平均值」、「x 的平方和」以及「資料筆數 ×x 的平均值的平方」等值，即可用算式③求出斜率。一言以蔽之，也就是「將共變異數除以變異數」。接著再利用算式①′，依據「此斜率的直線會通過 x 和 y 的平均值」來算出截距就行了。

最後，令人好奇的是回歸係數的標準誤差的算法。

若以 Sx 代表算式③的第二項，亦即「與 x 平均值之偏差的平方和（Sum of Squares）」，那麼，算式③可改寫為：

$$a = \frac{1}{S_x}\sum_{i=1}^{n}(x_i - \bar{x})(y_i - \bar{y}) = \frac{1}{S_x}\sum_{i=1}^{n}(x_i - \bar{x})\,y_i - \frac{\bar{y}}{S_x}\sum_{i=1}^{n}(x_i - \bar{x})$$

$$= \frac{1}{S_x}\sum_{i=1}^{n}(x_i - \bar{x})\,y_i - \frac{\bar{y}}{S_x}(n\bar{x} - n\bar{x}) = \frac{1}{S_x}\sum_{i=1}^{n}(x_i - \bar{x})\,y_i \quad \cdots\cdots ④$$

到此為止，我們用的 a（斜率）和 b（截距）都是由實際資料算出的值，現在讓我們試著改用分別代表這兩者之真值的 α、β，並以 ε_i 代表第 i 筆資料所對應的殘差來寫方程式。在此補充一下，對於誤差及殘差相關值，統計學經常以 error 之開頭字母 e 或其對應的希臘字母 ε（epsilon）來代表。於是可得到：

$$y_i = \alpha x_i + \beta + \varepsilon_i \quad \cdots\cdots ⑤$$

這樣的關係套用至所有的 i 應該都成立。此外，回歸分析的誤差項 ε 是有幾個假設前提的，這些前提包括了「誤差的期望值是 0」、「x 及 y 值與誤差各自獨立」、「誤差項遵循常態分佈」。而將⑤代入算式④可得：

$$a=\frac{1}{S_x}\sum_{i=1}^{n}(x_i-\bar{x})\left(\alpha x_i+\beta+\varepsilon_i\right)$$

$$\Leftrightarrow\quad a=\frac{\alpha}{S_x}\sum_{i=1}^{n}(x_i-\bar{x})\,x_i+\frac{\beta}{S_x}\sum_{i=1}^{n}(x_i-\bar{x})+\frac{1}{S_x}\sum_{i=1}^{n}(x_i-\bar{x})\varepsilon_i\ \cdots\cdots ⑥$$

進一步分析右邊的第一項：

$$\sum_{i=1}^{n}(x_i-\bar{x})x_i=\sum_{i=1}^{n}x_i^2-\bar{x}\sum_{i=1}^{n}x_i=\sum_{i=1}^{n}x_i^2-n\bar{x}^2=S_x$$

然後是右邊的第二項：

$$\sum_{i=1}^{n}(x_i-\bar{x})=n\,\bar{x}-n\bar{x}=0$$

將上述兩個結果代入算式⑥，便可得到：

$$a=\frac{S_x\alpha}{S_x}+\frac{\beta}{S_x}0+\frac{1}{S_x}\sum_{i=1}^{n}(x_i-\bar{x})\varepsilon_i=\alpha+\frac{1}{S_x}\sum_{i=1}^{n}(x_i-\bar{x})\varepsilon_i\ \cdots\cdots ⑦$$

若以此算式⑦來求出 a 的期望值，則由於 ε_i 獨立於 $(x_i-\bar{x})$ 之外，期望值為 0，所以：

$$E(a)=\alpha+\frac{1}{S_x}E\Big(\sum_{i=1}^{n}(x_i-\bar{x})\Big)\cdot E(\varepsilon_i)=\alpha$$

由此可知，以最小平方法求得之 a 的期望值與真正的回歸係數一致。接著看變異數的部分：

$$V(a) = E((a-\alpha)^2) = E\left(\left(\frac{1}{S_x}\sum_{i=1}^{n}(x_i-\bar{x})\varepsilon_i\right)^2\right)$$

但各個 ε_i 彼此獨立，再加上以下算式成立：

$$E\left(\left(\sum_{i=1}^{n}(x_i-\bar{x})\right)^2\right) = E(\sum_{i=1}^{n}(x_i-\bar{x})^2) = S_x$$

於是可得：

$$V(a) = \frac{1}{S_x^2}S_x E(\varepsilon_i^2) = \frac{E(\varepsilon_i^2)}{S_x}$$

ε_i 為真正的回歸方程式的偏差，在資料數量夠多的情況下，回歸方程式之偏差的平方平均值（亦即所謂的殘差均方），會與這個 ε_i^2 的期望值一致。由此可得：

$$\text{回歸係數 a 的標準誤差} = \sqrt{\frac{\text{殘差均方}}{\text{x 的偏差平方和}}} = \sqrt{\frac{\text{殘差平方和}}{\text{x 的偏差平方和} \times \text{資料筆數}}}$$

這就是我在正文中已說過的。

此外，在 n 不夠大的時候，回歸係數除以此標準誤差的結果值並不是遵循標準常態分佈，而是遵循自由度 n–2 的 t 分佈。也就是說，此標準誤差的背後存在著自由度為 n–2 的 χ^2 分佈。之所以損失 2 個自由度，是因為斜率與截距都不是使用各自的真值，而是使用由資料算出的值。在正文的例子裡，資料只有 3 筆，故自由度是 1。還有

「除以資料筆數」的部分也不是用資料數量 n，而是要用自由度 n–2 來除。如此一來，由正文範例中的數值所算出的正確標準誤差便是 $\sqrt{\frac{1.5}{8\times1}}$ =0.433。

另外，所謂相當於標準常態分佈的 ±1.96 範圍、以平均值為中心包含 95% 的資料的 t 分佈區間，會隨自由度不同而有所變化，自由度越大就越接近 ±1.96 的範圍，自由度越小則必須考慮較廣的範圍，當自由度為 1 時，範圍就必須擴大至 ±12.7。

因此，依據所算出的回歸係數，其 95% 的信賴區間便是 0.75±12.7×0.433，亦即範圍在 –4.75 ～ 6.25。反之，在回歸係數除以標準誤差所算出的 ±1.73（=0.75÷0.433）範圍內，自由度 1 的分佈會包含多少資料呢？答案是 66.7%。想檢查這答案正確與否的人可利用 Excel 的 t.dist 函數，而以 1 減去此值所得到的 33%，就是對應「此回歸係數為 0」之零假設的 p 值。

【補充 14】
簡單回歸分析與 t 檢定的關係

在此我們要討論的是，對二值解釋變數 x 與定量成果 y 做簡單回歸分析以及 t 檢定的情況。首先看簡單回歸分析，就如【補充 13】所述，假設針對此回歸係數為 0 之零假設的檢定統計量為 t_a：

$$t_a = \frac{\text{回歸係數}}{\sqrt{\dfrac{\text{殘差平方和}}{\text{x 的偏差平方和} \times (\text{資料筆數} - 2)}}}$$

這是從遵循自由度 n–2 之 t 分佈的角度來考慮。而若模仿【補充 13】的標記方式（但與真正回歸直線的偏差 ε_i 部分，改為使用與資料計算而得之回歸直線的偏差 e_i），分別將其分子的回歸係數與分母的標準誤差整理成算式，可得到：

$$\text{回歸係數} = \sum_{i=1}^{n}(x_i - \bar{x})(y_i - \bar{y}) \div \sum_{i=1}^{n}(x_i - \bar{x})^2$$

$$\text{回歸係數的標準誤差} = \sqrt{\sum_{i=1}^{n} e_i^2} \div \sqrt{\sum_{i=1}^{n}(x_i - \bar{x})^2} \div \sqrt{n-2}$$

其中的 x 為二值變數，則考慮 n 筆資料中一開始的 n_0 筆為 x=0，接著的 n_1 筆為 x=1（亦即 $n_0+n_1=n$）這種情況，這時 $\bar{x}=n_1 \div n$，故回歸係數：

$$=\left\{\sum_{i=1}^{n_0}\left(0-\frac{n_1}{n}\right)(y_i-\bar{y})+\sum_{i=n_0+1}^{n}\left(1-\frac{n_1}{n}\right)(y_i-\bar{y})\right\}\div\left\{\sum_{i=1}^{n_0}\left(0-\frac{n_1}{n}\right)^2+\sum_{i=n_0+1}^{n}\left(1-\frac{n_1}{n}\right)^2\right\}$$

$$=\left\{\sum_{i=1}^{n_0}-\frac{n_1}{n}(y_i-\bar{y})+\sum_{i=n_0+1}^{n}\frac{n_0}{n}(y_i-\bar{y})\right\}\div\left\{\sum_{i=1}^{n_0}\left(\frac{n_1}{n}\right)^2+\sum_{i=n_0+1}^{n}\left(\frac{n_0}{n}\right)^2\right\}$$

$$=\left\{-\frac{n_1}{n}\sum_{i=1}^{n_0}y_i+\frac{n_1}{n}n_0\bar{y}+\frac{n_0}{n}\sum_{i=n_0+1}^{n}y_i-\frac{n_0}{n}n_1\bar{y}\right\}\div\left\{n_0\left(\frac{n_1}{n}\right)^2+n_1\left(\frac{n_0}{n}\right)^2\right\}$$

$$=\left\{-\frac{n_1}{n}\sum_{i=1}^{n_0}y_i+\frac{n_0}{n}\sum_{i=n_0+1}^{n}y_i\right\}\div\left\{\frac{n_0n_1}{n^2}(n_1+n_0)\right\}$$

$$=\left\{-\frac{n_1}{n}\sum_{i=1}^{n_0}y_i+\frac{n_0}{n}\sum_{i=n_0+1}^{n}y_i\right\}\div\left\{\frac{n_0n_1}{n^2}n\right\}$$

$$=\left\{-\frac{n_1n}{nn_0n_1}\sum_{i=1}^{n_0}y_i+\frac{n_0n}{nn_0n_1}\sum_{i=n_0+1}^{n}y_i\right\}$$

$$=-\frac{1}{n_0}\sum_{i=1}^{n_0}y_i+\frac{1}{nn_1}\sum_{i=n_0+1}^{n}y_i$$

又由於：

$$\frac{1}{n_0}\sum_{i=1}^{n_0}y_i=\bar{y}_0\quad,\quad\frac{1}{n_1}\sum_{i=n_0+1}^{n}y_i=\bar{y}_1$$

因此可得：

$$\text{回歸係數}=\bar{y}_1-\bar{y}_0$$

其中的 $\bar{y}_0$ 和 $\bar{y}_1$ 分別為 0 的群組和 1 的群組的平均值，故就如正文中也說明過的，x 為二值變數時的回歸係數其實就是兩群組的平均值之差。接著看看標準誤差：

$$\text{回歸係數的標準誤差} = \sqrt{\sum_{i=1}^{n_0} e_i^2 + \sum_{i=n_0+1}^{n} e_i^2} \div \sqrt{\sum_{i=1}^{n_0}\left(0-\frac{n_1}{n}\right)^2 + \sum_{i=n_0+1}^{n}\left(1-\frac{n_1}{n}\right)^2} \div \sqrt{n-2}$$

$$= \sqrt{\sum_{i=1}^{n_0} e_i^2 + \sum_{i=n_0+1}^{n} e_i^2} \div \sqrt{\frac{n_0 n_1}{n}} \div \sqrt{n-2}$$

其中的殘差 e_i 是與 y 有關的各群組平均值偏差，也就是 y 的偏差平方和，因此：

$$v_0 = \frac{1}{n_0-1}\sum_{i=1}^{n_0} e_i^2 \quad , \quad v_1 = \frac{1}{n_1-1}\sum_{i=n_0+1}^{n} e_i^2$$

這 v_0、v_1 便是各群組的無偏變異數。而利用這些就能算出：

$$\text{回歸係數的標準誤差} = \sqrt{(n_0-1)v_0 + (n_1-1)v_1} \div \sqrt{\frac{n_0 n_1}{n}} \div \sqrt{n-2}$$

$$= \sqrt{\frac{(n_0-1)v_0 + (n_1-1)v_1}{n-2}} \cdot \sqrt{\frac{n}{n_0 n_1}}$$

$$= \sqrt{\frac{(n_0-1)v_0 + (n_1-1)v_1}{n_0+n_1-2}} \cdot \sqrt{\frac{n_0+n_1}{n_0 n_1}}$$

$$= \sqrt{\frac{(n_0-1)v_0 + (n_1-1)v_1}{n_0+n_1-2}} \cdot \sqrt{\frac{1}{n_0}+\frac{1}{n_1}}$$

其中，左邊根號裡的內容在專業術語中稱為合併變異數（pooled variance），可用於針對兩群組間之平均值差距的 t 檢定。它是以兩群組存在有共通的變異數為假設前提，由各群組的一般變異數所推估而成。無偏變異數乘上自由度 n_i-1 便是原本的偏差平方和，其算法正是將兩個群組的此值相加，再除以兩群組之自由度合計值。此外，由於算式中有用到以資料算出的 2 個平均值，故整體自由度變成了 n–2，這點各位應該已能理解。於是以 s^2 代表這個合併變異數，便能得到以下結果：

$$回歸係數的標準誤差 = \sqrt{\frac{s^2}{n_0} + \frac{s^2}{n_1}}$$

這個和分析平均值之差距時的 z 檢定一樣，亦即與平均值之差距的標準誤差一致。

由此可知，分子的回歸係數和平均值之差距是同樣的東西，回歸係數的標準誤差和兩群組間的平均值差距之標準誤差也相同，因此，依據兩者所遵循的分佈都是自由度 n–2 的 t 分佈這點來看，應該就能理解解釋變數為二值時的簡單回歸分析與 t 檢定是一樣的了。

【補充 15】
多元回歸分析

在此要針對以下 6 個人的資料，求出基於最小平方法之多元回歸分析的回歸係數。

	拜訪次數	男性虛擬變數	簽到的合約數
F 業務員	1 次	0	2 份
G 業務員	2 次	0	5 份
H 業務員	3 次	0	5 份
I 業務員	3 次	1	0 份
J 業務員	4 次	1	3 份
K 業務員	5 次	1	3 份

此例有 2 個解釋變數，需推估的為 2 個回歸係數與截距共 3 個值，而相對於僅以 y=ax+b 表示的簡單回歸分析，多元回歸分析的解釋變數與回歸係數數量是沒有限制的。當解釋變數有 26 個以上時，若以 a 或 b 等字母來代表，英文字母會不夠用。因此，為了能應付任意數量的解釋變數，在解釋變數有 k 個的情況下，多元回歸分析的回歸方程式一般會寫成如下這樣：

$$y_j = \beta_0 + \beta_1 x_{1j} + \beta_2 x_{2j} + \cdots + \beta_i x_{ij} + \cdots + \beta_k x_{kj} + \varepsilon_j \cdots\cdots ①$$

其中，β_0 代表截距，i 為 1 以上時的 β_i 代表解釋變數 x_i 所對應的回歸係數，而最後的 ε_j 和簡單回歸分析裡的一樣，是以「期望值是 0」、「x 及 y 值與誤差各自獨立」、「遵循常態分佈」為假設前提的誤差項。

此外，i 代表解釋變數的編號，j 則代表對應的資料編號，請小心別搞混了。像 x_{ij} 這樣有點複雜的寫法便代表「關於第 i 個解釋變數的第 j 筆資料」之意。

這裡要補充說明一下，先前我是用 y=ax+b 這種在國中常見的學習方式來解說回歸方程式，故以 a 代表由資料求出之回歸係數，其真值用 α 表示，但統計學教科書則多半使用 y=a+bx，其回歸係數之真值以 β 表示。我想，多元回歸分析在習慣上以 βi 代表回歸係數之真值應是基於同樣理由，或許歐美地區在教國中生表示直線的方程式時，也是用 y=a+bx。還有在多元回歸分析中，由資料推估出的回歸係數除了以 b_i 代表外，有時也會基於「以 β_i 代表由資料推估出的值」之意，而使用 $\hat{\beta}_1$ 這樣的符號來表示，這唸成「beta i hat」。不過本書統一採用前者的 b_i 標記方式。

已知算式①代表了「真正的回歸方程式」的關聯性，若以 b_i 為資料所求出之截距和回歸係數，並以 e 為該回歸方程式的殘差，那麼，以下的關聯性應該也會成立：

$$y_j = b_0 + b_1x_{1j} + \cdots + b_kx_{kj} + e_j \cdots\cdots ②$$

基於最小平方法的觀念，和先前一樣，殘差平方和可視為被 $b_0, b_1, \cdots, b_k$ 左右的函數，故可用如下的算式表示：

$$R(b_0, b_1, \ldots, b_k) = \sum_{j=1}^{n}\left(y_j - b_0 - b_1x_{1j} - \cdots - b_kx_{kj}\right)^2$$

以 b_0 及 b_1 等來做微分處理（這在大學以後的數學中稱為偏微分），建立 k+1 個「=0」的算式然後解方程組，這樣的思考方式就和我在

解說簡單回歸分析時一樣。只不過解釋變數一旦增加，方程組也會變得很難解，因此，多半會用大學以後的數學裡的矩陣來解方程組。一般的統計學教科書，大概都是以此偏微分與矩陣的觀念來解說多元回歸分析的結果，有興趣的讀者可自行參考這類教科書，本書不打算用矩陣及偏微分，而是要介紹如何以初階的寫法與方程組來求出回歸係數和截距之值。

依據上面的算式②，若要求出 y 的平均值（亦即 $\bar{y}$），該怎麼做呢？就如先前已提過多次的，將左邊的 y_j 以 Σ 加總後除以資料數量 n，應該就能算出這個 y 的平均值。因此，將算式②的兩邊都以 Σ 加總，再除以 n，便會得到以下算式：

$$\bar{y} = \frac{1}{n}\sum_{j=1}^{n} y_j = \frac{1}{n}\sum_{j=1}^{n}(b_0 + b_1x_{1j} + \cdots + b_kx_{kj} + e_j)$$

接著進一步計算右邊的部分：

$$\begin{aligned}\bar{y} &= \frac{1}{n}\sum_{j=1}^{n} b_0 + \frac{1}{n}\sum_{j=1}^{n} b_1x_{1j} + \cdots + \frac{1}{n}\sum_{j=1}^{n} b_kx_{kj} + \frac{1}{n}\sum_{j=1}^{n} e_j \\ &= b_0 + b_1\overline{x_1} + \cdots + b_k\overline{x_k} + \bar{e}\end{aligned}$$

而依據回歸分析 $\bar{e}$ 之誤差項的假設前提，其中的 $\bar{e}$ 應為 0，故：

$$\bar{y} = b_0 + b_1\overline{x_1} + \cdots + b_k\overline{x_k}$$

於是和簡單回歸分析一樣，可得到此回歸方程式會通過成果與解釋變數之平均值的結果。但光這樣仍無法完全確定回歸係數，所以接著再來想想看 x_1y 的平均值。把算式②的兩邊都乘以 x_1，就變成：

$$y_jx_{1j} = b_0x_{1j} + b_1x_{1j}^2 + \cdots + b_kx_{kj}x_{1j} + x_{1j}e_j$$

和剛剛一樣，將兩邊都以 Σ 加總，再除以資料數量 n 試試。這時也和剛剛一樣，可得到如下的關聯性：

$$\overline{x_1 y} = b_0 \overline{x_1} + b_1 \overline{x_1^2} + \cdots + b_k \overline{x_k x_1} + \overline{x_1 e}$$

其中的 $\overline{x_1 e}$ 亦同樣依據回歸分析之誤差項的假設前提，代入 0，於是得到：

$$\overline{x_1 y} = b_0 \overline{x_1} + b_1 \overline{x_1^2} + \cdots + b_k \overline{x_1 x_k}$$

而將此算式右邊的前兩項，與介紹簡單回歸分析時提到的「以回歸係數做微分使之 =0」的算式相比，便會發現兩者所表示的其實一模一樣。

同樣地，若再思考 x_2y 的平均值，也會得到如下結果：

$$\overline{x_2 y} = b_0 \overline{x_2} + b_1 \overline{x_2 x_1} + \cdots + b_k \overline{x_2 x_k}$$

我們可以繼續把其他的、截距加回歸係數總共 k+1 個的算式全都寫出來，而這些算式都會對應到以「針對截距或回歸係數做偏微分處理使之 =0」的算法求得的算式。接著只要將實際資料代入算式中的 $\overline{x_1 y}$ 或 $\overline{x_1^2}$ 等處進行計算，並解方程組，就能求出多元回歸分析的回歸係數值和截距值了。

依據本補充一開始列出的資料，實際算出所需數值後，可整理成如下的表格。

	拜訪次數（x_1）	男性（x_2）	簽約數（y）	x_1^2	x_2^2	x_1x_2	x_1y	x_2y
F 業務員	1	0	2	1	0	0	2	0
G 業務員	2	0	5	4	0	0	10	0
H 業務員	3	0	5	9	0	0	15	0
I 業務員	3	1	0	9	1	3	0	0
J 業務員	4	1	3	16	1	4	12	3
K 業務員	5	1	3	25	1	5	15	3
平均	3	0.5	3	32/3	0.5	2	9	1

首先需用到的是左邊為 y 的平均值的算式（可透過以截距做偏微分得到）：

$$\bar{y} = b_0 + b_1\overline{x_1} + b_2\overline{x_2}$$

然後是 x_1y 的平均值（可透過以 x_1 做偏微分得到）：

$$\overline{x_1y} = b_0\overline{x_1} + b_1\overline{x_1^2} + b_2\overline{x_1x_2}$$

再來是 x_2y 的平均值（可透過以 x_2 做偏微分得到）：

$$\overline{x_2y} = b_0\overline{x_2} + b_1\overline{x_1x_2} + b_2\overline{x_2^2}$$

接下來將剛剛的表格中的值代入：

$$\begin{cases} 3 = b_0 + 3b_1 + \frac{1}{2}b_2 & \cdots\cdots ③ \\ 9 = 3b_0 + \frac{32}{3}b_1 + 2b_2 & \cdots\cdots ④ \\ 1 = \frac{1}{2}b_0 + 2b_1 + \frac{1}{2}b_2 & \cdots\cdots ⑤ \end{cases}$$

這樣就得到了包含 3 個方程式的方程組。先從③著手，轉換成如下：

$$③ \Leftrightarrow b_0 = 3 - 3b_1 - \frac{1}{2}b_2 \quad \cdots\cdots ③'$$

然後將此 b_0 代入④，可得：

$$9 = 9 - 9b_1 - \frac{3}{2}b_2 + \frac{32}{3}b_1 + 2b_2$$

$$\Leftrightarrow \frac{5}{3}b_1 + \frac{1}{2}b_2 = 0$$

$$\Leftrightarrow b_1 = -\frac{3}{10}b_2 \quad \cdots\cdots ④'$$

同樣也將③’代入⑤：

$$1 = \frac{3}{2} - \frac{3}{2}b_1 - \frac{1}{4}b_2 + 2b_1 + \frac{1}{2}b_2 = \frac{6 + (-6 + 8)b_1 + (-1 + 2)b_2}{4} = \frac{6 + 2b_1 + b_2}{4}$$

$$\Leftrightarrow 2b_1 + b_2 + 2 = 0 \quad \cdots\cdots ⑤'$$

再將④’代入⑤’：

$$-\frac{3}{5}b_2 + b_2 + 2 = \frac{2}{5}b_2 + 2 = 0$$

$$\Leftrightarrow b_2 = -5$$

回頭將此結果代入④’：

$$b_1 = -\frac{3}{10}(-5) = \frac{3}{2}$$

最後把求出的 b_1、b_2 值代入③’，便得到：

$$b_0 = 3 - 3 \cdot \frac{3}{2} - \frac{1}{2}(-5) = 3 - \frac{9}{2} + \frac{5}{2} = 1$$

於是乎，依以上結果可知其回歸方程式為：

$$y = 1 + 1.5x_1 - 5x_2$$

這方程式所呈現的關係就如正文所述，在性別條件相同的情況下，拜訪次數每增加 1 次，平均可增加 1.5 份合約，而在拜訪次數相同的情況下，男性簽到的合約數平均比女性少 5 份。

雖然以上的解說完全沒用到矩陣或偏微分的觀念，不過就理解多元回歸分析這類同時分析多個變數的方法來說，在某個層面上以矩陣方式來理解還是比較能掌握其概念。因素分析等方法也是如此。一般數理統計學的教科書之所以採用矩陣及向量等線性代數的標記方式，正是因為對懂的人來說，這種方式輕鬆很多，而且較符合直覺。

若你已能在某個程度上理解本書到目前為止的數學相關內容，請務必一邊參照大學以上程度的線性代數入門書，一邊比對本書到此為止的說明，嘗試以線性代數的觀念來重新學習統計學的各種方法。

【補充 16】
比值比

假設從調查的目標對象群體中隨機選人，然後對這些人進行「是否具有某共通因素？」和「是否符合某條件？」這兩種問題的調查，結果得到如下的 2×2 交叉表列。

	符合條件者	不符合條件者	合計
具有某共通因素	a	b	a+b
不具有某共通因素	c	d	c+d
合計	a+c	b+d	a+b+c+d

拿「具有某共通因素」的狀況和「不具有某共通因素」的狀況相比，符合條件者的比值是幾倍的所謂比值比的計算如下：

$$\text{比值比} = \frac{\text{具有某共通因素群組的比值}}{\text{不具有某共通因素群組的比值}}$$

$$= \frac{\text{具有某共通因素群組的符合條件比率} \div (1 - \text{具有某共通因素群組的符合條件比率})}{\text{不具有某共通因素群組的符合條件比率} \div (1 - \text{不具有某共通因素群組的符合條件比率})}$$

$$= \frac{\frac{a}{a+b} \div (1 - \frac{a}{a+b})}{\frac{c}{c+d} \div (1 - \frac{c}{c+d})} = \frac{\frac{a}{a+b} \div (\frac{b}{a+b})}{\frac{c}{c+d} \div (\frac{d}{c+d})} = \frac{\frac{a}{b}}{\frac{c}{d}} = \frac{ad}{bc}$$

補充一下，如果將原因和結果顛倒過來，拿「符合條件者」與「不符合條件者」相比，「具有某共通因素」的比值是幾倍的所謂比值比的計算，也會是：

$$\text{比值比} = \frac{\text{符合條件者群組的比值}}{\text{不符合條件者群組的比值}}$$

$$= \frac{\text{符合條件者群組的具有某共通因素比率} \div (1 - \text{符合條件者群組的具有某共通因素比率})}{\text{不符合條件者群組的具有某共通因素比率} \div (1 - \text{不符合條件者群組的具有某共通因素比率})}$$

$$= \frac{\frac{a}{a+c} \div (1 - \frac{a}{a+c})}{\frac{b}{b+d} \div (1 - \frac{b}{b+d})} = \frac{\frac{a}{a+b} \div (\frac{c}{a+c})}{\frac{b}{b+d} \div (\frac{d}{b+d})} = \frac{\frac{a}{c}}{\frac{b}{d}} = \frac{ad}{bc}$$

可見這具有原因與結果顛倒，亦會得到同樣比值比的特性。

現在言歸正傳，我們原本想知道的「具有某共通因素」群組的符合條件比率，是「不具有某共通因素」群組的符合條件比率的幾倍——這種比例的比值，可用如下的算式表示：

$$\text{比例的比值} = \frac{a}{a+b} \div \frac{c}{c+d} = \frac{a(c+d)}{(a+b)c}$$

這時，若符合條件比率是低到不得不採取病例對照研究的程度，也就是 $a \ll b$ 且 $c \ll d$ 時，可視為 $a+b \cong b$ 且 $c+d \cong d$，因此：

$$\text{比例的比值} \cong \frac{ad}{bc} = \text{比值比}$$

由此可知這兩者近乎一致。

那麼，在實際進行病例對照研究的情況下（也就是在收集資料時），刻意讓病例組（符合條件者）的數量多於對照組（不符合條件者）的話，先前的交叉表列會變成什麼樣呢？假設採取病例對照研究所收集到的病例組資料數，是本來隨機抽樣時應可取得之數量的 m 倍，則病例對照研究的交叉表列應該會變成如下這樣。

	符合條件者	不符合條件者	合計
具有某共通因素	ma	b	ma+b
不具有某共通因素	mc	d	mc+d
合計	ma+mc	b+d	ma+b+mc+d

針對此表，和先前一樣計算其比例的比值：

$$\text{比例的比值} = \frac{ma}{ma+b} \div \frac{mc}{mc+d} = \frac{a(mc+d)}{c(ma+b)}$$

這和隨機抽樣所得到的結果完全不同，但其比值比：

$$\text{比值比} = \frac{\frac{ma}{ma+b} \div (1-\frac{ma}{ma+b})}{\frac{mc}{mc+d} \div (1-\frac{mc}{mc+d})} = \frac{\frac{ma}{ma+b} \div \frac{b}{ma+b}}{\frac{mc}{mc+d} \div \frac{d}{mc+d}} = \frac{\frac{ma}{b}}{\frac{mc}{d}} = \frac{ma}{b}\frac{d}{mc} = \frac{ad}{bc}$$

則和抽樣調查的比值比一致。

由此可知，當符合條件者佔整體的比率很低時，若採取病例對照研究法，刻意多收集相當於「病例」的少量符合條件者資料，然後算出其比值比，則由於這樣的比值比會和準確的抽樣調查之比值比一致，於是也會與群組間的符合條件者比率之比值近乎一致。

不過在實際上，在不做隨機抽樣而是「刻意多收集」的過程中，經常會發生病例組中具有某共通因素者的比率比原本要高，或反而較低的狀況。

例如，為了以罪犯為病例組、以非罪犯為對照組進行調查而到監獄去收集了資料。即使與對照組的一般市民相比後，其比值明顯呈現出病歷組的罪犯有較多人是笨拙的、對人生感到後悔、健談友善這樣的結果，也不見得就代表「這類人較容易犯罪」。畢竟會被逮捕

入獄的本來就是較笨拙的人，因此，若考慮犯罪者也包括犯了罪但沒被逮捕的、犯罪事實根本沒被發現的人，那麼也有可能是「比一般市民更聰明的人較容易犯罪」。另外，犯罪者可能不是直接因犯了罪這件事本身感到後悔，而是經過監獄的更生計畫才產生了後悔的念頭，因此，這些資料不僅偏離整個罪犯群體，更有倒果為因的可能性。此外，在對自己沒有特別好處的情況下卻願意積極參與這樣的調查，基於這點便可判斷，所訪問的有可能都是監獄裡較健談友善的人。

就像這樣，在解讀調查結果時，除了必須注意「其中可能存在什麼樣的偏頗？」外，分析時進一步於收集資料的部分多下工夫以避開該偏頗的影響，或運用邏輯回歸「調整造成偏頗的條件」也是很重要的。

【補充 17】

檢定力與樣本數規劃

讓我們來想想看，在檢定比例的差距時，必須要有多少筆資料（即樣本數）才夠。

假設在總樣本數為 n 人的情況下，將之隨機分成 2 組。其中一組做為比較對象，不做任何處理或是繼續維持既有做法，稱為群組 0；至於另一組，群組 1，則實行應該會有效果的新策略。將目前的成果比例以 p_0 代表，而新策略會使此值增加 d(>0)，達到 p_1。

在此狀態下，若要以 z 檢定來驗證新策略的效果，那麼，利用在零假設下的兩群組共通的比例 p 來計算：

$$z = \frac{p_1 - p_0}{\sqrt{p(1-p)(\frac{1}{n_0} + \frac{1}{n_1})}} = \frac{d}{\sqrt{p(1-p)(\frac{2}{n} + \frac{2}{n})}} = \frac{d}{\sqrt{\frac{4p(1-p)}{n}}}$$

其中的分母就是「在零假設下的 d 的標準誤差」：

$$\sqrt{\frac{4p(1-p)}{n}} = SE_0 \cdots\cdots ①$$

如此一來，若零假設成立，兩群組的比例之差距就可說是遵循平均為 0、變異數為 SE_0^2 之常態分佈。在此補充說明一下，這個 SE 右下角的 0 標記，源自於零假設（null hypothesis）的「零」，常用於表示「零假設成立時的～」之意。而零假設本身有時也會利用英文 hypothesis 的開頭字母，以 H_0 來表示。

另外，關於檢定統計量，本書到此為止都只針對「當零假設成立時」的情況做計算，但所謂的檢定力是指「在真有差距時，實際判斷為存在顯著性差異的機率」，因此，我們也必須考慮「當兩群組間之差距的真值真的是 d」的情況才行。而像這種本來要主張的假設是與零假設對立的假設，就稱為對立假設，且有時會相對於剛剛的 H_0，以 H_1 來表示。考量在對立假設下的兩群組之差距的分佈，平均為 d，且其標準誤差為 SE_1，則依據變異數的可加性可得知：

$$SE_1 = \sqrt{\frac{p_0(1-p_0)}{n_0} + \frac{p_1(1-p_1)}{n_1}} = \sqrt{\frac{2}{n}(p_0 - p_0^2 + p_1 - p_1^2)} = \sqrt{\frac{2}{n}(p_0 + p_1 - (p_0^2 + p_1^2))}$$

由於剛剛用的「在零假設下的兩群組共通的比例」p 為：

$$p = \frac{\frac{n}{2}p_0 + \frac{n}{2}p_1}{n} = \frac{p_o + p_1}{2} \Leftrightarrow 2p = p_0 + p_1$$

故可知：

$$4p^2 = (2p)^2 = (p_0 + p_1)^2 = (2p_0 + d)^2 = 4p_0^2 + 4p_0 d + d^2$$

$$p_0^2 + p_1^2 = p_0^2 + (p_o + d)^2 = 2p_0^2 + 2p_0 d + d^2$$

於是可得：

$$p_0^2 + p_1^2 = \frac{4p^2}{2} + \frac{d^2}{2} = 2p^2 + \frac{d^2}{2}$$

由此可得：

$$SE_1 = \sqrt{\frac{2}{n}\left(2p - 2p^2 - \frac{d^2}{2}\right)} = \sqrt{\frac{4}{n}p(1-p) - \frac{d^2}{n}}$$

接著根據算式①：

$$\frac{4p(1-p)}{n} = SE_0^2$$

便能求得：

$$SE_1 = \sqrt{SE_0^2 - \frac{d^2}{n}} \cdots\cdots ②$$

這時重新思考檢定力（也就是「在真的有差距時，實際判斷為存在顯著性差異的機率」），判斷為存在顯著性差異的機率，是在此平均值 d、標準誤差 SE_1 之常態分佈中，位於 $1.96SE_0$ 的右側面積。例如，若檢定力為 85%，在標準常態分佈中 –1.04 ～∞的面積約為 85%（可在 Excel 的儲存格中輸入 =normsinv(0.85) 來確認），故如圖所示，將零假設之分佈的平均值 0 加上 $1.96 \times SE_0$ 的值，會與對立假設的平均值 d 減去 $1.04 \times SE_1$ 的值一致。

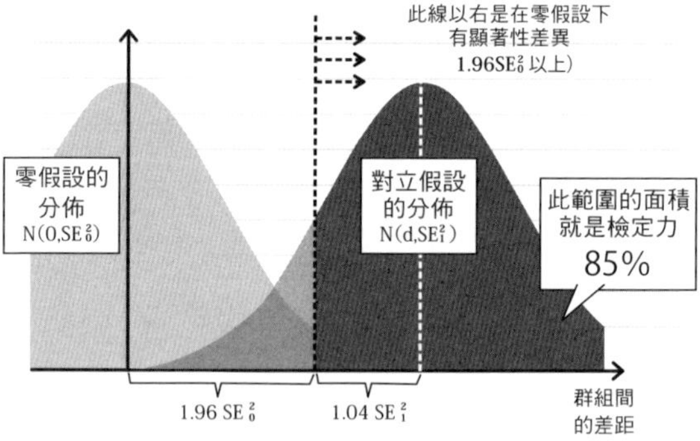

把這點寫成數學算式就是：

$$0+1.96\times SE_0=d-1.04\times SE_1=d-1.04\sqrt{SE_0^2-\frac{d^2}{n}}$$

$$\Leftrightarrow 1.96=\frac{d}{SE_0}-1.04\sqrt{1-\frac{d^2}{nSE_0^2}}$$

而若將 1.96 和 1.04 這些具體的數值通用化，分別改以 a、b 代表，就相當於「值在標準常態分佈的 0±a 範圍內之機率，是依據所設定的第一型錯誤容許標準 α，以 1–α 算出的 a 值」與「值在標準常態分佈的–b ～∞或–∞～ b 的範圍內之機率，是依據所設定的檢定力，亦即 1–β（檢定力為 1 減去第二型錯誤之機率（β））算出的 b 值」這樣的觀念。

然後再加上 $d\div SE_0=r$ 這個算式（以英文的比例 ratio 的開頭字母來代表，並無特殊的慣用意義）。這其實就是指「比例的差距為在零假設下的標準誤差的 r 倍」。於是可得到：

$$\Leftrightarrow a=r-b\sqrt{1-\frac{r^2}{n}}$$

$$\Leftrightarrow \frac{r-a}{b}=\sqrt{1-\frac{r^2}{n}}\ \cdots\cdots ③$$

$$\Leftrightarrow \left(\frac{r-a}{b}\right)^2=1-\frac{r^2}{n}$$

$$\Leftrightarrow r^2-2ar+a^2-b^2+\frac{b^2r^2}{n}$$

$$=\left(1+\frac{b^2}{n}\right)r^2-2ar+a^2-b^2=0$$

這時候，如果比例的差距 d 不是什麼極端大的值，n 就是數百以上的值；此外，其中的 b 是隨著檢定力越大也隨之加大的值，不過，即使檢定力為 99%，它也只有約 2.33，大不到哪裡去。更何況若是需要這麼大的檢定力，n 就不只是數百而已，應該會更大才對。而若算式中的 $\frac{b^2}{n}$ 可以「忽略」，那就會變成：

$$r^2 - 2ar + (a^2 - b^2) = r^2 - 2ar + (a + b)(a - b)$$
$$= \big(r - (a + b)\big)\big(r - (a - b)\big) = 0$$

由此可得：

$$r=a+b \text{ 或 } a-b$$

現在再回頭重新檢視算式③，由於右邊明顯不是負值，那麼左邊應該也不是負的，故可知：

$$r \geqq a$$

加入此條件後，就知道在剛剛解出的結果裡只有 r=a+b 是對的。於是可得到「在第一型錯誤的容許標準為兩側 5%（a=1.96）、檢定力為 85%（b=1.04），且 n 為數百筆以上的情況下，群組間的預估差距 d 必須是零假設下之標準誤差的約 3 倍（=1.96+1.04）」這樣的標準。

那麼，最後以此標準來決定的樣本數到底是多少呢？依算式①可推得：

$$r = \frac{d}{SE_0} = \frac{d}{\sqrt{\frac{4p(1-p)}{n}}} = \frac{\sqrt{n}d}{2\sqrt{p(1-p)}} = 3$$

故可知：

$$\Leftrightarrow n=\frac{36p(1-p)}{d^2} \quad \text{而其中：} \quad p=\frac{p_0+p_1}{2}=p_0+\frac{d}{2}$$

假設在目前未實行新策略的情況下，顧客來店的比例為 27%（$=p_0$），若考慮新策略會有讓該比例增加 6%（=d）左右的效果，則由於這時的 p=30%，故可算出如下數值：

$$n=36\times 0.3\times 0.7\div 0.06^2=2100$$

也就是將 2100 人隨機分成兩組各 1050 人，只對其中一組實行新策略然後比較結果的話，對於真的存在這麼大差距的情況，會有 85% 的檢定力，p 值低於 0.05。另外，這時候嘗試計算先前假設「可忽略」的 $\frac{b^2}{n}$ 值，會得到 $0.0005(=1.04^2\div 2100)$，看來忽略此值以 r=3 來算的做法是沒問題的。

至於平均值的差距就更簡單了，除了同樣具有剛剛的圖所呈現的關係外，一般還會考慮「實行新策略後，即使平均值改變，變異數仍不變」這項假設。而基於變異數相等，這就名為「變異數齊一性（homoscedasticity）假設」。舉個實例，以提高消費金額為目的之策略來說，若是「使目前消費金額高者的金額更高」，變異數便會增大；若是「使目前消費金額低者的金額提高」，則變異數可能反而會縮小。若已能從既有資料看出端倪，那麼可仔細估算實行策略之群組的標準誤差 SE_1 後，再進行樣本數規畫，但若不確定變異數會變大還是變小，那就假設「變異數會維持不變」，亦即採取變異數齊一性假設。依此假設，$SE_0=SE_1$，因此：

$$0 + aSE_0 = d - bSE_0$$

$$\Leftrightarrow r = \frac{d}{SE_0} = (a + b)$$

輕輕鬆鬆地就證明出來了。如果變異數齊一性成立，那麼，不論 n 是大是小，都一樣是 r=a+b。而在這個零假設下的標準誤差 SE_0 於實行策略後，其變異數 σ^2 仍維持不變，因此：

$$SE_0 = \sqrt{\frac{\sigma^2}{n_1} + \frac{\sigma^2}{n_2}} = \sigma\sqrt{\frac{2}{n} + \frac{2}{n}} = \sigma\sqrt{\frac{4}{n}} = \frac{2\sigma}{\sqrt{n}}$$

於是可求得：

$$r = \frac{d}{SE_0} = \frac{d\sqrt{n}}{2\sigma} = 3$$

$$\text{所以：} \Leftrightarrow n = \frac{36\sigma^2}{d^2}$$

和先前一樣，顯著水準為 5%、檢定力為 85% 的話，將目前變異數的 36 倍除以策略效果的平方，即可求出所需之樣本數。例如，若目前客單價的標準差為 5000 日圓，而某策略預計可將平均消費金額提高 1000 日圓，那麼，所需的樣本數便是 900 人（$=36\times5000^2\div1000^2$）。

最後，到此為止我都是用剛剛好是整數的值來解說，像顯著水準 5%、檢定力 85% 時，r 的值就用 3，至於其他顯著水準和檢定力組合的對應 r 值，則如下表所列。這不論是平均值之差還是比例之差，都同樣適用。

		檢定力						
		70% （b=0.52）	75% （b=0.67）	80% （b=0.84）	85% （b=1.04）	90% （b=1.28）	95% （b=1.64）	99% （b=2.33）
顯著水準	兩側 10% （a=1.64）	2.17	2.32	2.49	2.68	2.93	3.29	3.97
	兩側 5% （a=1.96）	2.48	2.63	2.80	3.00	3.24	3.60	4.29
	兩側 1% （a=2.58）	3.10	3.25	3.42	3.61	3.86	4.22	4.90

只要記住以上這些，在進行 A ／ B 測試時，就不難估出所需之樣本數了。所以，各位一定要好好運用本書內容，從手邊的資料找出值得進行 A ／ B 測試的好點子喔！

Statistics, literacy for the next generation: *Professional*

統計學，最強的商業武器：實踐篇

作　　者｜西內啟 Nishiuchi Hiromu
譯　　者｜陳亦苓 Bready Chen
發 行 人｜林隆奮 Frank Lin
社　　長｜蘇國林 Green Su

出版團隊
總 編 輯｜葉怡慧 Carol Yeh
日文主編｜許世璇 Kylie Hsu
企劃編輯｜蕭書瑜 Maureen Shiao
裝幀設計｜三頁文 YEN Design
版面構成｜林婕瀅 Griin Lin

行銷統籌
業務處長｜吳宗庭 Tim Wu
業務主任｜蘇倍生 Benson Su
業務專員｜鍾依娟 Irina Chung
業務秘書｜陳曉琪 Angel Chen・莊皓雯 Gia Chuang
行銷主任｜朱韻淑 Vina Ju
發行公司｜精誠資訊股份有限公司　悅知文化　105台北市松山區復興北路99號12樓
訂購專線｜(02) 2719-8811　訂購傳真｜(02) 2719-7980
專屬網址｜http://www.delightpress.com.tw　悅知客服｜cs@delightpress.com.tw
ISBN：978-986-5617-28-8
建議售價｜新台幣380元
首版六刷｜2019年07月

國家圖書館出版品預行編目資料

統計學，最強的商業武器：實踐篇／西內啟著；陳亦苓譯. -- 初版. -- 臺北市：精誠資訊, 2015.08
面；　公分
譯自：統計学が最強の学問である[実践編]
ISBN 978-986-5617-28-8（平裝）
1. 統計學 2. 通俗作品
510　　104012832

建議分類｜商業理財